I0818471

EL CAMINO DEL ARTISTA

JULIA CAMERON

EL CAMINO DEL ARTISTA

UN CURSO DE DESCUBRIMIENTO Y RESCATE DE TU PROPIA CREATIVIDAD

LA BIBLIA DE LOS CREATIVOS RECONOCIDA MUNDIALMENTE

Papel certificado por el Forest Stewardship Council®

Título original: *The Artist's Way. A Spiritual Path to Higher Creativity*

Primera edición con este formato: noviembre de 2025

Printed in Spain – Impreso en España

ISBN: 978-84-03-52535-1
Depósito legal: B-17.296-2025

Impreso en Gómez Aparicio, S. L.
Casarrubuelos (Madrid)

AG 2 5 3 5 B

Agradecimientos de mi camino de artista

En este momento más de un millón de personas han contribuido a *El camino del artista*. Es un verdadero movimiento. Sin embargo, hay personas sin las cuales no habría gozado de tanta seguridad ni habría crecido tanto. Deseo dar las gracias aquí a algunas de ellas.

Jeremy Tarcher, por publicar mi trabajo, por editarlo y por cuidar de él con tanto mimo, con su característica visión y su brillantez.

Joel Fontinos, por nutrir y proteger el corpus de mi obra, cultivando no sólo mi trabajo, sino también lo más profundo de mi corazón y de mis sueños con claridad y fortaleza.

A Mark Bryan, mi gratitud por haber peleado para proteger y defender mi obra, por su pensamiento innovador y visionario y por su capacidad para comprender y perdonar el hecho de que nuestros caminos hayan sido, por fuerza, tan a menudo divergentes.

A mi hija Domenica Cameron-Scorsese, por compartir a su madre y por soportar la doble presión de sufrir una fama de segunda generación gozando de un talento de primer orden. Mi gratitud por ser siempre el tipo de artista y de persona para quien quiero escribir libros buenos y útiles. Con admiración por su astucia, ternura y puras «agallas» creativas.

A Emma Lively, con gratitud por su fuerza visionaria y por trabajar con una convicción tan audaz y osada, tanto con mi música como con mis libros. Es una amiga verdadera, no sólo de mi creatividad sino también de mis sueños y deseos. Nos conocimos a través de *El camino del artista* y de mi musical *Avalon*, y hemos disfrutado de la combinación de nuestros *caminos de artista* como colaboradoras musicales en los últimos cuatro años.

A Susan Schulman, con gratitud por sus largos años de devoción y compromiso con *El camino del artista*, con admiración por su visión y con humildad ante su coraje frente a difíciles tribulaciones paralelas a las mías.

Con gratitud a Pat Black y compañía, por mantener un rumbo fijo mientras *El camino del artista*, y yo misma, crecíamos a trompicones.

Con gratitud a David Groff, por su buena escritura y su pensamiento. A Johanna Tani, por la elegancia y agudeza de su edición. Y a Sara Carder, por su diestra y cuidadosa ayuda, muy por encima de lo que exige el deber. Gracias a estas tres almas creativas.

James Navé, por su lealtad y generosidad como compañero en estas clases durante tanto tiempo.

Y a Tim Wheater, un «gracias» especial por su brillantez musical y como compañero en estas clases y creador a lo largo de múltiples años y proyectos.

Gratitud también a Mauna Eichner y Claire Vaccaro, por su inspirado y meticuloso trabajo de diseño, en el que recuerdan siempre que la forma está en función del fondo, de tal modo que los libros den cuerpo a la fórmula del artista: «La belleza es la verdad y la verdad es la belleza».

Gratitud también, siempre, para mi hermana y frecuente colaboradora, Libby Cameron, cuyo ingenio y fantasía me permitieron crear herramientas adicionales en apoyo de *El camino del artista*. Ella conoce bien la verdad de que la risa es la mejor medicina y me ayudó a la hora de administrar primeros auxilios creativos con una cucharada de azúcar para que el remedio entrara bien. Mi más profundo agradecimiento por su inspirado trabajo en *The Artist's Date Book*, *God is Dog Spelled Backwards* y el próximo libro, *How Not To Make Art*, así como en cualquier otra cosa que merezca la pena.

Mi gratitud a Sonia Choquette y Larry Lonergan, por su amor y por la claridad de su visión mientras yo luchaba por sacar fruto de pequeñas semillas en forma de grandes sueños.

A Edmund Towle y Robert McDonald, por su creatividad y caballerosidad cuando ambos me protegieron y me inspiraron para llevar a cabo mi trabajo creativo en todas sus formas.

Finalmente, quisiera dar las gracias a quienes me han precedido y me han enseñado el camino, muy especialmente a Julianna McCarthy, Max Showalter, John Newland y todos aquellos que iluminan nuestros *caminos de artistas* con un farol espiritual, con su arte y con su generosidad.

Este libro está dedicado a Mark Bryan. Mark me urgió a escribirlo, me ayudó a darle forma y lo usó conmigo para dar clases. Sin él no existiría.

ÍNDICE

Nota de la autora

El arte es una transacción espiritual.

Los artistas son visionarios. Nuestra práctica habitual se basa en la fe: vemos con claridad un objetivo creativo que resplandece en la distancia y nos movemos hacia él a pesar de que, por visible que sea para nosotros, quienes están a nuestro alrededor no lo ven. Aunque sea difícil recordarlo, es nuestro trabajo lo que crea el mercado, no el mercado lo que crea nuestro trabajo. El arte es un acto de fe y el modo de practicarlo es haciendo arte. A veces nos obliga a hacer peregrinajes y, como muchos peregrinos, dudamos de haber sentido la llamada al tiempo que respondemos a ella. Porque no hay duda de que respondemos a ella.

Estoy escribiendo sobre una mesa china lacada en negro que mira al oeste, más allá del río Hudson, hacia América. Estoy en el extremo de la orilla occidental de Manhattan, que es un país en sí mismo y donde resido en la actualidad, trabajando en la adaptación de espectáculos musicales del papel al escenario. En Manhattan están los cantantes. Por no hablar de Broadway. Estoy aquí porque el «arte» me trajo hasta aquí. Y, como soy obediente, vine.

Es posible que Manhattan tenga una densidad de artistas *per capita* más alta que ninguna otra zona de Estados Unidos. En mi barrio del Upper West Side los violonchelos son tan frecuentes y aparatosos como las vacas en Iowa. Aquí son parte del paisaje. Tecleando en mi máquina de escribir yo también soy algo que Manhattan conoce muy bien. Escribo una melodía al piano a diez manzanas de donde Richard Rodgers, un adolescente desgarbado, subió los escalones de un portal para encontrarse con un joven bajito que se convertiría en su compañero de una vida, Larry Hart*. Juntos soñaron a través de sequías y riadas.

Mi apartamento está en Riverside Drive. En este extremo estrecho de la isla, Broadway está apenas a una manzana a mi espalda según miro al oeste hacia el otro lado del río, ahora mismo negro como la tinta, bajo una puesta de sol de cintas de colores. Es un río ancho, no sólo oscuro, y en un día ventoso, de los que hay muchos, el agua se agita, salpicada de crestas blancas. Remolcadores de color rojo cereza, resueltos como escarabajos, embisten con la proa contra las olas, cavando un sendero que sube y baja por el río, empujando barcazas con el morro. Manhattan es un puerto de mar y un lugar donde amarran los sueños.

Manhattan está abarrotado de soñadores. Todos los artistas soñamos y llegamos aquí portando esos sueños. No todos vestimos de negro, ni seguimos fumando y bebiendo alcohol a palo seco, ni vivimos enamorados del romance hortera y de la vida dura en pisos diminutos sin ascensor llenos de esperanza y cucarachas, en unos barrios tan cutres que hasta las ratas se han mudado. No: igual que las cucarachas, los artistas andan aquí por

* Rodgers y Hart fueron los compositores y creadores de musicales de Broadway más importantes de la décadas de 1920 y 1930, responsables de éxitos como *The Fifth Avenue Follies*, *A Connecticut Yankee* o *The Boys from Syracuse*. Son autores de canciones clásicas como «My Funny Valentine» o «The Lady is a Tramp».

todas partes, desde las casas de vecindad hasta los grandes áticos; en mi propio edificio no sólo vivo yo con mi piano y mi máquina de escribir, sino también una cantante de ópera que trina por los patios interiores como una alondra alzando el vuelo. Muchas veces, aunque no siempre, los camareros del barrio son actores, y las chicas de la zona, que son particularmente bonitas y tienen pies de pato, sí que bailan, por más que sus andares de palmípedo hagan difícil imaginar la gracia con la que lo hacen.

Esta tarde me he tomado una taza de té en Edgar's Café, la cafetería que lleva el nombre de Edgar Allan Poe, que vivió por aquí aunque murió un poco más hacia el *uptown*, ya en la zona del Bronx. He mirado por las ventanas del bajo que ocupaba Leonard Bernstein en el edificio Dakota, y he perdido un poco el sentido al pasar por el arco de entrada donde dispararon a John Lennon. En este apartamento estoy apenas a una manzana de los antros que frecuentaba Duke Ellington, y cerca de aquí hay además una calle que lleva su nombre. Manhattan es una ciudad llena de fantasmas. El poder y los poderes creativos corren por los cañones verticales que forman sus rascacielos.

Fue en Manhattan donde empecé a enseñar *El camino del artista*. Como todos los artistas —como todos nosotros, si prestamos atención— experimento la inspiración. Recibí una «llamada» para enseñar y respondí a esa llamada con cierta reticencia. «¿Y qué pasa con mi arte?», me preguntaba. Todavía no había aprendido que lo cierto es que nos inclinamos a practicar lo que predicamos, que desbloqueando a los demás lograría desbloquearme a mí misma y que, como todos los artistas, prosperaría con más facilidad en compañía, junto a almas gemelas con quienes saltar al vacío con fe y armonía. A pesar de haber sido llamada a dar clases, no podía imaginar que enseñar bien me llevaría hasta mí misma, y que, a través de mí, llegaría a los demás.

En 1978 empecé a enseñar a otros artistas cómo «desbloquearse» y «ponerse de nuevo en pie» después de una lesión creativa. Compartí con ellos las herramientas que había aprendido a través de mi propia práctica creativa. Lo hice tan fácil y ameno como pude. «Recuerda: hay una energía creativa que quiere expresarse a través de ti»; «No juzgues ni el trabajo ni a ti mismo. Ya lo arreglarás más adelante»; «Deja que Dios trabaje a través de ti», les decía con amabilidad.

Mis herramientas eran simples y mis estudiantes, pocos. Tanto las herramientas como el número de mis alumnos crecieron muchísimo, a un ritmo constante, durante los siguientes diez años. Al principio, y desde entonces casi siempre, mis estudiantes eran sobre todo artistas bloqueados o heridos: pintores, poetas, escultores, escritores, cineastas, actores y aquellos que sencillamente deseaban ser algo más creativos en sus vidas personales o en cualquiera de las artes. Mantuve las cosas simples porque en realidad lo eran. La creatividad es como la maleza: renace con muy poquitos cuidados. Enseñé a la gente a alimentar a su espíritu creativo con los sencillos nutrientes que precisa para mantenerse vivo. La gente respondía haciendo libros, películas, cuadros, fotografías y mucho, mucho más. El boca a boca se puso en marcha y mis clases empezaron a llenarse con facilidad.

Mientras, seguí haciendo mi propio arte. Escribí obras de teatro. Escribí novelas y películas. Hice largometrajes, televisión y relatos. Escribí poesía, y luego hice *performance*. A partir de este trabajo aprendí más herramientas creativas, redacté más textos para la enseñanza y, ante la insistencia de mi amigo Mark Bryan, reuní esos textos para convertirlos en apuntes de clase y después en un libro de verdad.

Mark y yo fabricamos codo a codo, paginando e imprimiendo, un sencillo libro que se podía enviar a la gente que necesitaba ayuda. Así fue como lo enviamos por correo a unas mil personas, que a su vez lo fotocopiaron y se lo pasaron a sus amigos. Empezamos a escuchar asombrosas historias de rehabilitación: pintores que pintaban, actores que actuaban y gente sin ninguna dedicación artística concreta que empezaba a llevar a cabo el arte que siempre habían deseado hacer. Escuchamos historias de avances repentinos y de lentos despertares.

Jeremy P. Tarcher, el reconocido editor especializado en creatividad y potencial humano, leyó una primera versión del trabajo y decidió publicarlo. Mientras, yo dividí el libro en un curso de doce semanas con cada sección dedicada a un tema concreto. Este libro tan sencillo era la destilación de doce años de enseñanza y de veinte años de hacer arte en muchas formas diversas. Al principio lo titulé *Sanando al artista interior*. Finalmente, tras mucho pensar, decidí llamarlo *El camino del artista*. Indagaba en la creatividad y la explicaba como un asunto espiritual. Empecé a ser testigo de mis propios milagros.

Con frecuencia viajaba para dar clases, y en firmas del libro y actos públicos la gente empezó a entregarme CD, libros, vídeos y cartas en las que me trasladaban el siguiente pensamiento: «Utilizando tus herramientas hice esto, muchísimas gracias». El cumplido más habitual era «Tu libro me cambió la vida», y lo escuché en boca de artistas tanto de escasa como de mucha fama, en lugares desconocidos y en zonas de vanguardia internacional. Al utilizar las herramientas los pintores pasaban de estar bloqueados a ganar premios en grandes certámenes. Los escritores pasaban de no escribir a ganar premios Emmy y Grammy por su trabajo. Me sentí empequeñecida por el poder de Dios, del Gran Creador, a la hora de restaurar la fuerza, la vitalidad y la inspiración en caminos individuales, diversos y divergentes. Una mujer, escritora bloqueada en la cincuentena, se convirtió en una laureada dramaturga. Un músico de acompañamiento concibió y ejecutó un audaz álbum en solitario. Sueños largamente acariciados florecían por todos aquellos lugares donde el Gran Creador posaba su mano de jardinero. Y yo recibía agradecimientos que en puridad pertenecían a Dios: yo no era más que un conducto espiritual para el hecho básico, también espiritual, de que el Gran Creador ama a los artistas y ayuda activamente a quienes se abren a su creatividad.

De artista a artista, de mano en mano, *El camino del artista* empezó a expandirse. Oí hablar de grupos en la selva de Panamá, en el desierto australiano y en ese otro corazón de las tinieblas, *The New York Times*. Grupos de druidas, grupos sufís y grupos budistas encontraron terreno común en sus simples preceptos sobre la creatividad. *El camino del artista* llegó a Internet creando grupos, —o, como yo los llamo, «racimos»— que eran como grandes plantaciones de melón, enviando raíces y ramas a formar nuevos grupos en Inglaterra, ahora en Alemania, luego en un contingente de suizos herederos de Jung. Como la vida misma, *El camino del artista*, que empezó a recibir el nombre de «movimiento», siguió avanzando con tenacidad, casi con voracidad. Proliferaron los artistas que ayudaban a otros artistas. Florecían las obras de arte y despegaban y se afianzaban las carreras, rodeadas de amigos que las apoyaban. Yo era una testigo encantada.

Cien mil personas compraron y utilizaron el libro. Luego doscientas mil, luego un millón, luego más. Oímos hablar y ocasionalmente ayudamos a iniciar el uso de *El camino del artista* en hospitales, prisiones, universidades, centros de desarrollo humano y a menudo entre terapeutas, doctores, grupos de apoyo a afectados de sida y programas de mujeres maltratadas, por no hablar de estudios de bellas artes, programas de teología y conservatorios de música. Y, por supuesto, siempre pasando de mano en mano, con el boca a boca, de corazón a corazón. Como un jardín milagroso, *El camino del artista* siguió creciendo y creciendo. *Sigue* creciendo. Esta misma mañana recibí por correo un libro recién publicado con una nota de agradecimiento. Hasta la fecha *El camino del artista* ha aparecido en casi veinte idiomas y ha sido enseñado o recomendado en todas partes, desde *The New York Times* hasta el Museo Smithsonian, desde el Instituto Esalen hasta los elitistas cursos de música en Juilliard. Como los grupos de alcohólicos anónimos, los racimos de *El camino del artista* se han reunido con frecuencia en sótanos de iglesias y en centros de sanación, así como en una choza con tejado de paja en Centroamérica y en una cabaña rodeada de serpientes pitones en Australia. ¿He dicho que muchos terapeutas dirigen grupos en calidad de mediadores? Pues sí. La gente «sana» porque la creatividad es sana, y al practicarla descubre versiones mejores de sí misma. Y todos somos mejores de lo que podamos concebir.

Yo quería que *El camino del artista* fuera libre y, como el movimiento de rehabilitación personal de los doce pasos, que en su mayor parte funcionara sin líderes y pudiera seguirse de manera autónoma, creciendo a partir de la sencillez y de la falta de control, logrando su expansión a través de una serie de equilibrios naturales, podríamos decir que estacionales, que se fueran desarrollando por su cuenta. Mi actitud era «él mismo se protegerá y se dirigirá y se arreglará si abusan de él».

Al cruzar el umbral del millón de ejemplares temí por el tiempo y la privacidad necesarios para hacer mi propio arte —una experiencia personal sin la cual no podía seguir ayudando a los demás—. ¿Cómo iba a escribir un libro de enseñanzas si no tenía ideas nuevas sobre lo que enseñar? Paso a paso me fui retirando hacia la soledad de mi propio laboratorio creativo personal, ese lugar silencioso y tranquilo dentro de mí donde podía hacer arte y aprender de cómo lo hacía. Cada pieza de arte que fabricaba me enseñaba lo que yo a mi vez tenía que enseñar. Con cada año de trabajo fui aprendiendo que la creatividad no tiene fondo. No tiene techo tampoco, aunque hay partes del crecimiento que son lentas. El ingrediente que se precisa es la fe.

Empecé a escribir entregas: libros breves y directos cuyo objetivo era desactivar los peligros, reales y presentes, que conlleva el intentar construir una vida creativa sana y amable. Escribí *The Right to Write* («El derecho a escribir»), *Supplies* («Provisiones») y otras guías más caseras y amables, como *El libro de citas con el artista*, *Las páginas matutinas del camino del artista* y mis libros de oraciones, cuyo fin es crear una sensación de seguridad y bienestar para quienes siguen el sendero artístico en este mundo. Deseaba que la gente tuviera buen ánimo y buenos compañeros. Aunque el arte sea un camino espiritual, lo mejor es recorrerlo con amigos que sean a su vez peregrinos como tú. La gente me escuchaba.

Mientras, los libros de *El camino del artista* eran obligatorios en ciertas giras musicales, se incluían como guiño de decoración en los sets de cine, se enviaban a abuelas que florecían con brillantez en su robusta senectud y servían como puente para que muchos artistas de éxito cambiaran sus hábitos y géneros creativos.

En cuanto a mí, una novela, una colección de relatos y tres obras de teatro hallaron un hueco cómodo entre mis, hasta la fecha, diecisiete libros publicados; y he seguido con cuidado haciendo arte y dando clases. Mis estudiantes ganaron premios y yo también. *Utne Reader* escogió *El camino del artista* como una obra maestra, el álbum de poesía que hice con Tim Wheater fue seleccionado como mejor banda sonora original y mis libros de texto siguieron apareciendo en listas de los más vendidos y de libros recomendados por la prensa tanto en Estados Unidos como en el resto del mundo. ¿Acaso puede sorprender que muchas veces yo me sintiera mareada y confundida, abrumada por la velocidad de la gente y de los acontecimientos? Una de las ironías de la vida de un escritor celebrado es que nuestra inclinación natural de sentarnos a solas ante una mesa es cada vez más difícil de seguir. Mis propias páginas matutinas tenían en este sentido incalculable valor como fuente continuada de directrices. Me decían que buscara la soledad tanto como que siguiera aceptando la compañía de otros artistas, que creían al igual que yo, que siempre nos dirige el Gran Creador, así como quienes nos preceden, siguiendo sus *caminos de artista* y amando las mismas formas de arte que nosotros. Hay poderes elevados dispuestos a ayudarnos si se lo pedimos. Debemos mantenernos dispuestos a pedir, con la mente lo bastante abierta como para dejarnos dirigir y dispuestos a creer, a pesar de nuestros ataques de desesperanza. La creatividad es un acto de fe y debemos ser fieles a esa fe, estar dispuestos a compartirla para ayudar a otros, y también a recibir ayuda.

Al otro lado de mi ventana, por encima del Hudson, un gran pájaro alza el vuelo. Llevo días viendo a este pájaro surcando el cielo, navegando en el aire feroz que son los vientos de hélice que rodean esta isla. Es demasiado grande para ser un halcón, aunque no tiene la forma de una gaviota, pero más arriba el Valle del Hudson está lleno de águilas. Me resulta difícil creer que ésta lo sea, pero ella sí parece saber lo que es con exactitud: águila. No dice su nombre; lo lleva puesto. Tal vez como artistas nosotros seamos igual que esos pájaros, confundidos con otra cosa tanto por nosotros mismos como por los demás, navegando la corriente de nuestros sueños, de caza por los cañones de la industria en busca de algo que hemos visto desde las alturas. Para los artistas la improvisación y el que sea lo que Dios quiera son una forma habitual de obrar. Debemos confiar en nuestros procedimientos y ver más allá de los «resultados».

A lo largo de los siglos los artistas hablaron de «inspiración» y confesaron que Dios les había hablado, o que lo hicieron los ángeles. En nuestra época no suelen manejarse esas ideas del arte como una experiencia espiritual. Y sin embargo, la experiencia central de la creatividad es mística. Al abrir nuestras mentes a lo que se debe crear, entramos en contacto con nuestro Creador.

Los artistas trabajan en celdas por todo Manhattan. Tenemos la devoción de un monje por nuestro trabajo y, como los monjes, algunos tendremos visiones y otros trabajaremos toda nuestra vida para conocer la gloria sólo a distancia, de rodillas en la capilla, sin recibir jamás la visitación de un Tony, de un Oscar, de un Premio Nacional del Libro. Y en cambio, esa voz pequeña y firme puede hablarnos tan alto como al que más.

Así que rezamos. La fama llegará a algunos, pero el honor acompaña a todos los que trabajan. Como artistas experimentamos el hecho de que «Dios está en los detalles». Al hacer nuestro arte conocemos en primera persona la mano de nuestro Creador.

Introducción

Cuando alguien me pregunta a qué me dedico respondo:

—Soy escritora, cineasta e imparto talleres de creatividad.

Esto último es lo que genera más interés.

—¿Cómo se puede enseñar a crear? —me preguntan después, con una mezcla de desafío y de curiosidad.

—No puedo enseñar a crear, sino que trato de que cada uno se permita a sí mismo ser creativo —contesto.

—¿Quieres decir que todos somos creativos? —en ese momento la expresión de mi interlocutor refleja una lucha entre incredulidad y esperanza.

—Sí.

—¿Tú lo crees de verdad?

—Sí.

—¿Y entonces qué haces?

Lo que hago es este libro. Desde hace una década imparto un taller espiritual que tiene el propósito de liberar la creatividad de las personas. He trabajado con artistas y no artistas, con pintores, directores de cine, amas de casa o abogados: con cualquier individuo interesado en tener una vida más creativa a través de una práctica artística; más aún, cualquier persona que aspire a practicar

«Sostengo que la imaginación primaria es el poder de la vida».

Samuel Taylor Coleridge

el arte de vivir creativamente. Usando, enseñando y compartiendo unas herramientas, ya sean intuidas, imaginadas, encontradas o recibidas, he visto cómo se disuelven bloqueos y cómo se transforman vidas. Es un proceso sencillo que consiste en que el Gran Creador participe en el descubrimiento y en la recuperación de nuestros poderes creativos.

—¿El Gran Creador? Eso suena a dios de los indios americanos. Suena demasiado cristiano, demasiado *New age*, demasiado... ¿estúpido?, ¿simplista?, ¿amenazador?... Es posible. Tómalo como un ejercicio para abrirte a una nueva perspectiva. Por ejemplo, piensa: «De acuerdo, Gran Creador, *sea lo que sea*»; y continúa leyendo. Permítete considerar la idea de que tal vez exista un Gran Creador, y que quizás pueda resultarte útil para liberar tu propia creatividad.

Como *El camino del artista* es en esencia un camino espiritual, que se inicia y se practica a través de la creatividad, este libro emplea la palabra Dios. Esto puede resultar chocante porque evoque ideas sobre Dios que sean antiguas o inútiles, a veces desagradables o directamente increíbles, sobre el Dios en el que fuimos educados. Por favor, intenta abrir tu mente. Recuerda que para tener éxito con este curso no es necesario tener una idea preconcebida acerca de Dios. De hecho, muchos conceptos atribuidos con frecuencia al término «dios» constituyen un obstáculo. No permitas que la semántica sea un escollo más.

«Al hombre se le pide que haga de sí mismo aquello en lo que se supone que ha de convertirse para cumplir con su destino».

Paul Tillich

«Yo por mí mismo no hago nada; es el Espíritu Santo el que lo consigue todo a través de mí».

William Blake

Cada vez que aparezca la palabra Dios puedes sustituirla por la expresión *camino recto* o *fluir*. De lo que hablamos es de energía creativa. Dios es para algunos de nosotros una forma útil de nombrarlo, como podrían serlo diosa, mente, universo, fuente o poder superior... No se trata del nombre que le demos. Se trata de probar a hacer uso de él. Para muchos de nosotros concebirlo como una forma de electricidad espiritual ha sido un buen punto de partida. A través del acercamiento sencillo y empírico que nos permiten la experiencia y la observación, se puede establecer una conexión útil con el fluir del camino recto. La intención de estas páginas no es explicar, debatir o definir ese flujo: no necesitas comprender la electricidad para poder usarla.

No lo llames Dios a no ser que te resulte cómodo hacerlo. No parece que haya necesidad de nombrarlo a no ser que ese nombre sea una palabra útil para referirse a tu experiencia. No hagas como que crees si no crees. Si sigues siendo ateo o agnóstico, no pasa nada. Aun así podrás experimentar cambios en tu vida cuando trabajes con estos principios.

He colaborado estrechamente con alfareros, fotógrafos, poetas, guionistas, bailarines, novelistas, actores, directores y con aquellos que sólo tenían la certeza de haber soñado con ser otra cosa, o que soñaban con ser de alguna manera más creativos. He visto cómo pintores bloqueados empezaban a pintar, cómo poetas frustrados descubrían su lenguaje, como escritores paralizados escribían sin descanso su borrador final. He llegado no sólo a creer, sino también a saber lo siguiente:

Tengas la edad que tengas y con independencia de cuál sea tu actividad en la vida, ya sea el arte tu carrera, tu hobby o tu sueño, no es demasiado tarde para trabajar en tu propia creatividad, ni es algo ególatra, egoísta o ridículo. Un alumno de 50 años que «siempre había querido escribir» usó estas herramientas y llegó a ser un premiado dramaturgo. Un juez las usó para cumplir su viejo sueño de ser escultor. No todos los alumnos se convierten en artistas profesionales gracias a este curso. De hecho, muchos artistas a tiempo completo cuentan que se han convertido en personas creativamente más completas: en personas a tiempo completo.

A través de mi propia experiencia y de la que he compartido con numerosas personas he llegado a comprender que la creatividad es nuestra verdadera naturaleza y que los bloqueos son la represión antinatural de un proceso que es tan cotidiano y milagroso a la vez como una flor que brota en el extremo de una rama esbelta y verde. He descubierto que el proceso de conexión espiritual es claro y sencillo.

> «¿Y por qué Dios tiene que ser un sustantivo? ¿Por qué no un verbo... el más activo y dinámico de todos?».
>
> Mary Daly

Si tienes bloqueada tu creatividad —y en mi opinión a todos nos sucede hasta cierto punto— es posible, e incluso probable, que puedas aprender a crear con mayor libertad a través de la utilización consciente de las herramientas que te ofrece este libro. Del mismo modo que el Hatha Yoga modifica la conciencia a través de meros estiramientos corporales, los ejercicios de este libro la modificarán a través de la «mera» práctica de escribir y jugar. Hazlo y se producirá una apertura —creas o no en *ello*—. Da igual si a ello lo llamas despertar espiritual o no.

En resumen: no importa tanto la teoría como la práctica en sí misma. Lo que estarás haciendo será crear caminos en tu conciencia a través de los cuales puedan operar las fuerzas creativas. Una vez que aceptas que hay que limpiar esos canales, tu creatividad emerge. De algún modo tu creatividad es como tu sangre. Así como tener sangre es un hecho innegable de tu cuerpo físico, no lo has inventado, la creatividad es un hecho innegable de tu cuerpo espiritual, nada que tengas que inventar.

Mi trayectoria

Comencé a impartir estos talleres de creatividad en Nueva York. Empecé a dar las clases porque *me dijeron* que lo hiciera. Caminaba por una callejuela del West Village envuelta en una preciosa luz de atardecer. De repente, supe que debía empezar a enseñar a la gente, a grupos de personas, cómo desbloquearse. Quizás alguien que había paseado por ahí con anterioridad había dejado ese deseo en el aire. Lo cierto es que Greenwich Village alberga más artistas —ya estén bloqueados o no— que cualquier otro sitio de Estados Unidos. Tal vez alguien musitara: «Necesito desbloquearme». «Sé cómo hacerlo», habría respondido yo al vuelo. Mi vida siempre ha estado marcada por potentes órdenes surgidas desde mi interior. Las llamo *imperativos de marcha.* En cualquier caso, fui consciente de pronto de que yo sabía cómo desbloquear a las personas y que debía hacerlo, que debía empezar desde aquel mismo instante a transmitir las lecciones que yo misma había aprendido.

¿De dónde vinieron esas lecciones?

En enero de 1978 dejé de beber. No es que antes pensara que era escritora gracias a la bebida, pero de pronto dudé de si podría seguir escribiendo sin ella. En mi cabeza beber y escribir habían estado tan ligados entre sí como... en fin, como el güisqui y la soda. Para mí el truco era siempre superar el miedo y aterrizar en la página. Trabajaba a contrarreloj, intentando escribir antes de que la niebla del alcohol se espesara del todo y la ventana de mi creatividad se bloqueara de nuevo.

«En el proceso de hacer lo que está haciendo, uno tropezará con lo que no podía hacer por uno mismo».

Robert Motherwell

Con 30 años y con una sobriedad abrupta había conseguido una oficina en la Paramount y una carrera profesional construida a partir de esa clase de creatividad. Era creativa a trompicones. Creativa por disciplina y por ego. Creativa en nombre de otros. Creativa, sí, pero a borbotones, como la sangre que brota de una carótida abierta. Llevaba una década escribiendo y lo único que sabía era lanzarme de cabeza y sin garantías contra el muro de todo cuanto escribía. Si esa creatividad tenía algo de espiritual, lo era únicamente en su semejanza a una crucifixión. Caía sobre las espinas de la prosa. Sangraba.

Si hubiera podido seguir escribiendo de esa vieja y dolorosa manera, aún lo estaría haciendo, sin duda alguna. La primera semana que estuve sobria salieron publicados dos artículos míos en revistas de tirada nacional, había cerrado el borrador final del guión de un largometraje y tenía un problema con el alcohol que no podía manejar por más tiempo.

Me dije a mí misma que si la sobriedad significaba no ser creativa, no quería estar sobria. No obstante, reconocía que el alcohol no sólo me mataría a mí sino también a mi creatividad. Tenía que aprender a escribir sobria, so pena de tener que abandonar por completo la escritura. Fue la necesidad, no la virtud, la que despertó mi espiritualidad. Me vi obligada a encontrar una nueva vía creativa. Y ahí es donde empezaron mis lecciones.

Aprendí a poner mi creatividad en manos del único dios en el que he creído, el dios de la creatividad, esa energía vital que Dylan Thomas llamó «la fuerza que por el verde tallo impulsa a la flor». Aprendí a quitarme de en medio y a dejar que esa energía vital se expresara a través de mí. Aprendí a sentarme delante de la página y a apuntar lo que iba oyendo. Escribir se transformó en algo más parecido a escuchar voces ocultas que a inventar la bomba atómica. No era tan complicado y ya no me estallaba en la cara. No tenía por qué apetecerme. No tenía que tomarme la temperatura emocional para comprobar si estaba inspirada. Simplemente escribía. Sin negociaciones. ¿Aquello era bueno, era malo? No me incumbía. No era *yo* quien lo estaba haciendo. Al dimitir como autora consciente, escribía con total libertad.

«La posición del artista es humilde. En esencia no es más que un canal».

Piet Mondrian

Viéndolo retrospectivamente, me asombra haber sido capaz de abandonar el drama de ser una artista sufriente. No hay agonía más dura que la de una mala idea. Y hay pocas ideas peores que las que tenemos sobre el arte. Podemos echar la culpa de muchas cosas a nuestra identidad de artista sufriente: la borrachera, la promiscuidad, los problemas fiscales, una cierta crueldad o la autodestrucción en asuntos sentimentales. Todos sabemos lo locos, promiscuos, insolventes e informales que son los artistas. Pero si ellos no tienen por qué ser así, ¿a mí qué excusa me queda? La idea de poder estar sana, sobria y creativa me aterraba, porque implicaba, como sucedió después, la posibilidad de hacerme responsable. «¿Se supone que si tengo esos talentos debo emplearlos?». Sí.

De forma providencial, me destinaron a trabajar con otro escritor que también estaba bloqueado. Empecé a enseñarle lo que estaba aprendiendo (Quítate de en medio. Deja que eso fluya a través de ti. Acumula páginas, y no juicios sobre ti mismo). Él también empezó a desbloquearse. Ya éramos dos. Y pronto tuve otra «víctima», en este caso, un pintor. Resulta que estas herramientas también funcionaban con los artistas plásticos.

Todo esto me parecía muy emocionante. En mis momentos más optimistas imaginaba que me estaba convirtiendo en una cartógrafa de la creatividad, trazando un mapa con el que salir de mi propia confusión y que también serviría a todo aquel que quisiera seguirme. Jamás había pensado en ser profesora. Sólo estaba enfadada porque jamás había tenido un profesor yo misma. ¿Por qué tenía que aprender lo que aprendía de la manera en que lo aprendía: siempre a base de ensayo y error, siempre encontrándome con un muro? Nosotros, los artistas, deberíamos ser más fáciles de enseñar, pensaba. Debería ser posible señalar tanto los atajos como los peligros del camino.

Pensamientos como estos eran los que me daban vueltas en la cabeza durante mis paseos vespertinos, mientras disfrutaba de los reflejos de la luz sobre el río Hudson y planeaba lo que escribiría próximamente. El imperativo de marcha hizo su aparición: tenía que enseñar.

Una semana después me ofrecieron trabajar como profesora en el New York Feminist Art Institute, del que nunca había oído hablar. Mi primera clase se reunió sola: pintores, novelistas, poetas y cineastas bloqueados. Empecé a enseñarles lecciones que ahora están en este libro. Desde aquella primera clase se han impartido muchas otras, además de otras muchas lecciones.

El camino del artista comenzó a partir de una serie de notas de clase informales que me pidió mi compañero Mark Bryan. A través del boca a boca este material se empezó a dar a conocer. John Giannini, un profesor junguiano muy viajero, difundía mis técnicas allá donde impartía sus clases (que al parecer era por todas partes). En consecuencia siempre recibía más peticiones de mi material. Después el mundo de la espiritualidad creativa se fue enterando del asunto y la gente me escribía desde Dubuque, la Columbia Británica o Indiana. Surgieron estudiantes por todo el planeta: «Trabajo en Suiza en el Departamento de Estado. Por favor, envíeme...». Y yo lo hacía.

«Dios debe convertirse en una actividad en nuestra conciencia».

Joel S. Goldsmith

Los envíos crecían y el número de estudiantes se multiplicaba. Al final la insistencia de Mark («Escríbelo *todo*. Puedes ayudar a mucha gente. Debería ser un *libro*») me empujó a reunir mis pensamientos de manera formal. Yo escribía y Mark, que para entonces ya se había convertido en mi socio y supervisor, me decía lo que faltaba. Seguía escribiendo y Mark me indicaba lo que *aún* seguía faltando. Me recordaba que había presenciado suficientes milagros que respaldaban mis teorías, y me instó a que también los incluyera. Volqué en el papel todo aquello que había puesto en práctica a lo largo de una década.

Las páginas siguientes resultaron ser una suerte de manual de la rehabilitación. Como la respiración boca a boca o la maniobra de Heimlich, las herramientas del libro habían sido concebidas con la intención de que funcionasen como un salvavidas. Por favor, úsalas y compártelas. Muchas veces he oído cosas como «Antes de recibir sus clases me sentía completamente ajeno a mi creatividad. Fueron años de amargura y de pérdida. Hasta que el milagro comenzó a manifestarse de forma gradual. Volví a la facultad para licenciarme en Teatro, tengo mi primer casting después de muchos años y estoy escribiendo con regularidad. Y lo que es más importante: por fin me siento a gusto llamándome a mí mismo artista».

Dudo de que pueda transmitirte la sensación de milagro que experimento como profesora, al ser testigo del antes y el después en las vidas de mis estudiantes. A lo largo del curso es posible incluso apreciar cambios físicos asombrosos, lo que me ha llevado a comprender que la palabra *iluminación* tiene un sentido literal. Las caras de los estudiantes llegan a resplandecer cuando entran en contacto con sus energías creativas. La misma atmósfera cargada de espiritualidad que rodea una gran obra de arte puede llegar a envolver una clase de creatividad. Pues en cierto sentido, siendo seres creativos, nuestras vidas se convierten en nuestra obra de arte.

Electricidad espiritual
Principios básicos

Para la mayoría de nosotros la idea de que un Creador impulsa la creatividad es casi una revolución. Solemos pensar que nuestros sueños creativos son ególatras, que Dios no los aprobaría. Al fin y al cabo el artista que somos es un adolescente por dentro, propenso a pensar de manera infantil. Si nuestros padres dudaron de nuestros sueños o los desaprobaron, es posible que nosotros proyectemos actitudes similares sobre un Dios paternalista. Debemos deshacernos de esta manera de pensar.

De lo que hablamos es de una experiencia espiritual inducida, o invitada por nosotros a aparecer en nuestra vida. Llamo a este proceso *quiropraxis espiritual.* Realizamos una serie de ejercicios del espíritu que nos ayudan a sintonizar con la energía creativa del universo. Si imaginas que el universo es un vasto mar de electricidad en el que te hallas inmerso y del que tú mismo emanas, abrirte a tu creatividad te transformará, de ser algo que simplemente flota por ese mar, en un elemento activo, plenamente consciente, que coopera con ese ecosistema.

Como profesora siento a menudo la presencia de algo trascendente —electricidad espiritual, por llamarlo así— y he llegado a depender de ello para superar mis propias limitaciones y a entender la expresión «maestra inspirada» como un cumplido literal: hemos sido tocados por una mano más elevada que la nuestra. Cristo dijo: «Donde están dos o más unidos en mi nombre, ahí estoy yo, entre ellos». El dios de la creatividad parece sentirse del mismo modo.

El corazón de la creatividad es una experiencia de unión mística; el corazón de la unión mística es una experiencia de creatividad. Quienes hablan en términos espirituales suelen referirse a Dios como el Creador, pero pocas veces ven esta última palabra como un sinónimo de artista. Yo sugiero que tomes el término creador en sentido literal. Tu objetivo es establecer con el Gran Creador un vínculo de artista a artista. Aceptar esta idea puede servirte para expandir enormemente tus posibilidades creativas.

«La música de esta ópera [*Madame Butterfly*] me la dictó Dios; yo fui sólo el instrumento que la puso sobre el papel y se la comunicó al público».

Giacomo Puccini

«Las ideas que fluyen en mí llegan directamente de Dios».

Johannes Brahms

«Debemos aceptar que este pulso creativo de nuestro interior es el pulso creativo de Dios mismo».

Joseph Chilton Pearce

«La imagen de Dios es el potencial creativo mismo de los seres humanos».

Mary Daly

En cuanto utilices las herramientas de este libro y realices las tareas semanales se dispararán muchos cambios. Uno de los más importantes será el descubrimiento de la *sincronía*: nosotros cambiamos y el universo lo asume y lo multiplica. Uso una frase irreverente para resumir esto, y la tengo pegada en la mesa donde escribo: «Tírate y aparecerá la red». Como artista y como profesora sé que si tenemos fe en el acto creativo, el universo está dispuesto a responder. Es algo parecido a levantar en el campo las compuertas de riego: una vez que se abren, el flujo es imparable.

Insisto, no hace falta que te *creas* esto. Para que surja tu creatividad no tienes que creer en Dios. Simplemente te pido que observes y que te hagas cargo de cómo se desarrolla este proceso. En realidad, serás matrona y testigo a la vez de tu propio progreso creativo.

La creatividad es una experiencia. Para mí, una experiencia espiritual. No importa desde qué punto de vista lo veas: si es la creatividad la que conduce a la espiritualidad o es la espiritualidad lo que conduce a la creatividad. De hecho, yo no distingo entre ellas. Frente a esta experiencia la cuestión de la creencia queda fuera de lugar. Como contestó al respecto Carl Jung al final de su vida: «No creo, sé».

Los principios espirituales que vamos a ver a continuación son los cimientos sobre los que la rehabilitación o el descubrimiento de la creatividad pueden ser construidos. Léelos una vez al día y mantente a la escucha de tu voz interior ante cualquier cambio que se produzca en tu actitud o en tus creencias.

Principios básicos

1. La creatividad forma parte del orden natural de la vida. La vida es energía: pura energía creativa.
2. Hay una fuerza creativa que subyace a todo cuanto vive, incluidos nosotros mismos.
3. Al abrirnos a nuestra propia creatividad nos estamos abriendo a la creatividad del Creador, que está presente en nosotros y en nuestras vidas.
4. Nosotros somos creaciones y a la vez estamos destinados a mantener la creatividad siendo creativos.
5. La creatividad es un regalo de Dios. Usarla es el regalo que nosotros le devolvemos a Dios.
6. Negarse a ser creativo es obstinarse en contra de nuestra propia naturaleza.
7. Cuando nos abrimos a explorar nuestra creatividad, nos abrimos a Dios: el buen camino.
8. Al abrir un canal entre nuestra creatividad y el Creador se producen cambios sutiles aunque poderosos.
9. No hay que temer por abrirse a una creatividad cada vez mayor.
10. Nuestros anhelos y sueños creativos proceden de una fuente divina. Cuando nos acercamos a nuestros sueños, nos acercamos a la divinidad.

«Cada hoja de hierba tiene su ángel inclinándose sobre ella y susurrando "Crece, crece"».

El Talmud

«Los grandes improvisadores son como sacerdotes. Están pensando sólo en su dios».

Stéphane Grappelli

«Lo que tocamos es la vida».

Louis Armstrong

«La creatividad es embridar la universalidad y hacer que fluya a través de tus ojos».

Peter Koestenbaum

Cómo utilizar este libro para la recuperación de tu creatividad

Hay varias formas de utilizar este libro. Sobre todo te invito a que lo uses de manera creativa. Este apartado te ofrece una especie de mapa para el proceso con ideas específicas sobre cómo debes proceder. Algunos alumnos han hecho el curso a solas; otros han formado grupos de trabajo (al final del libro encontrarás indicaciones para trabajar en grupo). No importa la forma que hayas escogido, porque *El camino del artista* te funcionará.

«No pinto con la vista, sino con la fe. La fe te da vista».

Amos Ferguson

«¿Por qué todos deberíamos usar nuestros poderes creativos...? Porque no hay nada que haga que la gente sea tan generosa, feliz, vital, audaz y compasiva, tan indiferente a las peleas y a la acumulación de objetos y de dinero».

Brenda Ueland

Quizás lo primero que te apetezca sea echar una ojeada al libro para hacerte una idea del territorio a explorar. Pero ten en cuenta que leer el libro no es lo mismo que usarlo. Cada capítulo incluye ensayos, ejercicios, tareas y un repaso semanal. No te abrumes por la cantidad de trabajo que aparenta ser, pues gran parte de ese trabajo es más bien un juego, y seguir el curso no ocupa mucho más de una hora al día.

Cuando doy clase sugiero a los alumnos que lleven un calendario semanal. Por ejemplo, si vas a trabajar de domingo a domingo empieza leyendo tu capítulo semanal el domingo por la noche. Después de leerlo haz los ejercicios con rapidez. Los ejercicios semanales son fundamentales, tanto como las páginas matutinas y la cita con el artista (esto se explicará en el siguiente capítulo). Es probable que no tengas tiempo de hacer todas las tareas semanales. Intenta hacer sólo la mitad. Recuerda que el resto está ahí para cuando puedas volver a ello. A la hora de seleccionar esas tareas sigue dos directrices: escoge, por un lado, las que te atraen y, por otro, las que te producen rechazo, dejando para más adelante las que te resultan neutras. Recuerda que al «escoger» con frecuencia nos resistimos a aquello que más necesitamos.

En total reserva entre siete y diez horas a la semana: una hora al día o si prefieres algo más. Usar estas herramientas durante doce semanas de curso es un modesto compromiso con el que cosecharás enormes resultados. Las mismas herramientas, utilizadas durante un largo periodo, pueden modificar la trayectoria de toda una vida.

Al trabajar con este libro no olvides que *El camino del artista* es una espiral. Le darás vueltas a algunos temas una y otra vez, pero en cada una de esas vueltas te encontrarás en otro nivel. Nunca está todo hecho en una vida artística. Existen frustraciones y recompensas en todos los niveles del camino. Nuestro objetivo es encontrar un sendero, marcar el paso e iniciar el ascenso. Te emocionará el panorama creativo que muy pronto se abrirá ante ti.

Qué podemos esperar

«El objetivo del arte no es un destilado enrarecido e intelectual, sino que es la vida, una vida más intensa, brillante».

Alain Arias-Misson

La mayoría de nosotros desearía ser más creativo y muchos sentimos que realmente lo somos, pero que no somos capaces de dar rienda suelta a esa creatividad. Nuestros sueños son esquivos. Nuestras vidas nos parecen planas. A menudo tenemos grandes ideas, sueños maravillosos, y no somos capaces de ponerlos en práctica. A veces tenemos anhelos creativos concretos que nos encantaría realizar (aprender a tocar el piano, pintar, dar clases de teatro o escribir). A veces nuestro objetivo es más difuso. Ansiamos eso que podríamos llamar una vida creativa, un sentido de la creatividad que impregne de manera más amplia nuestra vida profesional, o la que compartimos con nuestros hijos o nuestra pareja o nuestros amigos.

Aunque no existe una fórmula rápida e indolora para conseguir la creatividad, su rehabilitación o su descubrimiento es un proceso espiritual que se puede enseñar y que puede ser supervisado. Aunque todos nosotros seamos complejos y sumamente individualistas, existen denominadores comunes en nuestro proceso de rehabilitación creativa.

Trabajando en este proceso observo que durante las primeras semanas se produce una cierta rebeldía, un cierto vértigo. A esta primera fase le sigue de inmediato, a mitad del curso, otra en la que se produce un fuerte enfado. Tras el enfado llega la pena, a la que suceden alternativamente oleadas de resistencia y de esperanza. Esta fase de crecimiento con cimas y valles se va convirtiendo en una especie de parto en el que los alumnos experimentan torbellinos de expansión y contracción, pasando de la euforia intensa a un escepticismo defensivo. Esta fase de crecimiento tempestuoso va seguida de una necesidad imperiosa de abandonar el proceso y volver a la vida anterior. En otras palabras, un fase de negociación. La gente suele querer abandonar en este punto. Yo lo llamo dar un giro creativo de 180 grados, o recular. Volver a comprometerse con el proceso dispara entonces una fase de caída libre en la que el ego se rinde por completo. A continuación la fase final del curso se caracteriza por una conciencia nueva de uno mismo marcada por el incremento de la autonomía, la determinación, las expectativas, el entusiasmo y la capacidad de poner en práctica planes creativos concretos.

Si esto parece emocionalmente tumultuoso es porque lo es. A medida que avanzamos en la recuperación de la creatividad vamos renunciando a la vida que conocíamos. *Renuncia* es otra forma de referirnos a una *distancia*, un *desapego*, un sentimiento típico del trabajo continuado con cualquier práctica meditativa. En términos cinematográficos lo que hacemos es ir cambiando el enfoque con lentitud, abriendo el objetivo y alejándonos de esa vida en la que estábamos estancados hasta alcanzar una perspectiva más amplia. Esta perspectiva nos da poder para tomar decisiones verdaderamente creativas. Hay que verlo como si fuera un día de viaje por un territorio difícil, mudable, fascinante. Estás llegando más alto en tu camino, y debes entender que el fruto de tu tormenta interior será un proceso positivo, doloroso y emocionante a un tiempo.

Muchos de nosotros consideramos que hemos derrochado nuestras energías creativas, invirtiéndolas de manera desproporcionada en las vidas, esperanzas, sueños y planes de otros. Sus vidas han oscurecido o desviado las nuestras. A medida que consolidamos un nuevo núcleo a través de nuestro proceso de renuncia, nos vamos haciendo cada vez más capaces de marcar nuestros propios límites, sueños y auténticos objetivos. Nos hacemos más flexibles con nosotros mismos mientras que nos volvemos menos vulnerables a los caprichos de los demás. Somos más conscientes de nuestra autonomía y de nuestras posibilidades.

«Lo que dejamos atrás y lo que tenemos por delante son asuntos diminutos comparados con lo que tenemos en nuestro interior».

Ralph Waldo Emerson

Por lo general cuando hablamos de renuncia pensamos en una sustancia que debemos abandonar. Dejamos el alcohol, las drogas, el azúcar, las grasas, la cafeína o la nicotina y sufrimos un síndrome de abstinencia. Pero es útil entender la abstinencia creativa de un modo diferente: nosotros somos la sustancia *por* la que renunciamos o nos abstenemos de lo demás, no la sustancia *a* la que renunciamos según vamos replegando hacia nuestro interior esas energías creativas, tan desplazadas y dispersas.

Comenzamos desenterrando nuestros sueños. El proceso tiene su complejidad, pues algunos de nuestros sueños son como la dinamita y el solo hecho de manipularlos puede provocar una onda expansiva que active nuestro sistema de autonegación: ¡qué pena, qué pérdida, qué dolor! Es en este punto del proceso de rehabilitación en el que experimentamos lo que Robert Bly llama «la reducción a cenizas». Estamos de luto por el yo que abandonamos. Y damos la bienvenida a ese mismo yo como se la daríamos a un amante que regresa de una larga y cruenta guerra.

Para que la rehabilitación creativa sea posible debemos someternos a un periodo de duelo. Una cierta dosis de dolor es esencial a la hora de enfrentarnos al suicidio de ese yo «tan simpático» con el que nos solíamos conformar. Nuestras lágrimas preparan el terreno de nuestro crecimiento futuro; sin este riego, es posible que quedáramos estériles. Debemos permitir que nos golpee el rayo del dolor. No lo olvides: este dolor es útil, el relámpago ilumina.

¿Cómo podemos saber si nuestra creatividad está bloqueada? La envidia nos dará una buena pista: ¿hay artistas por los que sientes resentimiento?, ¿has pensado alguna vez para ti: «Yo podría hacer lo mismo si no fuera por...»? Tal vez te digas a ti mismo que si te tomaras en serio tu potencial creativo:

- Dejarías de decirte que es demasiado tarde.
- Dejarías de esperar a ganar el suficiente dinero como para hacer lo que en realidad te gusta.
- Dejarías de decirte «no es más que mi ego» cuando anhelas una vida más creativa.
- Dejarías de decirte que los sueños no importan, que son sólo sueños, que deberías ser más sensato.
- Dejarías de temer que tus familiares y amigos te consideren un loco.
- Dejarías de decirte que la creatividad es un lujo y que lo que deberías es estar agradecido por lo que tienes.

A medida que aprendas a reconocer, alimentar y proteger a tu artista interior, empezarás a ser capaz de ir más allá del dolor y de una creatividad coartada. Aprenderás métodos para identificar y superar el miedo, para curar heridas emocionales y para fortalecer la confianza en ti mismo. Descubrirás y desecharás viejas y dañinas ideas sobre la creatividad. Al trabajar con este libro experimentarás un encuentro guiado e intenso con tu propia creatividad: con tus propios fantasmas, defensas, deseos, miedos, esperanzas y triunfos privados. Una experiencia que te emocionará, te deprimirá, te enfadará, te asustará, te alegrará, te dará esperanza y al final te hará más libre.

Las herramientas básicas

Las dos herramientas fundamentales para la recuperación de la creatividad son *las páginas matutinas* y *la cita con el artista*. Un despertar duradero a la creatividad requiere un uso constante de ambas. Prefiero presentarlas cuanto antes y describirlas con la precisión suficiente como para responder a la mayoría de tus preguntas. Este capítulo pretende explicar estas herramientas con detenimiento y en profundidad. Te pido que lo leas con atención y que empieces a emplear de inmediato ambas herramientas.

Las páginas matutinas

Lo primero que necesitas para rescatar tu creatividad es saber dónde encontrarla. Te insto a que lo hagas a través de un proceso que aparentemente no conduce a nada y que yo denomino «las páginas matutinas». Escribirás esas páginas cada día durante todas las semanas del curso y según espero mucho tiempo después. Yo llevo con ellas una década. Tengo alumnos que dejarían de respirar antes de abandonarlas. Ginny, guionista y productora, atribuye a las páginas matutinas la inspiración para sus recientes guiones y la visión para planificar sus programas: «Me he vuelto supersticiosa al respecto», confiesa. «Cuando estaba editando mi último programa me levantaba a las cinco de la mañana para poder escribirlas antes de ir a trabajar».

Pero ¿qué son las páginas matutinas? Son simplemente tres páginas manuscritas de estricto flujo de conciencia. Por ejemplo: «Dios mío, ha amanecido de nuevo. No tengo nada que contar, nada que decir. Tengo que lavar las cortinas. ¿Recogí ayer la ropa de la tintorería? Bla, bla, bla...». Podríamos llamarlo, sin mucha pomposidad, desaguar el cerebro, pues ésa es una de sus principales funciones.

«Las palabras son una forma de acción, capaces de influir en los cambios».

Ingrid Bengis

«Necesitas reivindicar como propios los acontecimientos de tu vida para pertenecerte a ti mismo».

Anne-Wilson Schaef

Las páginas matutinas no pueden hacerse mal. Estas divagaciones diarias no pretenden ser arte. Ni siquiera *escritura* en un sentido literario. Quiero dejar esto muy claro para tranquilizar a quienes trabajan con este libro pero no son escritores. La escritura no es sino una herramienta más. Las páginas están concebidas para que nos familiaricemos simplemente con el acto de mover la mano a través del papel y volcar en él todo aquello que te pasa por la cabeza, sea lo que sea. Incluiremos todo, por nimio, tonto, estúpido o raro que pueda parecer.

Las páginas matutinas no tienen por qué tener un tono brillante, aunque a veces resulte que lo tienen. La mayor parte de las veces no lo tendrán, pero sólo lo vas a saber tú porque a nadie le está permitido leer tus páginas matutinas excepto a ti. Tampoco tú debes volver a leerlas durante las siguientes ocho semanas más o menos. Sólo tienes que escribir tres páginas y guardarlas en un sobre o escribirlas en un cuaderno que no volverás a hojear. *Sólo tienes que escribir tres páginas...* Y tres páginas más al día siguiente.

30 de septiembre de 1991. Este fin de semana Domenica y yo fuimos a Río Grande y a Pott Creek a buscar insectos

para su clase de Biología. Cazamos lavanderas y mariposas. Fabriqué un cazamariposas rojo que funcionó bastante bien, aunque las libélulas se nos escapaban, para gran disgusto nuestro. No conseguimos atrapar a la tarántula que se paseaba por el sendero que hay junto a nuestra casa. Disfrutamos localizándola, simplemente.

Aunque algunas veces resulten coloristas, con frecuencia las páginas matutinas son negativas, fragmentarias, autocompasivas, repetitivas, forzadas, infantiles, malhumoradas, sosas y hasta ridículas. ¡No importa!

2 de octubre de 1991. Me levanté y me dolía la cabeza. Me tomé una aspirina y me siento un poco mejor aunque estoy todavía un poco temblorosa. Quizás sí que me haya cogido esa gripe. Ya casi he terminado de deshacer todas las cajas y aún no ha aparecido la tetera de Laura, cuánto la echo de menos. Qué dolor...

Todos aquellos enfados, quejas, miserias que vuelcas al papel por las mañanas son precisamente las cosas que se interponen entre tú y tu creatividad. Las preocupaciones del trabajo, la tintorería, la abolladura del coche, la extrañeza en la mirada de tu amante: todo esto es lo que aturde a nuestro subconsciente y perturba nuestros días. Apúntalo.

Las páginas matutinas son la principal herramienta para la recuperación de la creatividad. Como artistas bloqueados solemos criticarnos de manera despiadada, y aunque el resto del mundo nos vea como artistas realizados nosotros sentimos que no hacemos lo suficiente y que lo que hacemos nunca está bien. Somos víctimas de nuestro propio yo perfeccionista, de un crítico interiorizado, eterno y canalla —el Censor—, que se aloja en la parte izquierda de nuestro cerebro y no para de lanzar un constante flujo de puntualizaciones que aparecen disfrazadas de verdades. El Censor nos dice cosas tan maravillosas como: «¿A eso

«Una mente demasiado activa no es mente que valga».

Theodore Roethke

«Los acontecimientos de nuestras vidas suceden como una secuencia en el tiempo, pero en la significación que adquieren para nosotros mismos encuentran su propio orden, el hilo continuo de la revelación».

Eudora Welty

lo llamas tú escribir? Parece una broma. ¡Si ni siquiera sabes puntuar! Y si no lo has conseguido hasta ahora, no lo lograrás jamás. Ni siquiera sabes escribir sin faltas de ortografía. ¿De dónde te has sacado que eres creador?». Y así una y otra vez.

Márcate esta regla: recuerda siempre que las opiniones negativas de tu Censor no son la verdad. Esto hay que practicarlo; si vas todos los días directamente de la cama a la página, aprenderás a evitar a tu Censor. Ni hay una forma incorrecta de escribir las páginas matutinas, ni cuenta la opinión del Censor. Deja que él siga con su palabrería (que lo hará) y que tu mano corra por la página. Puedes escribir también sus pensamientos, si quieres, y observar cómo disfruta lanzándose a la yugular de tu creatividad. No lo dudes: la aspiración del Censor es atraparte. Y es un enemigo muy astuto: cuanto más espabiles tú, más lo hará él. «Así que has escrito una única obra de teatro, ¿no?», te dirá tu Censor, «Pues eso es todo». «Así que has dibujado tu primer boceto...», comentará, «No es precisamente un Picasso».

Piensa que tu Censor es como una serpiente de dibujos animados, que se desliza por el Edén de tu creatividad bisbiseando maldades para desmoralizarte. Si no te gusta la idea de imaginar una serpiente, busca otra caricatura para tu Censor (por ejemplo, el tiburón de *Jaws*) y táchalo. Ponlo donde sueles escribir o pegado dentro de tu cuaderno. Sólo identificando al Censor con el nimio y sibilino personaje que es lograrás despojarlo de buena parte del poder que ejerce sobre ti y sobre tu creatividad.

Más de un alumno ha colgado una foto poco favorecedora de su padre o de su madre, el que haya sido responsable de introducir al Censor en su psique, y lo ha denominado Censor. El objetivo es dejar de escuchar la voz del Censor como si fuera la de la razón y aprender a oírla como el mecanismo represor que en realidad es. Las páginas matutinas te ayudarán a ello.

Las páginas matutinas son innegociables. Jamás te las saltarás o las reducirás, independientemente de tu estado de ánimo o de las cosas desagradables que te diga tu Censor. Siempre pensamos que debemos tener el humor adecuado para escribir, pero no es así. Las páginas matutinas te demostrarán que tu estado de ánimo no importa. Algunos de los mejores trabajos surgen justo en esos días en los que piensas que todo lo que haces es una porquería. Con las páginas matutinas dejarás de juzgarte y te pondrás a escribir. No importa si estás cansado, refunfuñón, distraído o estresado: tu artista es un niño y necesita alimentarse. Las páginas matutinas serán el alimento de tu niño artista, así que escríbelas.

Tres páginas sobre cualquier cosa que se te pase por la cabeza, eso es todo lo que tienes que hacer. Si no sabes qué escribir, entonces escribe «No sé qué escribir». Hazlo hasta que hayas llenado tres páginas. *Haz lo que sea para llenar esas tres páginas.*

Cuando la gente me pregunta «¿Por qué hay que escribir las páginas matutinas?», yo bromeo: «Para llegar al otro lado». Piensan que no hablo en serio, pero sí, las páginas matutinas nos llevan al otro lado: de nuestros miedos, de nuestra negatividad, de nuestros altibajos. Sobre todo nos alejan de nuestro Censor. Más allá de su charlatanería encontraremos el sosiego de nuestro equilibrio, el lugar donde se oye una voz clara y suave que reconocemos de inmediato como la de nuestro Creador y como propia.

Conviene en este punto distinguir entre el *cerebro lógico* y el *cerebro artístico*. En Occidente preferimos el *cerebro lógico*, que establece categorías. Es un cerebro que piensa de forma ordenada, lineal, que percibe el mundo de acuerdo con categorías conocidas: un caballo será el resultado de una cierta combinación entre determinas partes de animales que componen un caballo; un bosque en otoño se concibe como una serie de colores que componen un «bosque en otoño». El cerebro mira un bosque en otoño y registra: rojo, naranja, amarillo, verde, dorado.

«La poesía entra muchas veces por la ventana de la irrelevancia».

Mary Caroline Richards

El cerebro lógico ha sido y sigue siendo nuestro cerebro de supervivencia. Funciona a base de principios conocidos. Cualquier aspecto desconocido se percibe como incorrecto y posiblemente peligroso. Le gusta que las cosas sean como soldaditos disciplinados desfilando en línea recta. Es el cerebro al que solemos escuchar, en especial cuando nos decimos que debemos ser sensatos. El cerebro lógico es nuestro Censor, esa voz en off que reconsidera y se arrepiente una y otra vez. Ante algo original, como pueda ser una frase o un boceto, dirá: «¿Qué narices es eso? ¡Está mal!».

El cerebro artístico es nuestro inventor, nuestro niño, nuestro científico loco particular. Es el que nos dice «¡Vaya, está genial!». Relaciona cosas dispares (por ejemplo, un barco puede ser lo mismo que una ola y ésta lo mismo que un caminante), identifica un coche de carreras con un animal salvaje: «El lobo negro nos empujó aullando hasta aquel bar de carretera...». El cerebro artístico es nuestro cerebro creativo, holístico. Inventa patrones y descubre matices. Ve un bosque en otoño y piensa: «¡Qué precioso ramillete! ¡La piel de la tierra es una majestuosa alfombra de oro!». Porque el cerebro artístico realiza asociaciones libres y es espontáneo, establece nuevas conexiones, combina distintas imágenes para invocar nuevos significados. Es el responsable de hallazgos tales como que en la mitología escandinava se llame «caballo de olas» a un barco o que el personaje de *La guerra de las galaxias* tenga por nombre Skywalker.

¿Por qué hablamos ahora del cerebro lógico y del cerebro artístico? Porque las páginas matutinas mandan al cerebro lógico al banquillo para que juegue el cerebro artístico.

El Censor es un residuo de nuestro cerebro de supervivencia, el que se encargó de que decidiéramos entre permanecer a salvo en la selva o aventurarnos hacia el prado: nuestro Censor examina el prado de nuestra creatividad para detectar si hay bestias peligrosas. Y cualquier pensamiento inédito puede parecer peligroso a nuestro Censor. Sólo le gustan las frases, cuadros, esculturas o fotografías que ha visto muchas veces con anterioridad: frases seguras, cuadros seguros. Nada de improvisaciones, de experimentos, de garabatos, de apuntes. Haz caso a tu Censor y te dirá que todo lo nuevo es erróneo, nocivo, terrible.

¿Quién no estaría bloqueado si cada vez que intentase sacar los pies del tiesto alguien (tu Censor) se riera de él? Las páginas matutinas te enseñarán a pasar de esas burlas y te permitirán distanciarte de la negatividad de tu Censor. Puede que te resulte útil concebir las páginas matutinas como una suerte de meditación, aunque no sea la clase de meditación que conoces o incluso aunque no estés familiarizado en absoluto con esa práctica. De hecho, puede que tus páginas no te resulten espirituales o meditativas, sino más bien negativas y materialistas, pero son una vía válida que induce a la introspección y nos ayuda a hacer cambios reales en nuestras vidas.

Veamos qué beneficio puede proporcionarte la meditación, pues hay muchos puntos de vista sobre su práctica. Los científicos se refieren a ella en términos de hemisferios cerebrales y de técnicas para pasar de uno a otro: el movimiento que va del cerebro lógico al cerebro artístico, de la prisa a la lentitud, de la superficie al fondo. Un *coach*, cuyo objetivo es mejorar la salud en el mundo de la empresa, considerará en primer lugar la meditación como una técnica contra el estrés. Las personas que se encuentran en una búsqueda espiritual preferirán verlo como parte de un proceso de acercamiento a Dios. Los artistas y los expertos en creatividad la reconocen como una vía de inspiración. Todas estas perspectivas son válidas hasta cierto punto. Pero no es un punto que sirva de gran cosa. Efectivamente la meditación alterará nuestro hemisferio cerebral, reducirá nuestro estrés, pulsará una tecla interior que nos conectará con nuestra creatividad y nos servirá de inspiración. Sin duda, por cualquiera de estas razones,

«Tal vez la inspiración sea una forma de superconsciencia o quizá de subconsciencia, no sabría decir. Pero estoy seguro de que es la antítesis de la consciencia de uno mismo».

Aaron Kopland

la meditación merece la pena. Pero todos estos valores, incluso combinados entre sí, no son sino construcciones intelectuales para lo que en esencia es una experiencia de plenitud, de autenticidad y de poder.

Se medita para descubrir la propia identidad, el verdadero lugar que ocupamos en el universo. A través de la meditación alcanzamos y reconocemos al fin nuestra conexión con un poder interior que tiene la capacidad de transformar nuestro mundo exterior. Dicho de otro modo, la meditación nos proporciona no sólo la visión de una luz interior, sino además el poder para efectuar cambios expansivos en nuestra vida. La visión por sí misma es un consuelo intelectual. El poder es una fuerza ciega que tiene tanta capacidad para destruir como para construir. Sólo cuando aprendamos a unir de manera consciente ese poder y esa luz empezaremos a sentir nuestra verdadera identidad como seres creativos. Las páginas matutinas nos ayudarán a forjar esa unión, como si fueran un *walkie-talkie* espiritual con el que conectarnos directamente con nuestro Creador interior. Ésta es la razón por la que las páginas matutinas suponen una práctica espiritual.

Resulta imposible escribir las páginas matutinas durante un cierto periodo de tiempo sin entrar en contacto, de forma inesperada, con ese poder interior. Estuve escribiendo estas páginas durante muchos años antes de darme cuenta de que son el camino para llegar a una firme y clara conciencia de uno mismo, la pista que seguimos por nuestro interior hasta encontrarnos a un tiempo con nuestra creatividad y con nuestro creador.

«Todo vuelve siempre a la misma necesidad: si profundizas lo suficiente llegas a una roca de verdad, por dura que sea».

May Sarton

Las páginas matutinas dibujan nuestro mapa interior. Sin ellas nuestros sueños podrían seguir siendo *terra incógnita*; lo sé porque los míos estuvieron allí. Con ellas la luz interior se combina con el poder del cambio expansivo. Es muy difícil quejarse de algo todas las mañanas, todos los meses, sin sentir el impulso constructivo de actuar. Las páginas nos rescatan de la desesperación y nos empujan hacia salidas con las que ni siquiera habíamos soñado.

La primera vez que escribí páginas matutinas estaba viviendo en Taos, Nuevo México. Había ido hasta allí para intentar poner orden en mi vida (aunque aún no sabía qué orden). Era la tercera vez consecutiva que una película se había ido al garete por políticas de los estudios. Los guionistas están acostumbrados a esta clase de desgracias, pero yo me sentía como si hubiera sufrido un aborto. La acumulación de desastres se convirtió en catástrofe. Quería abandonar el cine porque éste me había roto el corazón. No quería que murieran antes de tiempo más criaturas nacidas de mi cerebro. Me fui a Nuevo México para reparar mi corazón y para tratar de ver si existía algo más que pudiera querer hacer.

Mientras vivía en una pequeña casa de adobe orientada al norte, hacia Taos Mountain, empecé a practicar la escritura de las páginas matutinas. Nadie me dijo que lo hiciera ni sabía de nadie que lo practicara, simplemente escuché una persistente voz interior que me dijo que debía hacerlo, así que lo hice. Me senté en una mesa de madera mirando hacia Taos Mountain y me puse a escribir.

Las páginas matutinas eran mi pasatiempo, algo que hacer en lugar de quedarme mirando a la montaña todo el tiempo. La montaña, una joroba maravillosa que se transformaba con cada fenómeno meteorológico, me planteaba más preguntas de las que yo me hice. Envuelta en nubes un día, lluviosa y oscura al siguiente, aquella montaña ejercía un dominio no sólo sobre mi vista, también sobre mis páginas matutinas. ¿Tenía todo aquello —o cualquier otra cosa— algún significado?, me preguntaba página tras página, mañana tras mañana. No obtenía respuesta. Y entonces una mañana lluviosa apareció un personaje llamado Johnny y empezó a pasearse por mis páginas. Sin haberlo planeado estaba escribiendo una novela. Las páginas matutinas me habían enseñado el camino.

Cualquiera que sea constante en la escritura de las páginas matutinas llegará a conectarse con la fuente de sabiduría que hay en su interior. Cuando estoy atascada en una situación dolorosa o con un problema que no sé cómo resolver, recurro a las páginas y les pido consejo. Para ello escribo «PJ», las iniciales de «Pequeña Julia», y hago mi consulta:

PJ: ¿Qué debería decirles sobre la sabiduría interior?

(Espero entonces la respuesta y la escribo también).

Respuesta: Deberías decirles que todo el mundo tiene línea directa con Dios. Nadie necesita pasar por centralita. Ínstales a que pongan en práctica esta técnica con uno de sus problemas. Y lo harán.

«Cuanto más escuchas a tu sabiduría interior, más la fortaleces, como si fuera una habilidad o un músculo».

Robbie Gass

«De la conciencia de las verdaderas condiciones de nuestras vidas es de donde debemos extraer la fuerza y las razones para vivir».

Simone de Beauvoir

Algunas veces, como hemos visto, la respuesta parece improvisada o demasiado fácil. He llegado a creer que la palabra *parecer* es la adecuada porque con mucha frecuencia cuando pongo en práctica este tipo de consejos resultan ser justo lo que necesitaba, mucho más que otros más complicados. Y para que quede constancia afirmo: las páginas son mi particular forma de meditación y las escribo porque funcionan.

Un último apunte: las páginas matutinas funcionan con pintores, con escultores, con poetas, con actores, con abogados, con amas de casa, con cualquier persona que quiera ser más creativa. No son una herramienta destinada sólo a los escritores. En absoluto: estas páginas no están concebidas únicamente para escritores. Los abogados que las escriben juran que les vuelven más eficaces ante los Tribunales. Los bailarines aseguran que mejoran su equilibrio, y no sólo su equilibrio emocional. De hecho, los escritores, que muestran un afán lamentable por *escribir* las páginas matutinas (en lugar de, simplemente, hacerlas), son quienes más dificultades tienen en comprobar su efecto. Lo que sí descubren es que su escritura se vuelve de pronto más suelta, más libre, más fácil. En resumen, más allá de tus limitaciones o de tu trabajo habitual, las páginas matutinas te funcionarán.

Timothy, un millonario estirado, adusto y cascarrabias, empezó a escribir las páginas matutinas con escéptico desdén. No quería hacerlas sin tener la seguridad de que iban a funcionar. Esas malditas páginas no llevaban etiqueta, no estaban garantizadas por Dun and Bradstreet*. Parecían estúpidas y Timothy odiaba las cosas estúpidas. Timothy era, para entendernos, un jugador serio: tenía tal cara de póquer que parecía en sí mismo un farol de hierro forjado, más que un buen jugador de cartas que estuviera tirándose un farol. Su impenetrable fachada era tan oscura, reluciente y costosa como la caoba, algo entrenado durante años en reuniones de consejo de dirección. Ninguna emoción alteraba la inamovible superficie de este hombre: era un monumento a la mística masculina.

«Vale, de acuerdo...», transigió Timothy, aunque sólo porque había pagado un buen dinero para que alguien le obligara a hacerlo. Al cabo de tres semanas el arrogante y atildado Timothy se transformó en un embajador de las páginas matutinas. Le convencieron los resultados. Empezó —¡Dios nos libre!— a disfrutar un poquito de su creatividad: «Compré cuerdas para esa vieja guitarra que tenía por ahí», registró una semana. Y añadió: «Arreglé mi equipo de música. He comprado unas maravillosas grabaciones de música italiana». Aunque vacilaba en reconocerlo, incluso ante sí mismo, sus bloqueos con la escritura se estaban deshaciendo y en cuanto amanecía él ya estaba escribiendo por propia voluntad con sus cantos gregorianos de fondo.

> «Pintar no es más que otra forma de llevar un diario».
>
> Pablo Picasso

> «La experiencia, incluso para un pintor, no es exclusivamente visual».
>
> Walter Meigs

No todo el mundo se enfrenta con tanta animadversión a las páginas matutinas. Phillys, una chica bien de largas piernas, que durante años había escondido su inteligencia bajo una capa de belleza y vivía a la sombra de su marido, empezó a escribir las páginas matutinas con un entusiasmo enorme, aunque superficial, pues por dentro estaba convencida de que a ella no le servirían. Habían tenido que pasar diez años para que se permitiera a sí misma escribir algo más que una carta o una lista de la compra. Pero un mes después de empezar con las páginas

* Dun and Bradstreet: Empresa líder mundial en consultoría de negocios. *(N. de las T.)*

matutinas, y como surgiendo de la nada, Phillys escribió su primer poema. Después de tres años con las páginas matutinas ha escrito poemas, conferencias, programas de radio y un libro de ensayo.

Anton, hosco pero agradecido a sus páginas matutinas, logró desbloquearse como actor. Laura, una talentosa pero también bloqueada escritora, pintora y música, descubrió que las páginas matutinas la conducían hasta su piano, su máquina de escribir y sus pinceles. Es posible que emprendas este curso con una agenda concreta de lo que quieres desbloquear, pero es posible que con estas herramientas llegues a liberar áreas creativas que habías obviado durante mucho tiempo o cuya existencia incluso ignorabas. Ingeborg, que usó las páginas para superar ciertos bloqueos como escritora, pasó de ser una de las críticas musicales más reconocidas en Alemania a componer música por primera vez en veinte años. Estaba alucinada y me hizo varias llamadas exaltadas desde el otro lado del Atlántico para compartir sus buenas noticias.

Con frecuencia los alumnos más resistentes a las páginas matutinas acaban por ser los que más las aprecian. De hecho, odiar las páginas matutinas es muy buena señal. Estar encantado con ellas también lo es, si sigues escribiéndolas incluso cuando de repente dejen de gustarte. La actitud neutral es la tercera postura, pero no es más que una estrategia de defensa que podría estar ocultando desgana. Esta desgana disfraza la pregunta «¿de qué sirve todo esto?», y preguntarse «¿para qué sirve esto?» no es más que miedo. Y el miedo a su vez significa que estás secretamente desesperado. Así que vuelca tus miedos en la página. Vuelca cualquier cosa en la página. Escribe tres páginas sobre lo que sea.

> «La musa más potente de todas es nuestro propio niño interior».
>
> Stephen Nachmanovitch

> «En la cima de la risa el universo se lanza a un caleidoscopio de nuevas posibilidades».
>
> Jean Houston

La cita con el artista

La otra herramienta básica de *El camino del artista* puede parecerte una diversión más que una herramienta. Es posible que veas con claridad la utilidad de las páginas matutinas pero tengas tus dudas acerca de algo que se llama *la cita con el artista.* Te aseguro que las citas con el artista también funcionan.

Imagina esa combinación de herramientas como un par de *walkie-talkies:* uno que transmite y otro que recibe. Es un proceso que se lleva a cabo en dos direcciones, que se desarrolla en dos pasos: primero fuera y luego dentro de uno mismo. Cuando escribes tus páginas matutinas estás enviando; es decir, transmitiendo tanto al universo como a ti mismo tus sueños, insatisfacciones y esperanzas. Cuando cumples con tu cita con el artista estás recibiendo; esto es, abriéndote a tu sabiduría interior, a tu inspiración, a tu guía.

Pero ¿qué es exactamente tu cita con el artista? Es una parte de tu tiempo (por ejemplo, dos horas a la semana) reservada y enfocada sólo a alimentar tu conciencia creativa, a tu artista interior. Básicamente la cita con el artista es una excursión, un juego que planeas y defiendes ante cualquier interferencia. No irá nadie a tu cita con el artista, salvo tú mismo y tu artista interior; esto es, tu niño creativo: ni amantes ni amigos ni pareja ni hijos ni cualquier otra clase de compañía.

Si crees que esto es una estupidez o que nunca tendrás tiempo para hacerlo, considera esta reacción como una pura resistencia. No puedes permitirte no encontrar tiempo para tu cita con el artista. Los psicólogos hacen con frecuencia esta pregunta a las parejas en crisis y a los padres con niños problemáticos:

—¿Tenéis tiempo para vosotros?

—¿Tiempo para nosotros? —suelen responder—. Pasamos mucho tiempo juntos.

—Sí, pero ¿es tiempo de calidad? ¿Alguna vez os divertís juntos? —insiste el psicólogo.

—¿Divertirnos? —preguntan (aunque para sus adentros se dicen: «Como si alguien pudiera divertirse en una relación tan podrida como ésta»).

—¿Seguís teniendo citas entre vosotros, para hablar, para escucharos?

—¿Citas? Pero si estamos casados, liadísimos y no tenemos pasta para eso ni...

—Lo que tenéis es miedo —interrumpe el psicólogo—. Al pan, pan y al vino, vino.

Porque realmente aterra pasar tiempo a solas con un niño o con un amante. Nuestro artista interior puede ser visto como cualquiera de las dos cosas y una cita semanal con él resulta muy amenazadora... Tanto como productiva.

«La creación de algo nuevo no es un logro del intelecto sino el instinto de juego que actúa a partir de una necesidad interior. La mente creativa juega con los objetos que ama».

Carl Gustav Jung

¿Conque una cita? ¿Con mi artista? Efectivamente. Tu artista necesita que lo saquen de casa, que lo mimen, que lo escuchen. Hay tantas maneras de evadir este compromiso como días hay en tu vida. «No tengo dinero» es la favorita, aunque nadie dijo que la cita implique grandes gastos. Tu artista es un niño y el tiempo que se pasa con los padres es mucho más importante que el dinero que se gasten. Ir a un bazar estupendo, ir en solitario a la playa, ver a solas una película antigua, ir a un acuario o a una galería de arte: todas estas cosas requieren tiempo, no dinero. Recuerda que lo sagrado es tu compromiso de tiempo. Es, para entendernos, como cuando un hijo de padres divorciados ve a uno de ellos, al que adora, sólo durante el fin de semana. Tu artista pasa la mayor parte de la semana bajo la custodia de un adulto estricto y con un trabajo exigente. Lo que quiere ese hijo no son excursiones caras sino atención, y lo que no quiere es compartir a su querido papá con alguien como su nueva pareja.

Pasar tiempo a solas con tu niño artista es esencial para alimentarte a ti mismo: un largo paseo por el campo, ver la salida o la puesta del sol a la orilla del mar, una insólita visita a una iglesia desconocida para escuchar un concierto, visitar un barrio donde viven muchos extranjeros para ver y oír otras cosas. Tu artista podría disfrutar de cualquiera de estas cosas. Como si disfruta de jugar a los bolos.

Comprométete a una cita semanal con tu artista y verás cómo el aguafiestas que llevas dentro intenta escaquearse, con qué facilidad invade tu tiempo sagrado y qué pronto incluye a terceros. Debes aprender a protegerte de estas invasiones. Sobre todo aprende a escuchar lo que opina tu niño artista de vuestras excursiones juntos. Por ejemplo, «Odio esta clase de cosas», puede protestar tu artista si insistes en llevarle sólo a sitios de mayores, buenos para su educación. Escúchalo. Te está diciendo que tu arte necesita un poco de animación. Y con un poco será suficiente para que lo que era trabajo se convierta en placer. Olvidamos que una imaginación activa es la clave de todo buen trabajo e incrementar nuestra capacidad para trabajar de una forma realmente creativa es de lo que trata este libro.

Es muy probable que te descubras intentando evitar tus citas con el artista. Esta resistencia es simple miedo a la intimidad, a intimar contigo mismo. A menudo cuando mantenemos una relación problemática nos acostumbramos a evitar a nuestra pareja. No queremos saber lo que piensa por si nos duele. De modo que la rehuimos a sabiendas de que si tiene la oportunidad nos dirá algo que no nos gustará oír. Es posible que quiera una respuesta que no tenemos y que por tanto no podemos darle. Y es posible que nosotros nos estemos comportando con ellos del mismo modo, y que los dos finalmente nos miremos con asombro y digamos «pero si yo no sabía que te sentías así». Esta revelación, por inquietante que sea, nos guiará a la hora de establecer una verdadera relación en la que sus miembros se sienten libres de ser quienes son y de llegar a ser quienes desean. La posibilidad de ese vínculo es la que hace que merezcan la pena los riesgos de la autorrevelación y de la intimidad con uno mismo. Para lograr una buena relación con nuestra creatividad debemos dedicar el tiempo suficiente a cultivarla y cuidarla. Y nuestra creatividad aprovechará este tiempo para establecer un diálogo con nosotros, para que confiemos, para estrechar lazos y para hacer planes de futuro.

Las páginas matutinas nos ayudan a conocer mejor nuestros pensamientos y nuestras necesidades, a identifi-

«Todo niño es un artista. El problema es cómo seguir siendo artista una vez que se crece».

Pablo Picasso

«Durante [estos] periodos de relajación, después de una actividad cerebral concentrada, parece que la mente intuitiva asume el mando y es capaz de producir esas repentinas y clarificadoras visiones que provocan tanta alegría y deleite».

Fritjof Capra

car nuestros problemas y preocupaciones. El primer paso será como una oración: quejarse, hacer inventario, llegar a conclusiones, sopesar, atormentarse. En el segundo paso, tras la catarsis provocada por nuestra cita con el artista, empezaremos a encontrar soluciones al tiempo que acumularemos las reservas creativas necesarias para hacer realidad nuestro arte.

Alimentar el pozo, rellenar el estanque

El arte es un sistema que se nutre de imágenes. Para crear recurrimos a nuestro manantial interior, que es como nuestro estanque artístico. Lo ideal sería que estuviera cuajado de truchas: grandes, pequeñas, gordas, finas; una abundancia en la que pudiéramos pescar. Como artistas debemos darnos cuenta de que tenemos que cuidar ese ecosistema y que si no prestamos atención a su mantenimiento, nuestro estanque puede llegar a desecarse, a empantanarse, a atascarse.

Cualquier periodo prolongado de trabajo creativo bebe de nuestro manantial artístico. Si se abusa de él, como de la pesca en un estanque, se corre el riesgo de que disminuyan los recursos y de que intentemos pescar en vano. Nuestro trabajo se estancará y nos preguntaremos por qué sucede eso justo cuando mejor iban las cosas. La verdad es que el trabajo puede estancarse precisamente porque las cosas iban bien.

Como artistas debemos aprender a autoalimentarnos, a estar lo suficientemente alerta para que podamos ir reponiendo de forma consciente nuestros recursos creativos a medida que los vamos usando; para rellenar el estanque de truchas, por decirlo de alguna manera. Llamo a este proceso *alimentar el manantial.*

Alimentar el manantial requiere de una activa búsqueda de imágenes que refresquen nuestras reservas artísticas. El arte nace de la atención y los detalles son su comadrona. Puede parecer que el arte surge del dolor pero acaso porque el dolor sirve para enfocar nuestra atención en los detalles (por ejemplo, la lacerante belleza de la nuca de un amante perdido). Puede parecer que el arte consiste en grandes trazos, enormes proyectos, grandiosos planes, pero lo que en realidad pervive son los pequeños detalles. La singularidad es lo que nos atrapa y lo que convierte algo en arte. Incluso sumidos en la más profunda pena, esta imagen singular nos resulta deliciosa. El artista que diga lo contrario miente.

Para vivir en términos artísticos debemos aprender a manejar con facilidad el lenguaje del arte: imágenes, símbolos; un lenguaje sin palabras, incluso cuando nuestro verdadero arte consista en perseguirlo con ellas. El lenguaje del artista es sensual, una experiencia de los sentidos. Cuando trabajamos en nuestro arte recurrimos al manantial de nuestra experiencia, del que extraemos imágenes. Puesto que lo hacemos así, debemos aprender a reponerlas. ¿Cómo nutrimos el manantial? Lo alimentamos con imágenes. El arte es una ocupación del cerebro artístico, que es un cerebro de imágenes, el hogar y el refugio de nuestros mejores impulsos creativos. No se puede estimular o activar un cerebro artístico sólo con palabras, pues el cerebro artístico es sensorial: vista, oído, olfato, gusto y tacto. Ésta es la materia de la magia, y la magia es la sustancia del arte.

Cuando quieras alimentar tu manantial piensa en términos de magia. Piensa en placer. Piensa en juego. No pienses en obligaciones. No hagas lo que crees que *deberías* hacer como si fueran abdominales espirituales (por ejemplo, leer un texto muy aburrido pero recomendado por la crítica). Haz todo aquello que despierte tu curiosidad, investiga sobre todo aquello que te interesa: concéntrate más en el misterio que en la maestría. El misterio nos atrae, nos seduce, nos atrapa, mientras que el deber puede agarrotarnos, provocarnos rechazo, desmotivarnos. Al alimentar tu manantial concéntrate más en

«Al Yo Joven (que puede ser tan encabritado y testarudo como el más irascible de los niños de tres años) no le impresionan la palabras. Le gusta que le *demuestren* las cosas, como a un nativo de Missouri. Para despertar su interés, debemos seducirlo con imágenes bonitas y sensaciones placenteras; digamos que hay que sacarlo a cenar y a bailar. Sólo así podemos llegar al Yo Profundo».

Starhawk

la búsqueda del misterio que en los conocimientos que te faltan. Un misterio puede ser algo muy sencillo: si conduzco por esta carretera, que no es mi carretera habitual, ¿qué vistas me deparará? Cambiar una ruta habitual nos arroja al ahora. Volvemos a enfocar la mirada sobre el mundo visible, sobre lo visual. La vista te lleva a tener visiones.

«Nadie ve realmente una flor (es tan pequeña que lleva su tiempo, y no tenemos ese tiempo), pues mirar lleva su tiempo, como lleva su tiempo tener un amigo».

Georgia O'Keeffe

Un misterio puede ser aún más sencillo: si enciendo este palo de incienso, ¿qué sentiré? El olor es un camino hacia la sanación y hacia asociaciones muy poderosas que muchas veces se pasan por alto. Que huela a navidad en cualquier época del año o el aroma a pan recién hecho o a potaje casero, puede alimentar al hambriento artista interior. Algunos sonidos nos arrullan. Otros nos estimulan. Escuchar una gran pieza musical durante diez minutos puede ser una forma muy eficaz de meditar. Bailar descalzo durante cinco minutos al son de música de tambores puede hacer que nuestro artista afronte su jornada, su juego, su lucha con un ánimo fresco.

«Así que ya veis la imaginación necesita tontear: enredar y trastear durante un buen rato de forma ineficaz y feliz».

Brenda Ueland

No hay por qué llenar el pozo siempre con novedades. Cocinar puede llenar el pozo. Cuando pelamos y picamos verduras lo hacemos también con nuestros pensamientos. Recuerda que el arte es una labor que se hace con el cerebro artístico. A este cerebro se llega a través del ritmo: a través de las rimas, no de la razón; de estribillos más que de letras. Rallar una zanahoria o pelar una manzana son acciones que alimentan el pensamiento. Cualquier acción regular y repetitiva prepara el pozo. Los escritores han oído muchas historias tristes de las hermanas Brönte y de la pobre Jane Austen, obligadas a esconder sus relatos bajo sus labores de bordado. Pues bien: un pequeño experimento con el acto de zurcir puede arrojar sobre estas actividades una luz diferente por completo. Las labores de aguja, que son por definición regulares y repetitivas, nos relajan al tiempo que estimulan al artista interior. Mientras cosemos podemos hilvanar tramas enteras. Como artistas las cosas bien pueden salirnos bordadas.

«¿Por qué las mejores ideas me surgen en la ducha?», dicen que exclamó un exasperado Albert Einstein. Investigaciones recientes sobre el funcionamiento del cerebro nos explican que esto se debe a que la ducha es una actividad del cerebro artístico.

Bañarse, nadar, frotarse, afeitarse, conducir... todas estas actividades regulares, repetitivas, pueden inclinar nuestro pensamiento del lado lógico de nuestro cerebro al lado artístico. Para problemas creativos complejos pueden surgir soluciones a borbotones de la espuma del fregadero, salirnos al paso en la autopista cuando nos incorporamos al tráfico... Procura aprender cuál de estas actividades te funciona mejor y utilízala. A muchos artistas les resulta útil mantener un cuaderno de notas o una grabadora a su lado mientras conducen: Steven Spielberg dice que sus mejores ideas le han llegado mientras conducía por autopistas. No es por accidente. Iba negociando con el flujo del tráfico y por tanto era un artista inmerso en un flujo de imágenes incesante, en permanente cambio. Las imágenes disparan el cerebro artístico. Las imágenes llenan el pozo.

Mantener la atención bien focalizada es fundamental para llenar el pozo. Necesitamos enfrentarnos a nuestras experiencias vitales, no pasarlas por alto. Muchos de nosotros leemos de manera compulsiva para tapar nuestra conciencia. En un tren lleno de gente (y por tanto interesante), colocamos nuestra atención en un periódico, y nos perdemos en las imágenes y los sonidos de nuestro alrededor, que podrían servir para completar el pozo.

«El verdadero misterio del mundo es lo visible, no lo invisible».

Oscar Wilde

Contrato

Yo, ________________, comprendo que me estoy embarcando en un encuentro intenso, guiado, con mi propia creatividad. Me comprometo con las doce semanas de duración que componen este curso. Yo, ____________, me comprometo a leer todas las semanas, a escribir a diario las páginas matutinas, a organizar un encuentro con el artista todas las semanas y a cumplir con cada una de las tareas semanales.

Yo, ________________, comprendo además que este curso despertará emociones y suscitará problemas con los que tendré que lidiar. Yo, ________________, me comprometo a cuidarme bien —a dormir, comer, ejercitarme y mimarme como es debido— a lo largo de todo el curso.

____
firma

____
fecha

Bloqueo artístico es una expresión literal: hay que reconocer los bloqueos y eliminarlos. Llenar el pozo es la forma más segura de hacerlo.

El arte es la imaginación jugando en el campo del tiempo. Date permiso para jugar.

«Dentro de ti hay un artista que desconoces... Di sí con rapidez si lo sabes, si lo has sabido desde el principio del universo».

Jalai ud-din Rumi

Contrato de creatividad

Cuando enseño *El camino del artista* pido a los estudiantes que firmen un contrato con ellos mismos, y que se comprometan a hacer el trabajo del curso. ¿Podrás concederte ese regalo? Di que sí a través de alguna pequeña ceremonia. Cómprate un cuaderno bonito para las páginas; contrata a una canguro con el tiempo suficiente como para poder organizar tus citas semanales con el artista. Lee el contrato a continuación. Corrígelo si quieres y luego fírmalo y féchalo. Regresa a él cuando necesites ánimo para seguir adelante.

SEMANA 1

En esta semana se inicia tu rehabilitación creativa. Puede que te sientas a un tiempo aturdido y desafiante, esperanzado y escéptico. Las lecturas, tareas y ejercicios tienen como objetivo que adquieras una sensación de seguridad que te permitirá a su vez explorar tu creatividad con menos temor.

Recuperar una sensación de seguridad

Artistas sombra

Una de nuestras mayores necesidades como seres creativos es contar con apoyo. Lamentablemente puede ser difícil dar con él. Lo ideal sería que en primer lugar nos arropara y animara nuestra familia más próxima, y después un creciente círculo de amigos, maestros y gente que nos quiera bien. Como jóvenes artistas necesitamos que se nos reconozcan nuestros intentos y esfuerzos, además de los logros y los triunfos. Por desgracia, muchos artistas no reciben nunca ese primer empujón crucial. En consecuencia puede que ni siquiera sepan que son artistas.

Ante los impulsos artísticos que surgen en sus hijos, los padres pocas veces responden con un «inténtalo a ver qué pasa». Ofrecen consejos admonitorios en lugar del apoyo que requiere la situación. Y los jóvenes y medrosos artistas, al añadir los miedos de sus padres a los suyos propios, renuncian a menudo al sueño luminoso de una carrera artística y se resignan al mundo en penumbra de lo que podría haber sido y de los arrepentimientos. Ahí, atrapados entre el sueño de la acción y el miedo al fracaso, es donde nacen los artistas sombra.

Pienso en Edwin, un corredor de bolsa triste y millonario cuya alegría de vivir deriva de su colección de arte. A pesar de sus grandes dotes para las artes visuales, de pequeño lo animaron a prepararse para el mundo de las finanzas. Su padre le compró un asiento en el mercado de valores como regalo por su vigésimo primer cumpleaños. Desde entonces ha sido corredor. Ahora, a los 30 años, es muy rico y muy pobre. El dinero no puede comprarle la realización creativa.

Se rodea de artistas y de artefactos, y es como un niño con la nariz pegada al escaparate de una pastelería. Le encantaría ser más creativo, pero cree que esa prerrogativa pertenece a otros, no es algo a lo que pueda aspirar para sí. Es un hombre generoso y recientemente pagó la manutención anual de una artista para que pudiera alcanzar sus sueños. Educado en la creencia de que la palabra *artista* no podía aplicarse a él, es incapaz de concederse a sí mismo idéntico regalo.

«Nada tiene una influencia psicológica más poderosa sobre el entorno y especialmente sobre los hijos que la vida no vivida de los padres».

Carl Gustav Jung

Edwin no es un caso aislado. Con demasiada frecuencia los impulsos artísticos del niño artista son pasados por alto o reprimidos. A menudo con la mejor de las intenciones, los padres intentan fomentar en el niño una personalidad más sensata. «¡Deja de soñar despierto!» es una advertencia que se escucha mucho; y otra, «Nunca llegarás a nada si sigues con la cabeza en las nubes».

A los bebés artistas se les anima a pensar y a actuar como bebés médicos o abogados. Es raro que una familia, enfrentada al mito del artista muerto de hambre, aconseje a sus hijos que sigan adelante e intenten labrarse una carrera artística. Si de forma extraordinaria se les da algún tipo de apoyo, será para animarlos a que piensen en las artes como un hobby, un relleno creativo en los márgenes de la vida real.

Para muchas familias una carrera artística existe fuera de su realidad económica y social: «El arte no te pagará las facturas». Por tanto, si al niño o a la niña se le permite pensar en el arte como trabajo, tendrá que hacerlo de una manera *sensata*.

Erin, una brillante terapeuta infantil, tenía treinta y tantos años cuando empezó a sentir su trabajo como una obsesiva insatisfacción. Insegura sobre qué dirección tomar, empezó a trabajar en la adaptación al cine de un libro infantil. De repente, a mitad de proyecto, tuvo un sueño sobre el abandono de su propio yo de niña artista que resultó esclarecedor. Antes de convertirse en terapeuta había sido una estudiante de arte con talento. Durante dos décadas Erin había reprimido sus impulsos creativos y había volcado toda su creatividad en ayudar a los demás. Ahora con casi 40 años se encontraba deseando poder ayudarse a sí misma.

La historia de Erin es muy habitual. A los artistas en ciernes se les suele animar a que se conviertan en profesores de arte o a que se especialicen en trabajar con discapacitados. A los jóvenes escritores puede que se les anime a convertirse en abogados, una profesión que requiere labia y palabrería, o a hacerse médicos, ya que son tan inteligentes. Y así el niño que es un narrador nato puede convertirse en un dotado terapeuta que recibe historias de segunda mano.

Demasiado intimidados como para dar el salto de convertirse en artistas y con una autoestima no muy alta como para reconocer incluso sus propios sueños artísticos, estas personas se convierten en artistas sombra. Son artistas que ignoran su verdadera identidad, y muchas veces los encontramos actuando como si fueran la sombra de verdaderos artistas. Incapaces de reconocer que ellos mismos poseen esa creatividad que tanto admiran, con frecuencia se relacionan o se casan con personas que persiguen de forma activa la carrera artística que ellos ansían en secreto.

«Creo que si se dejara a los artistas escoger sus propias etiquetas, la mayoría no escogería ninguna».

Ben Shahn

Cuando Jerry seguía bloqueado como artista empezó a salir con Lisa, una artista *freelance* con mucho talento pero sin un duro. «Soy tu mayor fan», solía decirle. Lo que no le contó desde un principio era que él mismo soñaba con ser director de cine. De hecho, tenía toda una biblioteca de libros sobre cine y devoraba con avidez las revistas especializadas para cineastas. Pero le daba miedo dar pasos para materializar ese interés. Así que lo que hizo fue volcar su tiempo y su atención en Lisa y en la carrera de Lisa. Y con su guía la carrera de Lisa floreció. Consiguió ser solvente y cada vez más reconocida. Jerry, por su parte, seguía bloqueado. Cuando Lisa sugirió que recibiera un curso de dirección cinematográfica, él se escudó: «No todo el mundo puede ser artista», le dijo. Pero se lo estaba diciendo también a sí mismo.

Los artistas aman a otros artistas. Los artistas sombra están gravitando en torno a la tribu a la que pertenecen pero no son capaces aún de reclamar el que es su lugar por derecho propio. Muchas veces es la audacia, y no el talento, lo que hace a una persona artista y a otra, artista sombra, es decir, alguien que se esconde entre las sombras, temeroso de dar un paso y de exponer su sueño a la luz, por miedo a que ese contacto lo haga desintegrarse.

Los artistas sombra escogen a menudo carreras sombra (aquellas que son cercanas al arte deseado, incluso paralelas a él, pero que no son el arte mismo). Consciente de su malevolencia, François Truffaut sostenía que los críticos eran directores frustrados, como él mismo había sido antes de ser director. Puede que tuviera razón. Personas que querrían ser escritores de ficción acaban muchas veces en el mundo del periodismo o de la publicidad, donde pueden volcar su talento sin tener que lanzarse a esa carrera de escritores con la que realmente sueñan. Personas que querrían ser artistas pueden convertirse en agentes de artistas, encontrando un placer secundario en servir a su sueño, aunque sea a distancia.

Carolyn, que era una talentosa fotógrafa, tuvo una carrera de éxito, aunque infeliz, como representante de fotógrafos. Jean, que ansiaba escribir largometrajes, escribía minicortos para sus spots comerciales de treinta segundos. Kelly, que quería ser escritora pero tenía miedo de tomarse en serio su creatividad, se labró una lucrativa carrera representando a gente «realmente» creativa. Todas ellas artistas sombra, estas mujeres necesitaban colocarse a sí mismas, y colocar sus sueños, en el centro del escenario. Y lo sabían, pero no se atrevían. Habían sido criadas para el rol de artistas sombra e iban a necesitar trabajarlo a conciencia para desmantelarlo.

«Nos han enseñado a creer que negativo equivale a realista y positivo equivale a poco realista».

Susan Jeffers

«No llores; no te eches en los brazos de la indignación. Comprende».

Baruch Spinoza

Hace falta que tu ego sea muy fuerte para decirle a un padre dominante, tenga o no tenga buenas intenciones: «¡Un momento! ¡Yo también soy artista!». Puede recibirse la tan temida respuesta: «¿Cómo lo sabes?». Porque por supuesto el artista en ciernes no lo *sabe*. Sólo tiene ese sueño, ese sentimiento, ese impulso, ese deseo. Pocas veces hay pruebas reales, pero el sueño pervive.

Por regla general los artistas sombra se juzgan a sí mismos con dureza, se martirizan durante años por no haber intentado hacer realidad sus sueños. Esta crueldad sólo refuerza su estatus como artistas sombra. Recordad, hace falta nutrir al artista. Los artistas sombra no han recibido suficiente alimento. Se culpan a sí mismos por no actuar sin miedo a pesar de todo.

En una retorcida versión del determinismo de Darwin nos decimos a nosotros mismos que los artistas sobreviven en los ambientes más hostiles y encuentran pese a ello su verdadera vocación, como las palomas mensajeras encuentran su destino. Patrañas. Muchos artistas verdaderos son padres demasiado pronto o tienen demasiados hijos o son demasiado pobres o están demasiado alejados cultural o económicamente de las oportunidades artísticas como para convertirse en los artistas que son en realidad. Estos artistas —artistas sombra sin culpa alguna de serlo— escuchan los cantos de sirena de su sueño, pero son incapaces de sortear el laberinto cultural que les permitiría encontrarlo.

Para todos los artistas sombra la vida puede ser una experiencia de desencanto, llena de promesas insatisfechas y de propósitos perdidos. Quieren escribir. Quieren pintar. Quieren actuar, hacer música, bailar... pero les asusta tomarse a ellos mismos en serio.

Para poder salir del reino de las sombras a la luz de la creatividad los artistas sombra deben aprender a tomarse en serio. Gracias a cuidadosos y bien pensados esfuerzos deben alimentar a su niño artista interior, pues la creatividad es juego, pero para el artista sombra aprender a darse permiso para jugar es un duro trabajo.

Proteger al niño artista interior

«Para vivir una vida creativa debemos perder el miedo a estar equivocados».

Joseph Chilton Pearce

«Cuando te sientes depreciado, enfadado o exhausto es señal de que los demás no están abiertos a tu energía».

Sanaya Roman

Recuerda: tu artista es un niño. Encuentra y protege a ese niño. Aprender a permitirte crear es como aprender a andar. El niño artista debe empezar gateando. A eso le seguirán pequeños pasos y habrá caídas (primeros cuadros horribles, películas primerizas que parecerán vídeos caseros sin editar, primeros poemas que estropearían hasta una mala postal). Lo habitual es que un artista sombra en rehabilitación utilice estos esfuerzos iniciales para disuadirse de seguir con la exploración.

Juzgar tus primeros esfuerzos artísticos supone un abuso. Y sucede de varias maneras: el trabajo primerizo se compara con las obras maestras de otros artistas; el trabajo primerizo se expone a críticas prematuras, al ser mostrado a amigos demasiado críticos. En resumen, el artista en ciernes se comporta con un masoquismo bien ensayado. Porque el masoquismo sí que es una forma de arte que ha aprendido a dominar y que ha perfeccionado durante largos años de autorreproche, un hábito que es como el martillo de odio hacia uno mismo con el que un artista sombra puede torturarse hasta volver a la oscuridad.

Para recuperarnos de nuestros bloqueos creativos es necesario ir despacio y con suavidad. Lo que buscamos aquí es cerrar viejas heridas, no abrir otras nuevas. ¡Nada de saltos de altura, por favor! ¡Los errores son necesarios!

Los tropiezos son normales: pasos de bebé. Hacer progresos, no llegar a la perfección es lo que deberíamos pedirnos a nosotros mismos.

Si intentamos llegar demasiado lejos y demasiado rápido, podemos convertirnos en nuestro propio instrumento de destrucción. Queremos registrar diez millas lentas por cada milla rápida. Esto puede ir a contrapelo del ego. Queremos ser grandes —grandes de inmediato— pero la convalecencia no funciona así. Es un proceso incómodo, lleno de indecisiones, incluso embarazoso. Habrá muchas veces en las que no demos una buena imagen, ni a nosotros mismos ni a los demás. Necesitamos dejar de exigirnos que debamos ofrecerla. Es imposible esforzarse en mejorar y al mismo tiempo tener buena imagen.

Recuerda que para recuperarte como artista debes estar dispuesto a ser un mal artista. Date permiso para ser un principiante. Al estar dispuesto a ser un mal artista, tienes la oportunidad de *ser* un artista y tal vez con el tiempo uno muy bueno.

Cuando digo esto en mis clases enseguida me topo con una reacción de hostilidad, a la defensiva: «Pero ¿usted sabe la edad que voy a tener para cuando aprenda realmente a tocar el piano/actuar/pintar/escribir una obra de teatro decente?». Sí..., la misma edad que tendrás si no lo haces.

Así que comencemos.

«La pintura es un intento de asumir la vida. Existen tantas soluciones como seres humanos».

George Tooker

Tu enemigo interior: creencias negativas básicas

Con frecuencia cuando en cualquier área de nuestra vida estamos bloqueados es porque nos sentimos más seguros así. Puede que no nos haga felices, pero al menos sabemos lo que somos: infelices. Gran parte del miedo a nuestra creatividad es el miedo a lo desconocido.

Si soy completamente creativo, ¿qué sucederá? ¿Qué consecuencias tendrá para mí y para los demás? Tenemos algunas nociones terribles sobre lo que *podría* ocurrir. Así que, en lugar de descubrirlo, decidimos seguir bloqueados. Rara vez es una decisión consciente. Suele ser, más bien, una respuesta inconsciente a creencias negativas interiorizadas. En esta semana trabajaremos para destapar nuestras creencias negativas y desecharlas.

He aquí una lista de creencias negativas que se albergan habitualmente.

No puedo ser un artista creativo prolífico y exitoso porque

1. Todo el mundo me odiará.
2. Haré daño a mis amigos y a mi familia.
3. Me volveré loco.
4. Abandonaré a mis amigos y a mi familia.
5. Escribiré con muchas faltas de ortografía.
6. Mis ideas no son lo bastante buenas.
7. Molestará a mi madre o a mi padre.
8. Tendré que estar solo.
9. Descubriré que soy gay (si soy heterosexual).
10. Me volverán heterosexual (si soy gay).
11. Mi trabajo será malo y pareceré un idiota.
12. Estaré demasiado furioso.
13. Nunca tendré dinero de verdad.
14. Me volveré autodestructivo y beberé, me drogaré o tendré sexo hasta morir.
15. Me saldrá un cáncer, tendré sida, un ataque al corazón o la peste.
16. Mi amante me abandonará.
17. Me moriré.
18. Me sentiré mal porque no merezco tener éxito.
19. Tengo sólo una obra buena dentro de mí.
20. Es demasiado tarde. Si todavía no soy un artista a pleno rendimiento nunca lo seré.

Ninguna de estas negaciones básicas tiene por qué ser cierta. Nos llegan a través de nuestros padres, de nuestra religión, de nuestra cultura y de nuestros amigos temerosos. Cada una de estas creencias refleja ideas que albergamos sobre lo que significa ser un artista.

Una vez que nos hemos liberado de los grandes prejuicios culturales, es posible que aún resistan de forma obstinada negaciones básicas, que hemos heredado de nuestras familias, profesores y amigos. Muchas veces, éstas son más sutiles, aunque nos socavan igual si no las enfrentamos. Nuestra tarea ahora es enfrentarnos a ellas.

Las creencias negativas son exactamente eso: creencias, no hechos. El mundo nunca fue plano, aunque todo el mundo creía que lo era. Y tú no eres tonto, ni estás loco, ni eres un ególatra, ni padeces delirios de grandeza, ni eres un idiota sólo porque erróneamente creas serlo.

Lo que te pasa es que estás asustado. Las negaciones básicas te mantienen asustado.

En realidad el problema es que las negaciones básicas —tanto las personales como las culturales— siempre se dirigen a la yugular. Te atacan la sexualidad, la capacidad de ser amado, la inteligencia, cualquier vulnerabilidad a la que puedan agarrarse.

Aquí tenéis algunas negaciones básicas, unidas a sus alternativas positivas.

Creencias negativas	*Alternativas positivas*
Los artistas son:	Los artistas pueden ser:
— borrachos	— sobrios
— locos	— cuerdos
— arruinados	— solventes
— irresponsables	— responsables
— solitarios	— sociables
— promiscuos	— fieles
— condenados	— afortunados
— infelices	— felices
— nacen, no se hacen	— descubiertos y recuperados

Por ejemplo, en una artista mujer el cliché «los artistas son promiscuos» puede verse sustituido por una negación personal: «Ningún hombre te amará si eres artista. Los artistas son célibes o gays». Esta negación, heredada de una madre o de una maestra, y aun sin ser expresada de forma explícita por la joven artista, puede ser la base de un poderoso bloqueo.

De igual modo un joven artista hombre puede albergar la negación personal «los hombres artistas son gays o impotentes». Esta idea, copiada a un maestro o incorporada por leer demasiado sobre Fitzgerald o Hemingway, también es capaz de generar un bloqueo. ¿Quién querría tener problemas sexuales? Por su parte un artista que sea gay podrá dar una vuelta de tuerca más: «Sólo el arte heterosexual se acepta de verdad, así que ¿por qué hacer arte si voy a tener que disfrazarlo o salir del armario lo quiera o no?».

En esencia, nuestras múltiples creencias negativas revelan una creencia negativa central: a favor de otro, debemos abandonar un sueño bueno y deseado. En otras palabras, si ser artista te parece demasiado bueno para ser verdad, te inventarás un precio a pagar por ese sueño que te resultará inasequible. Por tanto, seguirás bloqueado.

La mayoría de los creadores bloqueados cargan con razonamientos de blanco o negro que les alejan de su trabajo. Para desbloquearse, hay que reconocer esos pensamientos de blanco o negro: «Puedo ser, o bien feliz desde el punto de vista romántico, *o bien* un artista». Pero es posible, muy posible, ser un artista y además estar románticamente satisfecho. Así como es posible ser un artista y tener éxito económico.

«No puedo creer que el inescrutable universo gire sobre un eje de sufrimiento; ¡la extraña belleza del mundo tiene forzosamente que reposar, en alguna parte, en la pura alegría!».

Louise Bogan

Tu bloqueo no quiere que veas eso. Todo su plan de ataque consiste en que tengas un miedo irracional a un resultado tan nefasto que hasta te dé vergüenza mencionarlo. Racionalmente sabes que no hay por qué posponer la escritura o la pintura por un miedo estúpido, pero como es un miedo estúpido, no lo aireas y el bloqueo permanece intacto. De esta manera, ese «tienes mala ortografía» anula sin problemas cualquier programa informático de corrección de textos. Tú *sabes* que preocuparse por la ortografía es una tontería... así que no lo mencionas. Y como no lo mencionas te sigue bloqueando el paso para buscar una solución (el miedo a la ortografía es un bloqueo muy común).

En la siguiente mitad de esta semana excavaremos tus creencias inconscientes utilizando algunos trucos de aprendizaje mente lógica/mente artística. Quizá te resulten enrevesados e improductivos; de nuevo, se trata de resistencias tuyas. Si la negatividad interiorizada es el enemigo interior, lo que veremos a continuación actuará como un eficaz armamento contra él. Pruébalo antes de descartarlo.

Tu aliado interior: armas de afirmación

Como creadores bloqueados a menudo nos sentamos en las gradas criticando a quienes están jugando el partido: «Pues tampoco tiene tanto talento», podemos decir de un artista que está en la cresta de la ola. Y puede que tengamos razón, pues, con demasiada frecuencia, es la audacia y no el talento lo que lleva a un artista a una posición de privilegio. Como creadores bloqueados, tendemos a sentir animosidad hacia esos falaces chupacámaras. Puede que seamos capaces de sentir deferencia hacia los verdaderos genios, pero si lo que estamos viendo es que sólo son genios de la autopromoción, sentimos mucho resentimiento. No son celos. Es una técnica de ahogamiento que refuerza nuestra parálisis. Hacemos discursos para nosotros mismos y para otras víctimas voluntarias: «Yo podría hacer eso mejor, si sólo...».

¡Podrías hacerlo mejor si te permitieras hacerlo!

Las afirmaciones te ayudarán a que te consientas hacerlo. Una afirmación es la verbalización de una creencia positiva, y si conseguimos que estas autocharlas positivas

«Las afirmaciones son como recetas para ciertos aspectos de ti mismo que deseas cambiar».

Jerry Frankhauser

se nos den una décima parte de lo bien que se nos dan las autocharlas negativas, notaremos un cambio enorme.

Las afirmaciones ayudan a lograr una sensación de seguridad y esperanza. Cuando empezamos a trabajar con afirmaciones, tal vez sintamos que son una tontería. Que son chungas. Que dan vergüenza ajena. Qué interesante, ¿verdad? Somos capaces, sin vergüenza alguna y con mucha facilidad, de martirizarnos con afirmaciones negativas («no tengo suficiente talento/suficiente inteligencia/suficiente originalidad/suficiente juventud...»), pero decir cosas agradables sobre nosotros mismos resulta especialmente difícil. Al principio la sensación es horrible. Inténtalo y comprueba lo terriblemente almibaradas que suenan éstas: «Me merezco el amor»; «me merezco que me paguen bien»; «me merezco una vida creativa gratificante»; «soy un artista brillante y con éxito»; «tengo un abundante talento creativo»; «soy competente y tengo confianza en mi trabajo creativo».

¿Levantó las orejas tu Censor particular? Los Censores odian cualquier cosa que se parezca a la verdadera autoestima. De inmediato empiezan con la rutina del impostor: «¿Quién te crees que eres?». Es como si todo nuestro inconsciente colectivo se quedara despierto por las noches viendo *101 dálmatas*, de Walt Disney, y practicando las habilidades de Cruella DeVille para la crítica mordaz.

Prueba simplemente a escoger una afirmación. Por ejemplo: «Yo, __________ (tu nombre), soy un ceramista (pintor, poeta o lo que seas) brillante y prolífico». Escribe eso diez veces seguidas. Mientras estás ocupado haciéndolo ocurrirá algo muy interesante. Tu Censor empezará a poner objeciones: «Eh, espera un momento. Delante de mí no puedes decir todas esas cosas positivas». Las objeciones empezarán a saltar como tostadas quemadas. Son tus *reproches*.

Escucha bien esas objeciones. Mira esos feos y torpes reproches: «Brillante y prolífico... Ya, claro... ¿Desde cuándo?... Si ni siquiera sabes escribir sin faltas... ¿A este bloqueo lo llamas prolífico?... Te estás engañando a ti mismo... Eres idiota... Tienes delirios de grandeza... ¿A quién pretendes engañar?... ¿Quién te crees que eres?». Y tal y cual.

Te asombrará comprobar las cosas tan desagradables que tu subconsciente es capaz de desembuchar. Escríbelas. Este material que callas en tu subconsciente es la señal indicadora de tus creencias negativas básicas. Las críticas guardan la llave de tu libertad en sus feas garras. Haz una lista de tus reproches personales.

Es hora de hacer un poco de trabajo detectivesco. ¿De dónde vienen tus reproches? ¿De tu madre? ¿De tu padre? ¿De algún profesor? Cuando utilices tu lista de críticas examina tu pasado para encontrar posibles fuentes. Al menos unas cuantas surgirán con violencia de tu memoria. Una forma efectiva de localizar las fuentes es viajar en el tiempo. Divide tu vida en periodos de cinco años y haz una lista de las mayores influencias que recibiste en cada etapa.

«El encuentro de dos personalidades es como el contacto de dos sustancias químicas: si se da una reacción, ambas se transforman».

Carl Gustav Jung

Paul *siempre* había querido ser escritor. Y sin embargo, tras una breve explosión de creatividad universitaria, dejó de enseñar su trabajo a la gente. En lugar de los relatos con los que soñaba, escribía un diario detrás de otro y todos ellos iban a lo más profundo del cajón, lejos del escrutinio de las miradas. La razón por la que hacía esto era un misterio para él hasta que empezó a trabajar con afirmaciones y críticas.

Cuando Paul empezó a escribir sus afirmaciones enseguida se sintió sacudido por un chorro casi volcánico de autodesprecio. Escribió: «Yo, Paul, soy un escritor brillante y prolífico». Desde lo más profundo de su inconsciente, estalló un incontenible torrente de insultos y dudas. Era algo asombrosamente específico y, de alguna manera, resultaba *familiar*: «Te estás engañando a ti mismo, eres idiota, no tienes ningún talento real, sólo finges, eres un diletante, una broma...».

¿De dónde venía esta creencia básica? ¿Quién le podría haber dicho esto? ¿Cuándo? Paul emprendió un viaje en el tiempo intentando localizar al villano. Y, con gran vergüenza, lo encontró. Sí, había un villano, y también un incidente que le había dado demasiada vergüenza compartir. Un malvado maestro de la infancia había elogiado su trabajo al principio, pero después había puesto en marcha una operación de seducción sexual. Temeroso de haber provocado de algún modo las atenciones de aquel hombre, y avergonzado porque su trabajo pudiera también ser un asco, Paul reprimió el incidente en su inconsciente, en donde se enquistó. No es de extrañar que llegara a temer que cualquier elogio escondiera otros motivos. No sorprende que llegara a sentir que alguien puede elogiar un trabajo de manera hipócrita.

En esencia, la creencia básica negativa de Paul era que teniendo fe en que podía escribir sólo se estaba engañando a sí mismo. Esta creencia había dominado su

Afirmaciones creativas

1. Soy un canal de la creatividad divina y mi trabajo llega a buen puerto.
2. Mis sueños vienen de Dios y Dios tiene el poder de hacerlos realidad.
3. Tal y como creo y escucho, seré guiado.
4. La creatividad es la voluntad, en mí, del Creador.
5. Mi creatividad me cura a mí y a los demás.
6. Tengo permiso para nutrir a mi artista interior.
7. Con el uso de herramientas sencillas, mi creatividad florecerá.
8. A través de mi creatividad, sirvo a dios.
9. Mi creatividad me conduce a la verdad y al amor.

pensamiento durante una década. Cada vez que la gente elogiaba su trabajo, él sospechaba en lo más profundo de esas personas y de sus motivos. Prácticamente abandonaba a sus amigos una vez que éstos expresaban interés en su talento; desde luego dejaba de confiar en ellos. Cuando su novia, Mimi, se interesó por su talento dejó de confiar incluso en ella.

Una vez que Paul extrajo a este monstruo de las profundidades, pudo empezar a trabajar con él. «Yo, Paul, tengo talento de verdad. Yo, Paul, me fío y disfruto de los comentarios positivos sobre mi trabajo. Yo, Paul, tengo talento de verdad». Aunque al principio estas afirmaciones positivas resultaban muy incómodas, rápidamente permitieron a Paul la libertad de participar en la primera lectura pública de su trabajo. Cuando recibió elogios de todos lados, fue capaz de aceptar la respuesta positiva sin desecharla.

10. Mi creatividad me conduce al perdón y al autoperdón.
11. En mí hay un plan divino para el bien.
12. En mi trabajo hay un plan divino para el bien.
13. Tal y como escucho al creador interior, así seré guiado.
14. Tal y como escucho a mi propia creatividad, así seré conducido a mi creador.
15. Estoy dispuesto a crear.
16. Estoy dispuesto a aprender a dejarme crear.
17. Estoy dispuesto a dejar que Dios cree a través de mí.
18. Estoy dispuesto a servir a través de mi creatividad.
19. Estoy dispuesto a experimentar mi energía creativa.
20. Estoy dispuesto a utilizar mis talentos creativos.

Concéntrate ahora en tu propia lista de amonestaciones. Son muy importantes para tu rehabilitación. Cada una de ellas te ha tenido atado. Cada una de ellas debe ser disuelta. Por ejemplo, un reproche que dice «Yo, Fred, no tengo talento y soy un timo» puede convertirse en la afirmación «Yo, Fred, tengo un talento verdadero».

Utiliza tus afirmaciones después de tus páginas matutinas.

Utiliza también cualquiera de las afirmaciones de la lista anterior.

«Una afirmación es una frase fuerte y positiva que indica que algo *ya* es».

Shakti Gawain

Tareas

1. Cada mañana pon el despertador media hora antes, levántate y escribe a mano tres páginas de flujo de conciencia matutino. No leas estas páginas ni permitas que nadie lo haga. Lo ideal es que las metas en un gran sobre de papel Manila y que las escondas en alguna parte. Bienvenido a las páginas matutinas. Te transformarán.

   Esta semana asegúrate de trabajar con las afirmaciones de tu elección y con tus reproches al final de las páginas matutinas de cada día. Convierte todas las críticas en afirmaciones positivas.

«¡Avanza con confianza en dirección a tus sueños! Vive la vida que imaginaste. A medida que vayas simplificando tu vida, las leyes del universo se simplificarán».

Henry David Thoreau

2. Invítate a ti mismo a una cita con el artista. Lo harás todas las semanas mientras dure el curso. Un ejemplo de cita con el artista: vete con cinco euros al bazar de tu barrio. Compra cosas tontas, como pegatinas de estrellitas doradas, dinosaurios en miniatura, postales, lentejuelas, pegamento, tijeras infantiles, ceras de colores. Puede que te regales una estrella dorada para pegar en el sobre cada día que escribas. Por pura diversión.

«Convierte tu propia recuperación en tu prioridad en la vida».

Robin Norwood

3. Viaja en el tiempo: haz una lista de tres viejos enemigos de tu autoestima creativa: por favor, sé todo lo específico que puedas en este ejercicio. Tus monstruos

históricos son los cimientos de tus creencias negativas básicas. (Sí, la maldita Hermana Ann Rita de quinto también cuenta, y aquello tan horrible que te dijo también. Inclúyela). Ésta es tu galería de Grandes Monstruos. A medida que trabajes en tu proceso de rehabilitación vendrán a ti más monstruos. Siempre es necesario reconocer heridas creativas y lamentarlas. Si no, se convierten en tejido creativo cicatrizado y bloquean tu crecimiento.

4. Viaja en el tiempo: selecciona y escribe una de las historias de terror de tu galería de Grandes Monstruos. No hace falta que escribas algo muy extenso o durante mucho rato, pero anota los detalles que te vengan a la memoria: la habitación en la que estabas, la forma en la que te miraba la gente, cómo te sentías, lo que tu madre o tu padre dijeron o dejaron de decir cuando se lo contaste. Incluye lo que te siga molestando de aquel incidente: «Y luego me acuerdo de que me dirigió una sonrisa superforzada y me dio unos golpecitos en la cabeza...».

   Puede que te resulte catártico dibujar un esbozo de tu viejo monstruo o recortar una imagen que para ti evoque el incidente. Pintarrajea a tu monstruo, o al menos dibújale encima una buena cruz en rojo.
5. Escribe una carta al director en tu defensa. Envíatela. Es muy divertido escribir esta carta con la voz de tu artista niño herido: «A quien pueda interesar: la hermana Ann Rita es una imbécil y tiene ojos de cerdo ¡y claro que sé cómo se escribe cerdo!».
6. Viaja en el tiempo: haz una lista de tres viejos defensores de tu autoestima creativa. Ésta es tu galería de Grandes Defensores, aquellos que te quieren bien a ti y a tu creatividad. Sé específico. Cada palabra de ánimo cuenta. Incluso si no te crees un cumplido, regístralo. Bien podría ser cierto.

   Si no se te ocurren cumplidos, rebusca en tu diario de viajes en el tiempo y busca recuerdos positivos.

«Cada vez que decimos ¡sea!, en cualquiera de sus formas, algo pasa».

Stella Terrill Mann

¿Cuándo, dónde y por qué te sentiste bien sobre ti mismo? ¿Quién te ofreció seguridad?

Además tal vez quieras redactar el cumplido y decorarlo. Cuélgalo cerca de donde redactes tus páginas matutinas o en el salpicadero de tu coche. Yo tengo el mío en la carcasa de mi ordenador, para animarme mientras escribo.

7. Viaja en el tiempo: selecciona y escribe unas felices palabras de ánimo. Escribe una carta de agradecimiento. Envíatela a ti mismo o al mentor que dejaste atrás.
8. Vidas imaginarias: si tuvieras que vivir otras cinco vidas, ¿qué harías en cada una de ellas? Yo sería piloto, vaquera, física, médium, monje. Tú tal vez quisieras ser buceador, policía, escritor de libros infantiles, futbolista, bailarina del vientre, pintor, artista de performance, profesor de historia, curandero, entrenador, científico, médico, voluntario de una ONG, psicólogo, pescador, ministro, mecánico, carpintero, escultor, abogado, hacker informático, estrella de culebrón, cantante country, batería de rock. Lo que se te ocurra, escríbelo. No pienses demasiado en este ejercicio.

   El objetivo de estas vidas es pasarlo bien en ellas; divertirte más de lo que tal vez te estés divirtiendo en ésta. Observa tu lista y selecciona una. Luego hazla esta semana. Por ejemplo, si apuntaste *cantante country*, ¿eres capaz de agarrar una guitarra? Si sueñas con ser vaquero, ¿qué tal montar un poco a caballo?

«No cabe duda: nos convertimos en aquello que visualizamos».

Claude M. Bristol

9. Al trabajar con afirmaciones y críticas muchas veces regresan a nosotros las heridas y los monstruos. Añádelos a tu lista a medida que vayan apareciendo en tu memoria. Trabaja con cada reproche individualmente. Transforma cada negativo en una afirmación positiva.
10. Saca a tu artista de paseo, solos él y tú. Caminar veinte minutos a buen paso puede transformar de forma drástica la conciencia.

Registro

Harás registros todas las semanas. Si tu semana creativa se extiende de domingo a domingo, debes hacer los registros todos los sábados. Recuerda que esta rehabilitación es *tuya*. Lo que piensas es importante, y será cada vez más interesante para ti a medida que vayas progresando. Tal vez quieras hacer registros en tu cuaderno de páginas matutinas. Lo mejor es contestar a mano y darte unos veinte minutos para responder. El propósito del registro es elaborar un diario de tu viaje creativo. Mi esperanza es que más adelante compartas las herramientas con los demás y al hacerlo encuentres que tus notas tienen un gran valor: «Sí, en la cuarta semana estaba furioso. Me encantó la quinta semana...».

1. ¿Cuántas veces has hecho las páginas matutinas esta semana? Siempre esperamos que sean siete de siete. ¿Qué tal la experiencia?
2. ¿Has tenido una cita con el artista esta semana? Sí, por supuesto, lo esperamos siempre. Y sin embargo, puede ser extraordinariamente difícil permitirte una cita con el artista. ¿Qué hicisteis? ¿Cómo te has sentido?
3. ¿Ha habido alguna otra cuestión esta semana que consideres significativa para tu rehabilitación? Descríbela.

SEMANA 2

Esta semana está enfocada en la autodefinición como componente principal de la rehabilitación creativa. Puede que te encuentres trazando nuevas fronteras y conquistando nuevos territorios a medida que tus necesidades, deseos e intereses personales empiecen a darse a conocer. Los ensayos y herramientas tienen como objetivo trasladarte hacia tu identidad personal, a un yo que esté definido por ti mismo.

Recuperar una sensación de identidad

Volverse cuerdo

Fiarse de la propia creatividad es un comportamiento nuevo para muchos de nosotros. Al principio la sensación puede ser bastante amenazadora no sólo para nosotros, sino también para nuestros íntimos. Puede que nos sintamos —y parezcamos— erráticos. Este erratismo es una parte normal al desatascarse, al liberarse de la porquería que nos tenía bloqueados. Es importante recordar que, al principio, volverse *cuerdo* produce las mismas sensaciones que volverse loco.

Se dan reconocibles vaivenes en el proceso de rehabilitación de nuestro yo creativo. A medida que vamos ganando en fortaleza, también se hacen más fuertes los ataques de duda sobre nosotros mismos. Esto es normal, y podemos gestionar mejor los ataques más fuertes si los vemos como síntomas de rehabilitación.

Los ataques más frecuentes contra uno mismo son: «Vale, pues esta semana no me fue mal, pero sólo es algo temporal... Vale, pues conseguí hacer las páginas matutinas. Probablemente las hice mal... Vale, ahora me toca planear algo grande ¡y hacerlo *inmediatamente*! ¿A quién pretendo engañar? Nunca me recuperaré, ni enseguida... ni nunca...».

Estos ataques carecen de base, pero nos resultan muy convincentes. Asumirlos nos permite seguir atascados y sintiéndonos como víctimas. De la misma manera que un alcohólico en rehabilitación debe evitar tomar esa primera copa, el artista en rehabilitación debe evitar tomar ese primer pensamiento. Para nosotros, ese pensamiento es en realidad una duda sobre nosotros mismos: «No creo que esto valga para nada...».

«Toda cordura depende de esto: que debería ser una delicia sentir el calor sobre la piel, una delicia estar de pie, sabiendo que los huesos se mueven con facilidad bajo la carne».

Doris Lessing

Estos ataques pueden venir de fuentes tanto internas como externas. Podemos neutralizarlos una vez los reconozcamos como una especie de virus creativo. Las afirmaciones son un poderoso antídoto contra el autoodio, que aparece habitualmente bajo la máscara de la duda sobre uno mismo.

Al principio de nuestra rehabilitación creativa la duda sobre nosotros mismos puede conducirnos al autosabotaje. Una de las formas habituales que adopta este sabotaje es enseñar a alguien nuestras páginas matutinas. Recuérdalo: las páginas matutinas son privadas y no están para someterse al escrutinio de amigos bienintencionados. Un escritor recién desbloqueado le enseñó sus páginas matutinas a una amiga escritora que seguía bloqueada. Cuando ella las criticó, él se bloqueó de nuevo.

«Los francotiradores son personas que socavan tus esfuerzos por romper patrones malsanos en tus relaciones».

Jody Hayes

No dejes que tus dudas sobre ti mismo se transformen en un autosabotaje.

Compañeros de juego venenosos

La creatividad florece cuando tenemos una sensación de seguridad y de autoaceptación. Tu artista, como un niño pequeño, es feliz cuando se siente seguro. Como padres protectores de nuestro artista debemos aprender a colocar a nuestro artista con compañeros seguros. Los compañeros de juego tóxicos pueden hacer naufragar nuestro crecimiento como artistas.

No resulta sorprendente que los compañeros de juego más venenosos para nosotros, creativos en rehabilitación, sean personas cuya creatividad sigue bloqueada. Nuestra rehabilitación es una amenaza para ellos.

Mientras estuvimos bloqueados sentíamos a menudo que hablar de nosotros mismos como artistas creativos era una arrogancia y una cuestión de mera voluntad. Lo cierto es que lo que era cuestión de voluntad era negarnos a reconocer nuestra propia creatividad. Por supuesto, esta negación tenía sus contrapartidas.

Podemos hacernos preguntas y preocuparnos por nuestra arrogancia en lugar de ser lo bastante humildes y pedir ayuda para atravesar nuestro miedo. Podemos fantasear sobre el arte en lugar de hacer el trabajo. Al no pedir ayuda al Gran Creador para nuestra propia creatividad, y al no ver la mano del Gran Creador en nuestra propia creatividad, procedemos a soslayar nuestra creatividad de forma mojigata, sin tener que correr nunca los riesgos de hacer uso de ella. Puede que tus amigos bloqueados sigan dándose el gusto de creer en todas estas cómodas falsedades.

Si tienen problemas con tu rehabilitación, es que sigue compensándoles estar bloqueados. Tal vez les siga dando un subidón anoréxico el martirio de seguir bloqueados, o ser objeto de simpatía y regodearse en la autocompasión. Tal vez se sientan pagados de sí mismos al pensar que ellos *podrían* ser mucho más creativos que esos que andan por ahí haciendo cosas. Ahora mismo, estos comportamientos para ti son tóxicos.

No esperes que tus amigos bloqueados aplaudan tu rehabilitación. Es como esperar que tus mejores amigos del bar celebren que estás sobrio. ¿Cómo iban a poder si su propio hábito de beber es algo a lo que quieren aferrarse?

«Saber lo que prefieres, en lugar de decir sumisamente "amén" a lo que el mundo te dice que debieras preferir, significa que has mantenido tu alma con vida».

Robert Louis Stevenson

«Cada vez que no sigues tu guía interior, sientes una pérdida de energía, una pérdida de poder, una sensación de muerte espiritual».

Shakti Gawain

Puede que tus amigos bloqueados encuentren inquietante tu rehabilitación. Que te desbloquees plantea la desestabilizadora posibilidad de que ellos también se desbloqueen y asuman riesgos creativos auténticos, en lugar de asumir este cinismo de espectadores. Mantente alerta ante los sutiles sabotajes de tus amigos. Ahora mismo no puedes permitirte esas dudas bienintencionadas. Sus dudas reactivarán las tuyas propias. Mantente particularmente alerta a cualquier sugerencia de que hayas cambiado o te hayas vuelto egoísta (para nosotros esas palabras son señales de alerta roja. Son intentos de devolvernos a la fuerza a nuestra antigua manera de ser para comodidad de otras personas, no para la nuestra).

Los creativos bloqueados son fácilmente manipulados por la culpa. Nuestros amigos, sintiéndose abandonados por nuestra partida de las filas de los bloqueados, pueden intentar de forma inconsciente que renunciemos a nuestros sanos y recién adquiridos hábitos a base de culpa. Es muy importante comprender que el tiempo empleado en las páginas matutinas es entre tú y Dios. Tú conoces tus respuestas mejor que nadie. Serás conducido hacia nuevas fuentes de apoyo a medida que vayas apoyándote a ti mismo.

Ten cuidado de salvaguardar a tu artista en su nuevo proceso de rehabilitación. A menudo la creatividad se ve bloqueada porque colaboramos en los planes que otros tienen para nosotros. Queremos apartar tiempo para nuestro trabajo creativo, pero sentimos que deberíamos estar haciendo otra cosa en lugar de eso. Como creativos bloqueados, nos concentramos no en nuestras responsabilidades para con nosotros mismos, sino en nuestras responsabilidades para con los demás. Tendemos a pensar que este comportamiento nos convierte en buenas personas. No es cierto. Nos convierte en personas frustradas.

El elemento esencial a la hora de alimentar nuestra creatividad radica en alimentarnos a nosotros mismos. A través de la autoalimentación alimentamos nuestra conexión interior al Gran Creador. A través de esta conexión nuestra creatividad se desplegará. Aparecerán caminos para nosotros. Necesitamos confiar en el Gran Creador y dar pasos adelante en nuestra fe.

Repitamos: el Gran Creador nos ha concedido el don de la creatividad. Nuestra forma de devolverlo es usándola. No dejes que los amigos malgasten tu tiempo.

Sé suave pero firme, y aguanta con fuerza. Lo mejor que puedes hacer por tus amigos es ser un ejemplo a través de tu propia rehabilitación. No dejes que sus miedos y arrepentimientos te hagan descarrilar.

Muy pronto las técnicas que aprendas te permitirán enseñar a los demás. Muy pronto serás un puente que permitirá a otros cruzar de la inseguridad a la autoafirmación. Por ahora protege a tu artista interior negándote a enseñar páginas matutinas a observadores interesados o a compartir tu cita artística con amigos. Dibuja un círculo sagrado alrededor de tu rehabilitación. Concédete el don de la fe. Confía en que estás en el buen camino. Lo estás.

A medida que tu rehabilitación vaya progresando llegarás a experimentar una fe más cómoda en tu creador y también en tu creador interior. Aprenderás que en realidad es más fácil escribir que no escribir, pintar que no pintar, etcétera. Aprenderás a disfrutar del proceso de ser un canal de creatividad y a renunciar a tu necesidad de controlar el resultado. Descubrirás la alegría de *poner en práctica* tu creatividad. Te concentrarás en el proceso, no en el producto.

Tu propia curación es el mayor mensaje de esperanza para los demás.

Enloquecedores

Otra cosa que hacen los creativos para evitar ser creativos es relacionarse con *enloquecedores*. Los enloquecedores son esas personas que crean núcleos tormentosos. Muchas veces son carismáticos, con frecuencia encantadores, muy inventivos y con grandes poderes de persuasión. Ya conocéis el tipo: carismáticos pero fuera de control, con muchos problemas y escasas soluciones.

Los enloquecedores son la clase de persona capaz de adueñarse de toda tu vida. Para aquellos a quienes les gusta organizarlo todo resultan irresistibles: tanto que cambiar, tantas distracciones...

Si te relacionas con un enloquecedor, es probable que ya lo sepas, y sin duda reconocerás la descripción de andar por casa del párrafo anterior. A los enloquecedores les encanta el drama. Si son capaces de montarlo, serán la estrella. A su alrededor todo el mundo funciona como reparto secundario, siguiendo su pie, dejando que sus caprichos (enloquecidos) marquen sus entradas y salidas.

Algunos de los enloquecedores más destructivos que me he encontrado en la vida son, ellos mismos, artistas famosos. Son el tipo de artista que nos da mala reputación a los demás. Por esta razón, muchos de los artistas más locos de América están rodeados por un equipo de seguidores tan talentosos como ellos, pero decididos a subvertir su propio talento al servicio del Rey Enloquecedor.

«Aprende a conectar con el silencio que albergas en tu interior y sé consciente de que todo lo que ocurre en la vida ocurre con un fin».

Elisabeth Kübler-Ross

Estoy pensando en un estudio de rodaje que visité hace unos años. El director era uno de los gigantes del cine americano. Su dimensión era incuestionable, tanto como su imagen de enloquecedor. Es cierto que hacer cine es un oficio exigente, pero sus rodajes lo son aún más: más horas, largos ataques de paranoia, intrigas y politiqueo interno. Entre rumores de que el set estaba pinchado, este Rey Enloquecedor se dirigía a sus actores por altavoces mientras él, como el Mago de Oz, se escondía en una cueva en forma de gran tráiler con equipamiento de lujo.

A lo largo de las dos últimas décadas he visto trabajar a muchos directores. Estuve casada con uno que tenía un talento extraordinario, y yo misma he dirigido un largometraje. Siempre me ha llamado la atención lo mucho que un equipo de rodaje se parece a una gran familia. En el caso de este Rey Enloquecedor su equipo se comportaba como una familia, pero en este caso de alcohólicos: el bebedor (pensador) estaba rodeado por facilitadores que iban de puntillas junto a él, mientras fingían que su grandísimo ego y sus consiguientes demandas estaban dentro de lo normal.

En el plató de aquel enloquecedor la producción se excedía en horario y en presupuesto a causa de las demandas irracionales del Rey Bebé. Un estudio de rodaje es en esencia un equipo de expertos y observar cómo estos admirables profesionales se descorazonaban resultó para mí una lección reveladora sobre el poder venenoso del enloquecimiento. Directores de decorado, de vestuario y técnicos de sonido brillantes —por no hablar de los actores— se sentían cada vez más heridos a medida que la producción avanzaba. Luchaban por trasladar a la pantalla lo que los espectadores esperan de un buen drama sin tener en cuenta las tragedias personales de su director. Como buenos profesionales del mundo del cine, este equipo estaba dispuesto a trabajar muchas horas con tal de obtener una buena obra. Lo único que les frustraba era que ese esfuerzo de trabajo extra fuera por las exigencias de un ego superlativo y no de una voluntad de crear arte.

La dinámica del enloquecedor se basa en el poder, y por tanto cualquier grupo de personas puede servirle como una fuente de energía que explotar y agotar. Se pueden encontrar enloquecedores en cualquier escenario y en cualquier forma de representación artística. La fama puede ayudar a crearlos, pero como se alimentan de autoridad les vale cualquier fuente de poder. Aunque los enloquecedores suelen estar entre los ricos y poderosos, son frecuentes incluso entre la gente común. Ahí mismo en la *familia nuclear* (hay una razón para llamarla de este modo) se puede identificar al enloquecedor en el enfrentamiento entre familiares o cuando trata de boicotear cualquier proyecto que no sea el suyo.

Estoy pensando ahora en la destructiva matriarca de una familia que conozco. La cabeza visible de un clan numeroso de grandes talentos ha dedicado toda su energía a destruir la creatividad de sus hijos, ya que es experta en elegir siempre los peores momentos para poner en marcha sus sabotajes y les arroja bombas para que exploten justo cuando van a alcanzar el éxito.

Una de las hijas estaba a punto de terminar su carrera universitaria, que se había prolongado más de lo normal, y justo la noche anterior a su último examen le adjudican un drama repentino. Uno de los hijos que tenía que acudir a una entrevista de trabajo crucial para su trayectoria profesional tuvo que atender a una visita justo cuando más concentración necesitaba.

«¿Sabes lo que dicen los vecinos de ti?», dirá con frecuencia la enloquecedora. (Y la atribulada hija estudiante escuchará una serie de cotilleos horrendos que la dejarán hecha polvo y se enfrentará a su semana de exámenes angustiada por la sensación de «¿para qué tanto esfuerzo?»).

«¿Te das cuenta de que con este nuevo trabajo estás dando al traste con tu matrimonio?». (Y el esperanzado cambio de carrera del hijo se hace añicos antes de empezar).

Aparezcan como una madre dominante, un jefe maníaco, un amigo que siempre necesita algo o una pareja obstinada, los enloquecedores de tu vida comparten ciertos patrones destructivos que los convierten en venenosos para cualquier trabajo creativo continuado.

Los enloquecedores rompen acuerdos y destruyen calendarios. Aparecen dos días antes de tu boda y quieren que los trates como reyes. Alquilan un apartamento de vacaciones más grande y más caro de lo acordado y esperan que tú pagues la factura.

Los enloquecedores esperan un trato especial. Sufren un amplio repertorio de males misteriosos que exigen cuidado y atención cada vez que tú te tienes que enfrentar a una entrega (o a cualquier otra cosa que aleje tu atención de las exigencias del enloquecedor). El enloquecedor cocina su propia comida especial en una casa llena de niños hambrientos pero no hace nada por dar de comer a los niños. El enloquecedor está demasiado afectado para conducir después de haber soltado infinidad de improperios a todos los que están a su alrededor. Y la víctima empieza a pensar: «me temo que papá va a tener un ataque al corazón» en lugar de «¿cómo saco a este monstruo de mi casa?».

Los enloquecedores pasan de tu realidad. Da igual lo importante que sea el plazo que tienes que cumplir o lo crucial del momento de tu trayectoria profesional: los enloquecedores no respetarán tus necesidades. Puede que actúen como si hubieran escuchado cuáles son tus límites y los respeten, pero la realidad es que actúan. Los enloquecedores son aquellos que te llaman a medianoche o a las seis de la mañana y te comentan «ya sé que me dijiste que no te llamara a estas horas, pero...». Los enloquecedores son esas personas que aparecen de repente para pedirte prestada una cosa que no encuentras o que no quieres prestarles. O mejor te llaman y te piden que localices algo que necesitan, y luego no se pasan a recogerlo. «Ya sé que tienes que entregar un trabajo», te dicen, «pero esto sólo llevará un momento». Un momento tuyo.

«Lo que estoy diciendo es que necesitamos estar dispuestos a dejar que nos guíe nuestra intuición, y luego estar dispuestos a seguir esa guía sin vacilación y sin miedo».

Shakti Gawain

Los enloquecedores se gastan tu tiempo y tu dinero. Si te piden prestado el coche, te lo devuelven tarde y con el depósito vacío. Sus planes de viaje siempre te cuestan tiempo y dinero. Exigen que se les recoja en mitad de tu jornada laboral en un aeropuerto a kilómetros de la ciudad. Cuando se les dice «pero estoy trabajando», ellos te responden «es que no traje dinero para el taxi».

Los enloquecedores triangulan a aquellos con quienes se relacionan. Como los enloquecedores necesitan energía (tu energía), fomentan los enfrentamientos entre personas para mantener su posición en medio de todo. (Ahí es donde se pueden alimentar de las energías negativas que despiertan de forma directa). «No sé quién me ha dicho que hoy no has llegado a tiempo al trabajo», es posible que un enloquecedor te comente algo así. Y tú de lo más obediente procedes a enfadarte con no sé quién sin darte cuenta de que el enloquecedor ha utilizado información de oídas para desestabilizarte emocionalmente.

Los enloquecedores son expertos adjudicadores de culpas. Nada de lo que sale mal es jamás culpa de ellos y, por lo que a ellos respecta, suele ser culpa tuya. «Si no hubieras intentado cobrar el cheque para la manutención de los niños nunca te habrías encontrado con que no tenía fondos», le dijo un marido enloquecedor a su ex, una mujer que luchaba por recuperar la serenidad.

«Echa el freno y disfruta de la vida. Al ir demasiado deprisa no sólo te pierdes el paisaje, también pierdes el sentido de adónde vas y por qué».

Eddie Cantor

Los enloquecedores crean dramas, pero rara vez donde tendrían que sobrevenir. Los enloquecedores suelen ser ellos mismos creadores bloqueados. Como tienen miedo de canalizar su propia creatividad, detestan que esa creatividad aflore en otros. Les da envidia. Les resulta amenazante. Les hace ponerse dramáticos —a tu costa—. Volcados en sus propios objetivos, los enloquecedores imponen estos objetivos a los demás. Al tratar con un enloquecedor siempre te las tendrás que ver con el famoso tema de la figura y el fondo. En otras palabras, lo que a ti te importa se trivializa hasta convertirse en un mero fondo contra el que proyectar la cuita personal del enloquecedor. «¿Crees que él/ella me quiere?», te preguntan por teléfono cuando tú estás a punto de sacarte una oposición o de llevar a tu marido a casa desde el hospital.

Los enloquecedores detestan todos los calendarios excepto los suyos. En manos de un enloquecedor el tiempo se convierte en una herramienta básica para el abuso. Si reclamas un cierto periodo de tiempo, tu enloquecedor encontrará la manera de pelear contigo por él y de pronto empezará a demandar cosas (esto es, de tu persona) justo cuando tú necesitas concentrarte en el asunto que tienes entre manos. «No pegué ojo hasta las tres de la mañana. No puedo llevar a los niños al colegio», te lanzará el enloquecedor la mañana en que tú tengas que madrugar para un desayuno de trabajo con tu jefe.

Los enloquecedores detestan el orden. El caos sirve a sus propósitos. Cuando empiezas a establecer un lugar que te sirve a ti y a tu creatividad, tu enloquecedor lo invadirá de forma abrupta con sus propios proyectos. «¿Qué hacen sobre mi mesa de trabajo todos estos papeles/toda esta ropa para planchar?», preguntas. «He decidido organizar mis apuntes de la universidad..., empezar a emparejar mis calcetines...».

Los enloquecedores niegan serlo. Ellos van a la yugular. «Yo no soy lo que te está volviendo loco», puede decirte tu enloquecedor cuando le hablas de alguna promesa que no ha cumplido o cuando le muestras un ejemplo de sabotaje. «El problema es que nuestra vida sexual está fatal».

Si los enloquecedores son tan destructivos, ¿qué hacemos relacionándonos con ellos? La respuesta, siendo breve y realista, es que nosotros también estamos locos y somos así de destructivos.

¿En serio?

Sí. Como creativos bloqueados estamos dispuestos casi a cualquier cosa con tal de seguir en este estado. Por aterradora y abusiva que sea la convivencia con un enloquecedor, la encontramos mucho menos amenazadora que el desafío de una vida creativa propia. ¿Qué pasaría entonces? ¿Cómo seríamos? Muchas veces tenemos miedo de que si nos permitimos ser creativos, nos convirtamos también en enloquecedores y abusemos de quienes nos rodean. Al utilizar este temor como excusa seguimos permitiendo que otros abusen de nosotros.

Si te relacionas con un enloquecedor, es muy importante que lo admitas. Asume que estás siendo utilizado y admite que tú también estás utilizando al que abusa de ti. Tu enloquecedor es un bloqueo que has elegido para frenar tu propia trayectoria. Por mucho que tu enloquecedor te esté explotando, tú también lo estás utilizando para interrumpir tu flujo creativo.

Si estás bailando un tango, que te resulta una tortura, con tu enloquecedor, deja de moverte al son que él o ella

«Sean cuales sean los sueños que Dios tiene para el hombre, lo que parece indudable es que no pueden hacerse realidad sin la cooperación del hombre».

Stella Terrill Mann

toquen. Lee algún libro sobre codependencia o asiste a una terapia contra la adicción en las relaciones. (Al-Anon y Adictos al Amor y al Sexo Anónimos son dos programas excelentes para detener el baile del enloquecedor).

La próxima vez que te sorprendas diciendo o pensando «¡me está volviendo loco!» pregúntate qué actividad creativa estás intentando bloquear con tu relación.

Escepticismo

Ahora que hemos hablado de las barreras exteriores que atentan contra nuestra rehabilitación como artistas, echemos un ojo al enemigo que podemos estar alojando en nuestro interior. Tal vez la mayor barrera para cualquiera a la hora de contemplar una vida en expansión sea un escepticismo profundo. Podríamos llamarlo *la duda secreta*. No es relevante si somos oficialmente creyentes o agnósticos. Tenemos nuestras dudas sobre las ideas expuestas con anterioridad acerca del creador/creatividad, y esas dudas son muy poderosas. A no ser que les demos salida pueden ser capaces de sabotearnos. Muchas veces, cuando intentamos no ser aguafiestas, reprimimos nuestros sentimientos de duda. Necesitamos dejar de hacer eso y empezar a explorar esos sentimientos.

«Creer en Dios o en una fuerza que te guía porque alguien te dice que creas es el colmo de la estupidez. Nos han dado sentidos con los que recibir información. Vemos con nuestros propios ojos, sentimos con nuestra propia piel. Con nuestra inteligencia, la intención es que comprendamos. Pero cada persona debe desentrañarlo por sí mismo».

Sophy Burnham

En esencia las dudas funcionan más o menos así: «De acuerdo, he empezado a escribir las páginas matutinas y parece que estoy más despierto y más atento en mi vida. ¿Y qué? No es más que una coincidencia... De acuerdo, he empezado a llenar el pozo y a ir de cita con mi artista interior y noto que me estoy animando un poco. ¿Y qué? Es sólo coincidencia... Sí, ahora estoy empezando a notar que cuanto más me permito explorar la posibilidad de que exista un poder para el bien, más me percato de que en mi vida surgen afortunadas coincidencias. ¿Y qué? No me puedo creer que me estén guiando de verdad. Sería demasiado extraño...».

La razón por la que creemos que es extraño imaginar que una mano invisible colabora en todo esto es que seguimos dudando de que no pase nada si eres creativo. Con esta actitud asentada con firmeza no sólo les miramos el diente a todos los caballos regalados, sino que los espoleamos en los costados para sacarlos de nuestra vida cuanto antes.

Cuando Mike comenzó su rehabilitación creativa se dio permiso para admitir que quería hacer películas. Dos semanas después y gracias a una serie de «coincidencias», se encontró con que estaba matriculado en la escuela de cine y que el curso lo pagaba su empresa. ¿Se relajó y disfrutó de ello? No. Se autoconvenció de que la escuela de cine le estaba distrayendo de su verdadera ocupación: buscar otro trabajo. De manera que renunció a hacer cine para encontrar otro empleo.

Dos años más tarde al recordar el incidente Mike es capaz de volver a negarse a sí mismo. Cuando el universo le concedió lo que quería lo devolvió de inmediato. Al final se permitió a sí mismo aprender a hacer cine, pero le costó mucho más de lo que el universo pretendía.

Una de las cosas que más merece la pena destacar de la rehabilitación creativa es nuestra renuencia a tomarnos en serio la posibilidad de que el universo pueda estar colaborando con nuestros nuevos planes de expansión. Somos lo bastante valientes como para intentar la rehabilitación, pero no queremos que el universo preste atención de verdad. Nuestra sensación de ser un fraude es aún demasiado fuerte como para gestionar el éxito. Cuando éste llega nosotros nos queremos ir.

¡Pues claro que queremos irnos! A la mayoría de nosotros cualquier pequeño experimento en autoalimentación nos da mucho miedo. Cuando nuestro pequeño experimento provoca que el universo abra una o dos puertas empezamos a asustarnos y a alejarnos: «¡Eh! ¡Tú! ¡Seas lo que seas! ¡No tan deprisa!».

Me gusta pensar que la mente es como una habitación. En ella guardamos todas nuestras ideas cotidianas sobre

«Piensa en ti mismo como en un poder incandescente, iluminado y tal vez en conversación permanente con Dios y con sus mensajeros».

Brenda Ueland

«No importa lo lenta que sea la película, el Espíritu siempre se mantiene quieto el suficiente tiempo para que el fotógrafo que Él ha elegido lo capte».

Minor White

la vida, Dios, lo que es posible y lo que no. La habitación tiene una puerta. Esta puerta está ligeramente abierta y fuera podemos ver una gran luz cegadora. En esa luz hay muchas ideas que consideramos excesivas para nosotros, así que las mantenemos ahí fuera. Las ideas con las que nos encontramos cómodos están con nosotros en la habitación. Las otras están fuera y las mantenemos allí. En nuestra vida ordinaria, previa a la rehabilitación artística, al escuchar algo raro o amenazante agarrábamos el pomo de la puerta y la cerrábamos. Rápidamente.

¿Un trabajo interno que impulsa cambios exteriores? ¡Ridículo! (portazo). ¿Dios molestándose en contribuir a *mi* rehabilitación creativa? (portazo). ¿La sincronía apoyando a mi artista interior con coincidencias llenas de «serendipia»? (portazo, portazo, portazo).

Ahora que estamos en plena rehabilitación creativa tenemos que buscar otro enfoque. Para hacerlo dejemos a un lado nuestro escepticismo —para utilizarlo más adelante si nos hace falta— y cuando una idea rara o una coincidencia pase volando por ahí entreabramos la puerta un poco más.

Al dejar a un lado el escepticismo, aunque sea por un instante, podemos explorar asuntos muy interesantes. En la rehabilitación creativa no es necesario cambiar ninguna de nuestras creencias. Es preciso que las examinemos.

La rehabilitación creativa es más que ninguna otra cosa un ejercicio de abrir la mente. De nuevo imagínala como esa habitación con la puerta ligeramente entornada. Abrirla un poco más supone una apertura mental. Empieza esta semana a practicar la apertura mental de forma consciente.

Atención

Muchas veces un bloqueo creativo se manifiesta como una adicción a la fantasía. Más que trabajar o vivir en el presente fantaseamos y nos recreamos en lo que podría, debería o hubiera debido pasar. Una de las falsas ideas más extendidas sobre la vida artística es que incluye largos momentos de deambular sin norte. Pero lo cierto es que una vida creativa incluye largos ratos de atención. La atención es una manera de conectar y sobrevivir.

Informes de flora y fauna era el nombre que yo daba a las largas cartas de mi abuela, llenas de divagaciones. «Ha empezado a florecer la forsitia y esta mañana vi el primer petirrojo... Las rosas aguantan incluso con este calor... El zumaque ha cambiado y también el pequeño arce junto al buzón de correos... Mi cactus de Navidad ya se está preparando...».

«Desarrolla interés en la vida según la estás viendo: en la gente, en las cosas, en la literatura, en la música; el mundo es tan rico, bulle con espléndidos tesoros, con almas hermosas y personas interesantes. Olvídate de ti mismo».

Henry Miller

Yo seguía la vida de mi abuela como una larga película casera: un plano de esto o de aquello unido sin ningún patrón que yo pudiera vislumbrar. «La tos de papá empeora... La pequeña poni *Shetland* parece que va a dar a luz su potro antes de tiempo... Joanne ha vuelto al hospital de Anna... Hemos llamado *Trixie* al nuevo bóxer y le gusta dormir en el terrario de los cactus, ¿te imaginas?».

Me lo imaginaba. Sus misivas hacían que fuera fácil. La vida a través de los ojos de mi abuela era una serie de pequeños milagros: los lirios salvajes bajo los hibiscos en junio; la rápida lagartija que se deslizaba a toda velocidad bajo la piedra gris de río, cuyo tacto satinado siempre admiró. Su correspondencia marcaba las estaciones del año y de su vida. Vivió hasta los 80 años y las cartas fueron llegando hasta el mismísimo final. Su muerte fue tan repentina como el cactus de Navidad: hoy estaba aquí, mañana ya no. Mi abuela dejó sus cartas y a su marido de 72 años. Mi abuelo, papá Howard, un elegante gamberro con sonrisa de jugador y suerte de perdedor, había ganado y perdido varias fortunas, la última de ellas de forma permanente. Se las bebió, se las jugó, las dilapidó por ahí de la misma manera que ella tiraba migas a los pájaros. Malgastó las grandes oportunidades de la vida igual que ella saboreaba las insignificantes. «Ese hombre», solía decir mi madre.

Mi abuela vivió con ese hombre en casas de estilo español, en caravanas, en una diminuta cabaña en mitad de una montaña, en un piso junto a las vías del tren y finalmente en una casa hecha de cartón donde seguían teniendo la misma pinta de siempre. «No sé cómo lo aguanta», decía mi madre furiosa con mi abuelo por alguna nueva fechoría. Lo que pretendía decir con sus palabras era que no entendía por qué ella lo aguantaba.

La verdad es que todos sabíamos cómo lo aguantaba. Lo hacía porque vivía plantada de lleno en el flujo de la vida y prestaba mucha atención.

Mi abuela se marchó antes de que yo aprendiera la lección que enseñaban sus cartas: la supervivencia radica en la cordura, y ésta se encuentra en prestar atención. Sí, decían sus cartas, la tos de papá está peor, hemos perdido la casa, no hay dinero ni trabajo, pero los lirios florecen, la lagartija ha encontrado un rincón soleado, las rosas aguantan a pesar del calor.

Mi abuela sabía lo que le había enseñado una vida dolorosa: sea un éxito o un fracaso, la verdad de una vida tiene poco que ver con su calidad. La calidad de una vida se encuentra siempre en la proporción que guarde con la capacidad para el disfrute, y ésta es igual al don de prestar atención.

En un año en que una historia de amor larga y gratificante dejaba de ser el centro de su vida, con torpes sacudidas, la escritora May Sarton escribió *Un diario de soledad*. En él consigna la llegada a casa después de un fin de semana especialmente doloroso con su amante. Al entrar en la casa vacía «me detuve en el umbral de mi estudio porque un rayo caía sobre un crisantemo coreano y lo alumbraba como un foco, sus pétalos de un rojo intenso y su centro amarillo chino... Verlo fue como una transfusión de luz otoñal».

No es casualidad que May Sarton utilice la palabra *transfusión*. Perder a su amante fue una herida y en su respuesta a esos crisantemos, en el acto de prestar atención, comenzó el proceso de cura.

La recompensa de prestar atención siempre es la cura. Puede empezar con la sanación de un dolor concreto —el amante perdido, el niño enfermo, el sueño roto. Pero lo que se cura finalmente es la herida que subyace a todo dolor: el dolor por sentirnos, como dice Rilke, «indeciblemente solos». Más que cualquier otra cosa la atención es el acto de entrar en contacto. Esto lo aprendí de la misma manera que he aprendido la mayoría de las cosas: por pura casualidad.

Cuando mi primer matrimonio se fue al traste alquilé una casa aislada en lo alto de las colinas de Hollywood. Mi plan era sencillo: aguantaría sola el temporal de mi pérdida, no vería a nadie y nadie me vería a mí hasta que no hubiera pasado lo más agudo de mi duelo. Daría dolorosos paseos solitarios y sufriría. Y resultó que di esos paseos, sí, pero no salieron como yo había planeado.

Tras pasar dos curvas del camino que había detrás de mi casa, me encontré con una gata de rayas grises. Esta gata vivía en una alegre casa azul con un gran perro pastor con el que claramente no se llevaba bien. Supe todo esto a mi pesar en una semana de paseos. Empezamos a hacernos pequeñas visitas, esa gata y yo, y luego a mantener largas charlas sobre todo lo que teníamos en común, dos hembras solitarias.

Las dos admirábamos una extravagante rosa color salmón que había atravesado una verja cercana. A las dos nos gustaba mirar la carroza violeta de jacarandas en flor al balancearse en su amarradero. Alice (oí cómo la llamaban una tarde para que entrara en casa) las golpeaba con la pata.

Cuando las jacarandas se marchitaron instalaron un feo enrejado de tablones para contener el rosal. Para entonces mis caminatas se habían extendido una milla más arriba, y se habían unido a nuestra compañía más gatos, perros y niños. Y para cuando la rosa color salmón desapareció detrás de su verja, yo había encontrado una casa más arriba con un jardín vallado de estilo morisco y un

«El sustantivo "ser" se convierte en verbo. El detonante de la creación en el momento presente es el punto en el que convergen el trabajo y el juego».

Stephen Nachmanovitch

loro vitriólico al que cogí cariño. El pájaro era colorido, con opiniones radicales y mucha tendencia al dramatismo y me recordaba a mi ex marido. Y el dolor se había convertido en algo más valioso: en experiencia.

Al abordar la atención me doy cuenta de que he escrito mucho sobre el dolor. No es por coincidencia. Puede que en otras personas no funcione así, pero el dolor es el precio que tuve que pagar para aprender a prestar atención. En tiempos de dolor, cuando aterra contemplar el futuro y escuece demasiado recordar el pasado, he aprendido a prestar atención al aquí y al ahora. El momento preciso en el que estaba era siempre el único lugar seguro para mí. Cada momento tomado en soledad era siempre soportable. En el aquí y el ahora exactos todos estamos siempre bien. Ayer puede que el matrimonio se rompiera. Mañana puede que el gato se muera. La llamada del amante, por mucho que la espere, puede que no llegue nunca, pero justo en este momento, justo ahora, no pasa nada. Estoy respirando, inhalando y exhalando. Cuando me di cuenta de esto empecé a entender que no hay momento que no tenga su propia belleza.

La noche en que me enteré de que mi madre había muerto, agarré mi jersey y eché a andar por detrás de mi casa, colina arriba. Una gran luna color nieve se elevaba por detrás de las palmeras. Más tarde se colocó como si flotara sobre el jardín, lavando los cactus que parecían de plata. Ahora cuando pienso en la muerte de mi madre recuerdo aquella luna nevada.

El poeta William Meredith ha observado que lo peor que puede decirse de un hombre es «no prestó atención». Cuando yo pienso en mi abuela la recuerdo ocupándose del jardín y recuerdo cómo una vez se le escapó del vestido con escote amarrado al cuello que se hacía todos los veranos un pecho pequeño y moreno. La visualizo señalando una cuesta empinada que bajaba de la casa que estaba a punto de perder hacia los hibiscos junto al arroyuelo. «A los ponis les gustan por la sombra que dan», me dijo. «A mí me gustan porque cuando no están en flor se ponen plateados».

> «El cuadro tiene su propia vida. Lo que yo intento hacer es dejar que salga».
>
> Jackson Pollock

Reglas para el camino

Para ser artista debo:

1. Ponerme delante de la página. Utilizarla para descansar, para soñar, para intentarlo.
2. Llenar el pozo cuidando de mi artista.
3. Fijarme objetivos pequeños y amables, y lograrlos.
4. Rezar por conseguir orientación, coraje y humildad.
5. Recordar que es mucho más difícil y más doloroso ser un artista bloqueado que hacer el trabajo.
6. Estar alerta siempre a la presencia del Gran Creador que dirige y ayuda a mi artista.
7. Escoger compañeros que me animen a hacer el trabajo y no sólo a hablar de hacer el trabajo o de por qué no estoy haciendo el trabajo.
8. Recordar que al Gran Creador le encanta la creatividad.
9. Recordar que mi trabajo es hacer el trabajo, no juzgarlo.
10. Poner este cartel en mi lugar de trabajo: Gran Creador, yo me ocuparé de la *cantidad*. Tú ocúpate de la *calidad*.

Tareas

1. Lecturas afirmativas: todos los días por la mañana y por la noche pasa un rato en silencio y concéntrate en leer los principios básicos. (Véase página 39). Mantente alerta ante cualquier cambio de actitud. ¿Te ves ya dejando a un lado tu escepticismo?
2. ¿Adónde se te va el tiempo? Haz una lista de tus cinco actividades principales esta semana. ¿Cuánto tiem-

po le has dedicado a cada una? ¿Cuáles eran las cosas que querías hacer y cuáles las que debías hacer? ¿Qué parte de tu tiempo transcurre ayudando a los demás y soslayando tus propios deseos? ¿Alguno de tus amigos bloqueados te ha hecho dudar?

Coge una hoja de papel. Dibuja un círculo. Dentro de él coloca temas que necesitas proteger. Sitúa los nombres de quienes te están dando su apoyo. Fuera del círculo distribuye los nombres de aquellos contra los que debes protegerte ahora mismo. Guarda este mapa de seguridad cerca de donde escribes tus páginas matutinas. Utiliza este mapa para apoyar tu propia autonomía. Añade nombres a las esferas interiores y exteriores según vaya pareciéndote apropiado. «¡Oh! Derek es alguien con quien no debería hablar ahora mismo».

3. Haz una lista de veinte cosas con las que disfrutes (escalar, patinar, hacer tartas, preparar sopas, hacer el amor, hacer el amor otra vez, montar en bici, montar a caballo, jugar al pilla-pilla, encestar canastas, salir a correr, leer poesía y demás). ¿Cuándo fue la última vez que te permitiste hacer algo de esto? Junto a cada entrada pon una fecha. Que no te sorprenda si hace años que no realizas algunas de tus actividades preferidas. Eso cambiará. Esta lista es un recurso excelente para tus citas de artista.
4. De la lista que acabas de hacer escribe dos actividades preferidas que hayas evitado y que podrían ser los objetivos de esta semana. Estos objetivos pueden ser pequeños: comprar un rollo de película y rodarla. Recuerda, estamos intentando ganar algo de autonomía en el uso del tiempo. Busca momentos que sean sólo para ti y utilízalos para pequeños actos creativos. Ve a la tienda de discos a la hora del almuerzo, aunque sólo sea durante quince minutos. Deja de buscar grandes periodos de tiempo libre. Vale con que encuentres pequeños ratos.

5. Vuelve a la «Semana 1» y lee las afirmaciones. Apunta cuál suscita una mayor reacción. Muchas veces la que suena más ridícula es la más significativa. Escribe tres afirmaciones de tu elección cinco veces al día en tus páginas matutinas; asegúrate de incluir las afirmaciones que creaste tú mismo a partir del material bruto que sacaste fuera en tus escritos.
6. Vuelve a la lista de vidas imaginarias de la semana pasada. Añade cinco vidas más. De nuevo, comprueba si estas haciendo pequeñas cosas de esas vidas en tu existencia actual. Si has anotado la vida de una bailarina, ¿te has permitido salir a bailar? Si has anotado la vida de un monje, ¿alguna vez te has dado permiso para irte de retiro? Si eres buceador, ¿hay algún acuario cercano que puedas visitar? ¿Podrías organizarte un día en el lago?
7. Tarta de vida: dibuja un círculo. Divídelo en seis porciones de tarta. Llama a una porción *espiritualidad*, a otra *ejercicio*, a otra *juego* y sigue con *trabajo*, *amigos* y *romance/aventura*. Dibuja un punto en cada porción en el nivel al que te encuentres satisfecho con esa área de tu vida (cuanto más al borde del círculo esté indica que muy satisfecho; más en el centro, no tanto). Conecta los puntos. Te enseñará dónde flaqueas.

   Al empezar el curso no es raro que tu tarta de vida parezca una tarántula. A medida que progresa la rehabilitación puede que tu tarántula se convierta en un mandala. Si trabajas con esta herramienta, notarás que hay áreas de tu vida que aparecen empobrecidas y a las que apenas dedicas atención. Utiliza los pequeños periodos de tiempo que vayas encontrando para arreglar esto.

   Si tu vida espiritual es mínima, hasta una paradita de cinco minutos en una sinagoga o una catedral puede devolverte una sensación maravillosa. Para muchos de nosotros cinco minutos de música de tambo-

«Para ver cierro los ojos».

Paul Gaughin

res pueden ponernos en contacto con nuestra raíz espiritual. Para otros se arregla con una visita a un invernadero. De lo que se trata es de que hasta la más mínima atención puede nutrir las áreas de nuestra vida que están empobrecidas.

8. Diez pequeños cambios: haz una lista de diez cambios que te gustaría que sucedieran, de lo más significativo a lo más pequeño o viceversa («comprar sábanas nuevas para tener otro juego, ir a China, pintar mi cocina, pasar de mi malvada amiga Alicia»). Hazlo así:

   Me gustaría ________________.

   Me gustaría ________________.

   A medida que las páginas matutinas nos vayan empujando cada vez más hacia el presente, donde prestamos atención a nuestras vidas actuales, un pequeño cambio, como un cuarto de baño recién pintado, puede ofrecer una gran sensación de cuidado por uno mismo que resulta un lujo.
9. Selecciona uno de estos ítems y conviértelo en tu objetivo de esta semana.
10. Ahora llévalo a cabo.

Registro

1. ¿Cuántos días de esta semana has escrito las páginas matutinas? (Recuerda que esperamos que sean siete). ¿Cómo te ha resultado la experiencia? ¿Escribirlas te ha funcionado? Descríbelas (por ejemplo, «me resultaron estúpidas. Escribía todos esos pedacitos de cosas que no parecían tener conexión entre ellas ni con nada...»). Recuerda que si, en efecto, estás escribiendo las páginas matutinas es porque te están funcionando. ¿Qué te ha sorprendido de lo que estás escribiendo? Responde ampliamente a esta pregunta en tu página de registro. Será un autoexamen de tus estados de ánimo, no de tu progreso. No te preocupes si tus

páginas están llenas de quejas y de tópicos. A veces eso es precisamente lo que te hacía falta.

2. ¿Has tenido la cita con tu artista esta semana? Recuerda que las citas de artista son una frivolidad necesaria. ¿Qué has hecho? ¿Cómo te has sentido?
3. ¿Ha habido algún otro asunto esta semana que te parezca significativo para tu rehabilitación? Descríbelo.

SEMANA 3

Recuperar una sensación de poder

En esta semana tal vez te encuentres lidiando con desacostumbrados ataques de energía y agudos picos de ira, alegría y tristeza. Estás haciéndote con tus propios poderes ahora que se ve sacudido el ilusorio control que mantenían los límites que antes aceptabas. Se te pedirá que experimentes de manera consciente con la apertura mental espiritual.

Ira

La ira es como un combustible. La sentimos y queremos hacer algo. Pegar a alguien, romper algo, tener un ataque, dar un puñetazo a la pared, cantarle las cuarenta a esos malditos. Pero como somos *buena* gente lo que hacemos con nuestra ira es comérnosla, negarla, enterrarla, bloquearla, esconderla, mentir sobre ella, medicarla, acallarla, no hacerle caso. Hacemos de todo menos *escucharla*.

A la ira hay que escucharla. La ira es una voz, un grito, un ruego, una exigencia. A la ira hay que respetarla. ¿Por qué? Porque la ira es un *mapa*. La ira nos muestra dónde están nuestros límites. Nos marca adónde queremos ir. Nos permite ver dónde hemos estado y nos hace saber cuándo no nos ha gustado. La ira señala el camino, no sólo lo hace el dedo. En la rehabilitación de un artista bloqueado, la ira es una señal de salud.

Hay que actuar a partir de la ira. Lo que no hay que hacer es dejar que actúe a través de nosotros. La ira señala la dirección. Se trata de usarla como combustible para emprender las acciones que debemos llevar a cabo y trasladarnos a donde ella nos dirige. Si pensamos un poco, podemos ser capaces de traducir el mensaje que nos está enviando.

«Usando simplemente la energía que gasto haciendo pucheros escribí un blues».

Duke Ellington

«¡Maldito sea! ¡Yo podría hacer una película mejor que ésa!». Esta ira dice: quieres hacer películas. Necesitas aprender a hacerlas.

«¡No me lo puedo creer! Tuve esa misma idea para una obra de teatro hace tres años y va ella y la escribe». Esta ira dice: deja de aplazar las cosas. Las ideas no consiguen noches de estreno. Las obras terminadas, sí. Ponte a escribir.

«Esa estrategia que está utilizando es mía. ¡Es increíble! ¡Me la ha robado! Debería haber juntado el material y haberlo registrado». Esta ira dice: es hora de que te tomes en serio tus propias ideas y de que las trates bien.

Cuando sentimos ira muchas veces nos pone furiosos el hecho de estar sintiendo ira. ¡¡Maldita ira!! Nos está diciendo que ya no nos podemos permitir nuestra antigua vida. Nos dice que la antigua vida se muere. Nos dice que estamos renaciendo y que el parto duele. El sufrimiento nos provoca ira.

La ira es la tormenta de fuego que señala la muerte de nuestra antigua vida. La ira es el combustible que nos impulsa a nuestra nueva vida. La ira es una herramienta, no una figura que nos domina. La ira sirve para ser canalizada y utilizada. Bien usada la ira es muy útil.

La pereza, la apatía y la desesperación son los enemigos. La ira no lo es. La ira es nuestra amiga. No es una amiga agradable. No es una amiga dulce. Pero es muy, muy leal. Siempre nos indicará cuándo hemos sido traicionados. Nos dirá cuándo nos hemos traicionado a nosotros mismos. Siempre nos alertará de que es hora de actuar por nuestro propio interés.

La ira no es la acción en sí misma. Es una invitación a la acción.

Sincronía

Las oraciones que obtienen respuesta dan miedo. Implican responsabilidad. Tú lo pediste. Ahora que lo tienes, ¿qué vas a hacer? ¿Por qué si no se ha acuñado la frase «cuidado con los sueños que pueden hacerse realidad»? Las plegarias con respuesta ponen la pelota en nuestro tejado, y esto no resulta cómodo. Nos parece más fácil aceptarlas como ejemplos de sincronía:

- Una mujer admite que en secreto sueña con ser actriz. Al día siguiente durante una cena le toca sentarse junto a un hombre que da clase a primerizos en una escuela de interpretación.
- Un escritor reconoce que su sueño es ir a la escuela de cine. Uno de los primeros pasos que da para conseguir este anhelo lo pone en contacto con un profesor de una escuela de cine que conoce y admira su trabajo y que le dice que la última plaza disponible ya es suya.
- Una mujer está pensando en volver a clase y al abrir su buzón encuentra una carta en la que se le pide que se matricule en la misma escuela a la que estaba pensando ir.
- Una mujer se pregunta cómo alquilar una película de culto que nunca ha visto. La encuentra en una librería de su barrio dos días después.
- Un hombre de negocios que lleva dos años escribiendo en secreto se compromete a pedirle una opinión sobre su talento a un escritor profesional. A la noche siguiente mientras juega al billar conoce a un escritor que se convierte en su mentor y luego en su colaborador en varios libros de éxito.

Según mi experiencia tenemos mucho más miedo de que exista Dios del que tenemos de que no exista. Nos suceden cosas como las descritas arriba, pero las despreciamos como meras coincidencias. La gente habla de lo espantoso que sería que no existiera Dios. A mí me pare-

«Cuando un hombre da un paso hacia Dios Dios da más pasos hacia ese hombre que arenas hay en el tiempo».

El Merkaba

«El universo te recompensará por asumir riesgos en su nombre».

Shakti Gawain

ce que eso son tonterías. La mayoría de nosotros estamos mucho más cómodos con la sensación de que no se nos observa muy de cerca.

Si Dios —una palabra con la que no me refiero necesariamente a un concepto cristiano unitario, sino a una fuerza todopoderosa y omnisciente— no existe, entonces estamos liberados de responsabilidades, ¿no? No existe el castigo divino, ni el consuelo divino. Y si toda la experiencia resulta una porquería... pues, bueno, ¿qué esperabas?

Esa pregunta de las expectativas me interesa. Si Dios no existe, o si a ese Dios no le interesan nuestros pequeños y tontos dramas, entonces todo se puede ir desarrollando como siempre y podemos tener justificaciones al declarar que ciertas cosas son imposibles y otras injustas. Si Dios, o la falta de Dios, son responsables del estado del mundo, entonces podemos abandonarnos al cinismo y resignarnos a la apatía. ¿De qué sirve la nada? ¿Por qué intentar cambiar las cosas?

Sirve para esto. Si hay una fuerza creativa que responde y nos escucha y actúa en nuestro favor, entonces podremos hacer algunas cosas de verdad. El juego ha terminado, en resumidas cuentas: Dios sabe que el límite es el cielo. Cualquier persona honesta te dirá que la posibilidad asusta mucho más que la imposibilidad, que la libertad es más aterradora que cualquier prisión. Si en efecto tenemos que lidiar con una fuerza más allá de nosotros, que se inmiscuye en nuestra vida, entonces tal vez tengamos que poner en marcha acciones para lograr esos sueños que antes parecían imposibles.

La vida es lo que hagamos con ella. La concibamos como una fuerza divina interior o bien como un Dios externo y distinto da igual. El apoyo mutuo en esa fuerza es lo que importa.

«Se dice que un descubrimiento es un accidente que se encuentra con una mente preparada».

Albert Szent-Gyorgi

«Pide y recibirás. Llama a la puerta y se abrirá ante ti...». Estas palabras se cuentan entre las más incómodas de las atribuidas a Jesucristo. Sugieren la posibilidad de un método científico: pide (experimenta) y mira a ver qué pasa (registra los resultados).

¿Acaso sorprende que pasemos por alto las oraciones? Lo llamamos coincidencia. Lo llamamos suerte. Lo llamamos de cualquier manera menos lo que es: la mano de Dios o el bien activados por nuestra mano cuando actuamos en nombre de nuestros sueños más sinceros, cuando nos comprometemos con nuestra alma.

Incluso la existencia más timorata alberga momentos de compromiso así: «¡Al final me voy a comprar el sofá de dos plazas!». Y después: «Encontré el sofá perfecto. Fue muy curioso. Estaba en casa de mi tía Berenice. Su vecina estaba vendiendo sus muebles en el jardín y ¡tenía un sofá de dos plazas precioso que a su marido le daba alergia!».

En las vidas extraordinarias momentos como éstos aparecen en bajorrelieve y sobresalen como el Monte Rushmore: Lewis y Clark camino del Oeste. Isak Dinesen rumbo a África. Todos tenemos nuestras Áfricas, esas ideas oscuras y románticas que apelan a lo más profundo de nuestro ser. Cuando respondemos a esa llamada, cuando nos comprometemos con ella, ponemos en marcha el principio al que Carl Gustav Jung llamó sincronía, definido más o menos como una mezcla fortuita de acontecimientos. Allá por los años sesenta lo llamábamos serendipia. Lo llames como lo llames, una vez que empieces tu rehabilitación creativa, puede que te asombre verlo surgir por todas partes.

Pero que no te sorprenda verte pasándolo por alto, pues puede ser un concepto alarmante. Aunque el artículo de Jung sobre la sincronía es una piedra de toque de su pensamiento, incluso muchos jungianos prefieren creer que era una especie de tema lateral. Lo desprecian, al igual que su interés en el I Ching, como si fuera una rareza, algo que no hay que tomar en serio.

Puede que el propio Jung discrepara de ellos. El seguir sus propias directrices interiores lo llevó a experimentar

«¿Han observado alguna vez a quiénes les ocurren las casualidades? El azar favorece sólo a las mentes preparadas».

Louis Pasteur

y describir un fenómeno que muchos preferimos ignorar: la posibilidad de un universo inteligente y dispuesto a ofrecer respuestas, que actúa y reacciona en nuestro propio interés.

«El azar es poderoso. Deja siempre el cebo echado: en el estanque donde menos te lo esperas habrá un pez».

Ovidio

En mi experiencia las cosas son precisamente así. He aprendido, como norma general, a no preguntarme nunca si puedo hacer algo. Lo que hay que decir es que vas a hacerlo. Luego abróchate el cinturón. Las cosas más extraordinarias suceden a continuación.

«Dios es eficiente», me recuerda siempre la actriz Julianna McCarthy. Y muchas veces me han maravillado los trucos de prestidigitación con los que el universo otorga sus caprichos.

Hace unos seis años una de mis obras de teatro fue escogida para una lectura en el Centro Denver para las Artes Escénicas. Yo había escrito la obra con mi amiga Julianna en mente para el papel protagonista. Ella era mi actriz ideal, pero cuando llegué a Denver el reparto ya estaba elegido. En cuanto conocí a mi actriz principal tuve la extraña sensación de que se había puesto en marcha una bomba de relojería. Le mencioné esto al director, pero me aseguró que la actriz era una gran profesional. Con todo, a mí no se me quitaba del estómago aquella extraña sensación. Y en efecto, una semana antes del estreno, nuestra actriz principal dimitió de manera abrupta, tanto de mi obra como de *Painting Churches*, la obra que estaba a mitad de temporada.

El Centro de Denver se quedó anonadado y se deshizo en disculpas. Se sentían fatal a causa de los daños ocasionados en mi obra por aquella deserción repentina. «En un mundo ideal, ¿a quién darías el papel?», me preguntaron. Y yo les dije: «A Julianna McCarthy».

Julianna fue contratada y trasladada en avión desde Los Ángeles. Nada más verla, los directores del Centro le pidieron no sólo que hiciera mi obra, sino también que asumiera el papel de *Painting Churches* para el que resultaba una excelente elección.

«Dios está alardeando», bromeé con Julianna, muy contenta de que al final hubiera tenido la oportunidad de hacer su obra.

En mi experiencia el universo colabora con los planes que merecen la pena y sobre todo con los que son más lúdicos y expansivos. Pocas veces he imaginado una idea deliciosa sin que me surjan los medios para llevarla a cabo. Hay que entender que el qué tiene que venir siempre antes del cómo. Escoge antes qué harías. El cómo se suele colocar en su sitio por su cuenta.

«Desea, pide, cree, recibe».

Stella Terrill Mann

Muchas veces, cuando la gente habla del trabajo creativo, subraya el aspecto estratégico. A los neófitos les aconsejan tácticas maquiavélicas que han de emplear para hacerse un hueco en el mundillo. Yo creo que eso son paparruchas. Si le preguntas a un artista cómo llegó a donde está, no lo describirá como un gran golpe, sino que hablará de una serie de golpes de suerte. «Mil manos amigas», llama Joseph Campbell a estos golpes. Yo los llamo sincronía. Y sostengo que puedes contar con ellos.

Recuerda que la creatividad es una experiencia tribal y que los ancianos de la tribu iniciarán a los jóvenes dotados que se cruzan en su camino. Puede que esto suene como la expresión de un deseo, pero no lo es. A veces un artista mayor sentirá el impulso de ayudar incluso en contra de sus propios deseos. «No sé por qué estoy haciendo esto por ti, pero...». De nuevo yo diría que algunas de las manos amigas son algo más que humanas.

Nos gusta fingir que es difícil conseguir el sueño de nuestra vida. Pero lo cierto es que es complicado no entrar por algunas de las muchas puertas que se nos abrirán. Aparta tu sueño a un lado y volverá a por ti. Estate dispuesto a seguirlo de nuevo y una segunda puerta misteriosa se abrirá de golpe.

El universo es pródigo en apoyos. Nosotros somos rácanos en lo que aceptamos. Miramos el diente de todos los caballos regalados y normalmente los devolvemos.

Decimos que nos asusta el fracaso, pero lo que más nos asusta es la posibilidad del éxito.

Da un pequeño paso en dirección a un sueño y mira cómo se abren las puertas de la sincronía. Ver después de todo es creer. Y si observas los resultados de tus experimentos, no necesitarás creerme a mí. Recuerda la máxima «Salta y aparecerá la red». En su libro *La expedición escocesa al Himalaya*, William H. Murray nos cuenta su experiencia de explorador:

«Hasta que uno no se compromete hay vacilación, la oportunidad de echarse atrás, siempre una ineficacia. En relación con todos los actos de la iniciativa [o de la creación] hay una verdad elemental, cuya ignorancia acaba con innumerables ideas y planes espléndidos: que es en el momento en que uno se compromete definitivamente, cuando la Providencia también se pone en marcha.

Entonces suceden todo tipo de cosas que ayudan a alguien que de otro modo jamás hubiera sucedido. Todo un torrente de acontecimientos surge de la decisión y da lugar a toda clase de incidentes y encuentros y ayuda material en nuestro favor de tal modo que ningún hombre hubiera imaginado que le sucederían».

Si no te fías de Murray —o de mí— tal vez quieras fiarte de Goethe. Hombre de estado, académico, artista, hombre de mundo. Goethe decía esto de la voluntad de la Providencia de colaborar con nuestros esfuerzos:

«Sea lo que sea aquello que pienses que puedes hacer o que creas que puedes hacer, empieza. La acción tiene magia, gracia y poder en sí».

«Los principios auténticos comienzan dentro de nosotros, por más que atraigan nuestra atención a través de oportunidades externas».

William Bridges

Vergüenza

Algunos de vosotros estaréis pensando: «Si fuera tan fácil llevar a cabo una acción, no estaría leyendo este libro». Quienes estamos atenazados por el miedo a la acción solemos sufrir los sabotajes de un enemigo, la vergüenza.

La vergüenza es un mecanismo de control. Avergonzar a alguien es un intento de evitar que esa persona se comporte de una manera que nos abochorne.

Crear una obra de arte puede provocar una sensación muy parecida a contar un secreto familiar. Contar secretos, por su propia naturaleza, conlleva vergüenza y miedo. Implica la pregunta «¿Qué pensarán de mí una vez que sepan esto?». Es un interrogante que da miedo, especialmente si alguna vez nos han hecho sentir vergüenza de nuestra curiosidad y de nuestra búsqueda, ya sea social, sexual o espiritual.

«¿Cómo te atreves?», suelen espetar algunos adultos al niño inocente que se ha topado con un secreto familiar. (¿Cómo te atreves a abrir el joyero de tu madre? ¿Cómo te atreves a abrir el cajón del escritorio de tu padre? ¿Cómo te atreves a abrir la puerta del dormitorio? ¿Cómo te atreves a bajar al sótano, a subir a la buhardilla, a entrar en ese lugar oscuro donde escondemos las cosas que no queremos que conozcas?).

La acción artística expone a la sociedad ante ella misma. El arte saca las cosas a la luz. Nos ilumina. Arroja luz sobre la oscuridad que hay en nosotros. Proyecta un rayo luminoso sobre el corazón de nuestras sombras y dice, «¿ves?».

Cuando la gente no quiere ver algo se enfada con quien se lo enseña. Matan al mensajero. Un niño de una familia de alcohólicos tiene problemas académicos o sexuales. La familia es etiquetada como problemática. El niño siente vergüenza por traer vergüenza a la familia. Pero ¿fue el niño el que trajo la vergüenza? No. El niño sacó a la luz cosas vergonzantes. La vergüenza de la familia es anterior y es la causa de los problemas del niño. «¿Qué pensarán los vecinos?», es un mecanismo para avergonzar cuyo objetivo es prolongar una conspiración enfermiza.

El arte abre los armarios, airea los sótanos y las buhardillas. Trae curación. Pero antes de que una herida pueda curarse debe ser vista, y este acto de exponer la herida al

«El coste de una cosa es la cantidad de lo que yo llamo vida que se necesita como intercambio por ella, ya sea inmediatamente o a largo plazo».

Henry David Thoreau

aire y a la luz, el acto del artista, a menudo recibe una reacción que avergüenza. Las malas críticas son una fuente esencial de vergüenza para muchos artistas, pues lo cierto es que muchas críticas tienen ese objetivo: «¡Qué vergüenza! ¿Cómo te atreves a hacer esa obra de mierda?».

Para el artista que soportó la vergüenza durante su infancia —por cualquier clase de necesidad, cualquier tipo de curiosidad, cualquier expectativa—, ésta puede surgir incluso sin la ayuda de una crítica que la provoque. Si a un niño o a una niña se le hace sentir tonto por creer que tiene talento, el mero acto de terminar una obra de arte estará teñido de vergüenza interna.

Muchos artistas comienzan una obra, les va bien con ella y cuando están llegando a su término les parece que le falta talento. Ya no merece la pena tanto esfuerzo. Para los terapeutas esta repentina oleada de desinterés («No importa») es un mecanismo rutinario utilizado para negar el dolor y evitar la vulnerabilidad.

Los adultos que crecieron en hogares disfuncionales aprenden a utilizar muy bien este mecanismo. Lo llaman distancia, pero en realidad es una gran manera de mostrar insensibilidad.

«Olvidó mi cumpleaños. Bah, bueno, no pasa nada».

Si nuestra vida se desarrolla con este tipo de experiencias, en las que de forma rutinaria no se respeta la necesidad de reconocimiento, enseñará a un niño que reclamar atención es un acto peligroso.

«Traer a casa un hueso invisible» es como una artista en rehabilitación describía su vana búsqueda de un logro lo bastante grande como para obtener la aprobación de su familia. «Independientemente de lo importante que fuera nunca parecía que prestaran demasiada atención. Siempre encontraban que faltaba algo. Todo sobresalientes y un solo notable y era el notable lo que les llamaba la atención».

Es natural que un joven artista intente llamar la atención de sus padres a través de logros, ya sean positivos o negativos. Enfrentados a la ira o a la indiferencia, estos jóvenes aprenden pronto que nunca conseguirán la aprobación paterna por muchos huesos que traigan.

Muchas veces como creadores nos avergonzamos sin razón. De esta vergüenza aprendemos que crear es un error. Una vez que aprendemos esta lección, la olvidamos al instante. La enterramos debajo del *no importa* y la vergüenza pervive mientras espera poder alimentarse de nuevos esfuerzos. El mismo acto de intentar hacer arte provoca vergüenza.

Ésta es la razón por la que muchas películas de estudiantes de cine no se envían nunca a festivales donde podrían ser vistas; por la que buenas novelas son destruidas o viven en cajones de escritorios. Por eso no se dan a leer obras de teatro y por eso buenos actores no van a castings, porque muchos artistas sienten vergüenza a la hora de admitir sus sueños. La vergüenza se vuelve a despertar cuando somos adultos, ya que nuestro artista interior es siempre un niño creativo. Por eso hacer una obra de arte puede hacernos sentir vergüenza.

«Descubriremos la naturaleza de nuestro genio particular cuando dejemos de intentar parecernos a los modelos, ya sean nuestros o de los demás, cuando aprendamos a ser nosotros mismos y permitamos que se abra nuestro canal natural».

Shakti Gawain

No hacemos arte teniendo *in mente* la crítica posterior, pero las preguntas del tipo «¿Cómo te has atrevido?» pueden hacer que un artista se sienta como un niño avergonzado. Un amigo bienintencionado que hace una crítica constructiva a un escritor que empieza bien podría acabar con ese escritor.

Dejadme ser clara. No todas las críticas avergüenzan. De hecho, incluso la crítica más severa, cuando da en el clavo, tiene la capacidad de ser recibida por el artista con un «¡Ajá!» interno, si le muestra un camino de trabajo nuevo y válido. La crítica que hace daño es la que desprecia, menosprecia, ridiculiza o condena. Con frecuencia es malévola pero vaga y difícil de refutar. Ésas son las críticas que hacen daño.

Al sentirse avergonzado por críticas como éstas, un artista puede bloquearse o dejar de enseñar su obra al mundo. Un amigo, un profesor o un crítico perfeccionista —igual que un padre perfeccionista que pone reparos porque faltan comas— puede enfriar el ardor de un joven artista que está aprendiendo a dejarse llevar. Por eso como artistas debemos aprender a ser autoprotectores.

¿Significa esto que mejor que no haya críticas? No. Significa aprender dónde y cuándo buscar las críticas adecuadas. Como artistas, debemos distinguir cuándo son apropiadas las críticas y por parte de quién. No sólo la fuente, sino también el momento es muy importante en este aspecto. Casi nunca es bueno enseñar una primera versión, a no ser que sea a los ojos más amables y con más criterio. Muchas veces hace falta otro artista para ver el trabajo embrionario que pugna por salir. El ojo inexperto o duro, en lugar de nutrir ese brote para que se convierta en planta, puede destruirlo.

«Dado que eres distinto de cualquier otro ser que haya sido creado desde el principio de los tiempos, eres incomparable».

Brenda Ueland

Como artistas no somos capaces de controlar todas las críticas que recibamos. No podemos hacer que los críticos profesionales sean más sanos, más amorosos o más constructivos de lo que son. Pero sí podemos aprender a consolar a nuestro niño artista por las críticas injustas, a encontrar amigos con los que airear nuestro dolor en un entorno protegido, a no negar ni a tragarnos nuestros sentimientos cuando se nos ha destrozado artísticamente.

«He construido mi mundo, y es un mundo mucho mejor de lo que he visto nunca por ahí fuera».

Louise Nevelson

El arte requiere un espacio protegido. Lo ideal es que los artistas lo encuentren primero en su familia, luego en la escuela y por último en una comunidad de amigos o de gente que los apoye. Este ideal rara vez se hace realidad. Como artistas debemos aprender a crear nuestros propios entornos protegidos. Debemos aprender a proteger a nuestro niño artista de la vergüenza. Esto lo hacemos disolviendo nuestras vergüenzas infantiles, poniéndolas sobre el papel y compartiéndolas con otra persona que no nos avergüence.

Al expresar los secretos de nuestro arte que nos avergüenzan y al contarlos a través de él, nos liberamos a nosotros mismos y a los demás de la oscuridad. Esta liberación no siempre es bienvenida.

Debemos aprender que cuando nuestro arte revela un secreto del alma humana, los que lo contemplan pueden intentar avergonzarnos por haberlo hecho.

«¡Es terrible!», son capaces de decir, atacando la obra cuando en realidad la obra está bien. Esto puede provocar mucha confusión. Cuando se nos dice «qué vergüenza» y la sentimos debemos reconocer esta vergüenza como una recreación de bochornos infantiles.

«Yo sé que ese trabajo es bueno... pensé que era bueno... ¿Pude haberme engañado a mí mismo?... A lo mejor ese crítico tiene razón... ¿Cómo tiene la osadía de pensar...?». Y empieza la espiral descendente.

En esos momentos debemos ser muy firmes con nosotros mismos y no caer en la primera duda. Sencillamente no podemos permitir que se asiente ese primer pensamiento negativo. Aceptar la primera duda es como tomar la primera copa para un alcohólico. Una vez entra en nuestro sistema, la duda acogerá a otra duda, y ésta a otra más... Los pensamientos de duda pueden ser detenidos, pero hace falta mantenerse alerta. «A lo mejor ese crítico tenía razón...». Y, bang, tenemos que entrar en acción: «Eres un buen artista, un artista valiente, lo estás haciendo bien. Es bueno que hayas hecho el trabajo...».

Cuando se estrenó *God's Will*, la película romántica que yo dirigí, en Washington D.C., fue para mí como volver a casa. Mi primer trabajo como periodista había sido para el *Washington Post*. Me esperaba una acogida tipo chica-de-la-ciudad-a-la-que-le-ha-ido-bien. Pero en las críticas publicadas antes del estreno, no la tuve.

«Lo que no me mata me hace más fuerte».

Albert Camus

El *Post* envió a una joven que vio una película sobre la gente del teatro y luego escribió que era sobre la gente del cine. Añadió que la mayor parte de mis diálogos habían sido plagiados de *Casablanca*. Yo me preguntaba qué película habría visto; no la que yo había hecho. Mi película tenía unos cuarenta chistes sobre el teatro y un chiste de una sola línea sobre *Casablanca*. Ésos eran los hechos, pero no me sirvieron de nada.

Me sentí abochornada. Avergonzada. (Casi) me quería morir. Como el antídoto de la vergüenza es el amor por uno mismo y los elogios a uno mismo, eso fue lo que hice. Me fui de paseo por Rock Creek Park. Recé. Me hice una lista de elogios pasados y de buenas críticas. No me dije a mí misma «No importa». Pero sí le dije a mi yo artista: «Sanarás». Y aparecí en mi estreno. Fue mucho mejor que las críticas del preestreno.

Tres meses más tarde mi película fue escogida por un prestigioso festival europeo. Me ofrecieron pagarme el billete para viajar hasta allí, pagarme los gastos, exhibir mi película. Yo vacilé. El bochorno de Washington había hecho su lenta y venenosa labor. Me daba miedo ir. Pero sabía que no podía negarme. Mis años dedicados a la rehabilitación artística me habían enseñado que simplemente había que presentarse. Cuando lo hice mi película se vendió a un gran precio y se ganó un titular en *Variety*. Comparto el titular porque no se me escapó la ironía. Decía: «*La Voluntad de Dios*, éxito en Múnich».

Es «voluntad de Dios» que seamos creativos.

Gestionar las críticas

Es importante que seamos capaces de distinguir las críticas útiles de las otras. Muchas veces necesitamos ser nosotros mismos quienes hagamos la distinción, sin el beneficio de una defensa pública. Como artistas somos mucho más capaces de hacer estas distinciones de lo que la gente pudiera pensar. Las críticas directas, si son agudas, dan con frecuencia al artista una sensación interna de alivio: «¡Ah, ajajá! Así que es eso lo que le pasa». Al final las críticas útiles nos dan una pieza más del puzle de nuestra obra.

> «Las palabras que iluminan el alma son mucho más preciosas que las joyas».
>
> Hazrat Inayat Khan

Las críticas inútiles, por otro lado, nos dejan con la sensación de haber sido vapuleados. Por regla general tienen un tono fulminante que avergüenza; su contenido es ambiguo y sus condenas son personales, imprecisas o globales. No hay nada que extraer de las críticas irresponsables.

Estás lidiando con un niño interior. El abuso artístico de un niño provoca una rebelión que genera un bloqueo. Lo único que se puede hacer con las críticas abusivas es curarse de las heridas que ocasionan.

Hay ciertas reglas para el camino que son útiles a la hora de enfrentarse con cualquier forma de crítica.

1. Recibe todas las críticas completas y de una sola vez.
2. Toma nota de los conceptos o las frases que te molesten.
3. Toma nota de los conceptos o las frases que te resulten útiles.
4. Haz algo muy gratificante para ti, como leer una crítica positiva del pasado o recordar un elogio.
5. Recuerda que incluso si has hecho una obra de arte realmente horrible puede que sea un paso *necesario* para tu siguiente obra. El arte madura de forma espasmódica y *precisa* de etapas de crecimiento tipo patito feo.
6. Mira la crítica de nuevo. ¿Te recuerda a alguna crítica de tu pasado, alguna crítica de tu infancia particularmente vergonzante? Admite en tu fuero interno que la crítica actual está despertando el dolor de una antigua herida.
7. Escribe una carta al crítico (probablemente para no enviarla). Defiende tu trabajo pero trata de reconocer cualquier aspecto que te resulte útil de la crítica que profirió.
8. Vuelve a cabalgar. Asume el compromiso inmediato de hacer algo creativo.
9. Hazlo. La creatividad es la única cura para la crítica.

Trabajo detectivesco, un ejercicio

> «Los artistas que buscan perfección en todas las cosas son aquellos que no pueden alcanzarla en nada».
>
> Eugène Delacroix

Mucha gente bloqueada posee en realidad una personalidad muy poderosa y creativa, a la que han hecho sentirse culpable por su fuerza y su talento. No son reconocidos, pero son utilizados como baterías por sus familias y amigos, que se toman la libertad tanto de hacer uso de su energía creativa como de despreciarla. Cuando estos artistas bloqueados luchan por romper sus ataduras con estas relaciones disfuncionales, a menudo se les pide que sean sensatos, cuando tal consejo no es apropiado para ellos. Se les hace sentir culpables por su talento y, en consecuencia, muchas veces esconden su propia luz bajo un celemín* por miedo a hacer daño a los demás. Y al hacerlo se hieren a ellos mismos.

Hay que hacer un poco de memoria para compensar a las personas a las que nosotros mismos hemos abandonado. Al completar las siguientes frases, puede que sientas emociones fuertes porque tal vez recuperes recuerdos o fragmentos perdidos de ti mismo. Permítete hacer asociaciones libres de una frase, y así con cada oración.

1. Mi juguete favorito de la infancia era...
2. Mi juego preferido de la infancia era...
3. La mejor película que vi de pequeño fue...
4. No lo hago muy a menudo pero disfruto con...
5. Si me pudiera relajar un poco, me permitiría...
6. Si no fuera demasiado tarde, yo...
7. Mi instrumento musical favorito es...
8. La cantidad de dinero que me gasto al mes en mi ocio es...
9. Si no fuera tan rácano con mi artista le compraría...
10. Tomarme mi propio tiempo es...
11. Tengo miedo de que si empiezo a soñar...
12. Secretamente disfruto leyendo...
13. Si hubiera tenido una infancia ideal habría crecido para ser...
14. Si no sonara tan disparatado, escribiría o haría...
15. Mis padres piensan que los artistas son...
16. Mi Dios piensa que los artistas son...

«Toma tu vida en tus propias manos y ¿qué sucede? Algo terrible: no hay a quien echarle la culpa».

Erica Jong

* Referencia a Lucas 8, 16-17; 11, 33: «Nadie enciende una lámpara y la pone en sitio oculto, ni bajo el celemín, sino sobre el candelero para que los que entren vean el resplandor». *(N. de las T.)*

17. Lo que me hace sentir raro de esta rehabilitación es...
18. Aprender a confiar en mí es probablemente...
19. La música que más me anima es...
20. La forma de vestir que más me gusta es...

Crecimiento

El crecimiento es un movimiento errático hacia delante: dos pasos adelante, uno hacia atrás. Recuérdalo y sé amable contigo. Una rehabilitación creativa es un proceso de curación. Eres capaz de grandes cosas un martes, pero puede que el miércoles vayas para atrás. Es normal. El crecimiento se produce a rachas. A veces estarás como dormido. No te desanimes. Piensa que es un descanso. En muchas ocasiones, una semana de perspicacia se verá seguida por una semana de pereza. Parecerá que las páginas matutinas no tienen sentido. *Lo tienen.* Lo que estás aprendiendo, al escribirlas aunque estés cansado o parezcan aburridas es a descansar sobre la página. Esto es muy importante. Los corredores de maratón recomiendan que se apunten diez millas lentas por cada milla rápida. Lo mismo vale para la creatividad.

En este sentido *tómatelo con calma* es en realidad un *modus operandi*. Significa «con calma se consigue». Si te acostumbras a la práctica de escribir tres páginas cada mañana y a hacer algo amable por ti todos los días, empezarás a notar una cierta ligereza de corazón.

Practica el ser amable contigo mismo mediante cosas pequeñas y concretas. Mira en tu nevera: ¿te estás dando bien de comer? ¿Tienes calcetines? ¿Y un juego extra de sábanas? ¿Qué tal una nueva planta para tu casa? ¿Un termo para el largo trayecto hasta el trabajo? Atrévete a deshacerte de algunas prendas viejas y raídas. No hace falta que lo guardes todo.

La expresión «Dios ayuda a quienes se ayudan a sí mismos» puede adquirir un significado nuevo y muy

«Existe una potencia, una fuerza vital, una energía, una animación, que se traduce en acción en ti, y como de tu persona sólo hay uno en toda la historia del tiempo, esta expresión es única. Y si la bloqueas, nunca existirá a través de ningún otro medio y se perderá».

Martha Graham

diferente. Mientras que en el pasado se traducía como «Dios ayuda sólo a quienes se ganan su ayuda», ahora vendrá a designar ese asombroso número de pequeños regalos gratuitos que el Creador arroja sobre quienes se están regalando pequeñas cosas a sí mismos. Si haces al día una cosa buena por ti mismo, Dios hará dos más. No te pierdas el apoyo y el ánimo que pueden llegarte de lugares insospechados. Ábrete a la posibilidad de recibir regalos a través de canales inesperados: entradas gratuitas, un viaje gratis, una invitación a cenar, un sofá antiguo pero que es nuevo para ti. Practica decir que sí a tales ayudas.

Los que tengáis inclinaciones científicas tal vez queráis hacer una buena y exhaustiva lista de la ropa que os gustaría tener. Muchas veces esas prendas llegarán a tus manos a una velocidad desconcertante. Inténtalo simplemente. Experimenta.

Más que ninguna otra cosa experimenta con la soledad. Necesitarás comprometerte a pasar tiempo en silencio. Intenta adquirir el hábito de conectar contigo mismo. Varias veces al día tómate un momento y pregúntate cómo te sientes. Escucha tu respuesta. Responde con amabilidad. Si estás haciendo algo muy difícil, prométete que después te tomarás un descanso y te darás un capricho.

Sí, te estoy pidiendo que te mimes. Creemos que para ser artistas hay que ser duros, cínicos e intelectualmente fríos. Dejad eso para los críticos. Como ser creativo serás más productivo cuando te sientas fascinado que cuando te sientas acosado.

Tareas

1. Describe la habitación de tu infancia. Si quieres, puedes dibujar esta habitación. ¿Qué era lo que más te gustaba de aquel cuarto? ¿Qué es lo que más te gusta de tu habitación actual? ¿Nada? Bueno, pues mete ahí

dentro algo que te guste (tal vez algo de esa antigua habitación infantil).

2. Describe cinco rasgos de ti mismo cuando eras niño.
3. Haz una lista de cinco logros de tu infancia (todo sobresalientes en séptimo, entrenar al perro, ganar a puñetazos al abusón de la clase, hacer la petaca en la cama del cura).

   Y un capricho: haz una lista de tus cinco comidas favoritas en la infancia. Cómprate una de ellas esta semana. Sí, también vale gelatina con plátanos.
4. Costumbres: examínalas. Muchas de ellas pueden interferir en tu propia nutrición artística y provocar vergüenza. Hay cosas rarísimas que son autodestructivas. ¿Tienes la costumbre de ver algo en la tele que no te gusta? ¿Tienes por costumbre pasar el rato con un amigo verdaderamente aburrido sólo por matar el tiempo (¡menuda expresión!)? Algunas malas costumbres son obvias y patentes (beber demasiado, fumar, comer en lugar de escribir). Haz una lista de tres malas costumbres. ¿En qué medida te compensa seguir con ellas?

   Algunas malas costumbres son más sutiles (no tener tiempo para hacer ejercicio, no tener tiempo para rezar, estar siempre ayudando a los demás, no nutrirse a uno mismo, relacionarte con gente que menosprecia tus sueños). Haz una lista de tres de tus enemigos sutiles. ¿Cómo se manifiestan estos sabotajes? Sé específico.
5. Haz una lista de amigos que te nutren, es decir, que te dan seguridad en tu propia capacidad y en tus posibilidades (y no los confundas con esos que te transmiten la idea de que nunca lo harás bien sin su ayuda. Hay una gran diferencia entre ser ayudado y ser tratado como si fueras incapaz). Haz una lista de tres amigos nutritivos. ¿Qué rasgos suyos en concreto te resultan más útiles?
6. Llama a un amigo que te trate como si fueras una persona realmente buena y brillante, capaz de lograr

«Cuando tengo que elegir entre dos males, siempre me gusta probar el que no he probado antes».

Mae West

cosas. Parte de tu rehabilitación es llamar para pedir apoyo. Este apoyo será crucial a medida que asumas nuevos riesgos.

7. Brújula interna: cada uno de nosotros tiene una. Es un instinto que nos indica la dirección más saludable. Nos advierte cuando estamos en terreno peligroso y nos indica cuándo algo es seguro y bueno para nosotros. Las páginas matutinas son una manera de ponerse en contacto con ella. También lo son otras actividades del cerebro de artista: pintar, conducir, caminar, limpiar, correr. Esta semana tómate una hora para seguir a tu brújula interna, haciendo una actividad del cerebro artista y *escuchando* los hallazgos que afloran a la superficie.
8. Haz una lista de cinco personas a las que admiras. Ahora haz una lista de cinco personas a las que admiras en secreto. ¿Qué rasgos tienen estas personas que tú podrías cultivar más en ti mismo?
9. Haz una lista de cinco personas que desearías haber conocido y que han muerto. Ahora haz una lista de cinco personas fallecidas con las que te gustaría pasar un rato en la eternidad. ¿Qué rasgos encuentras en estas personas que puedas buscar en tus amigos?
10. Compara los dos grupos de listas. Fíjate en aquello que realmente te gusta y admiras, y fíjate en lo que crees que debería gustarte y deberías admirar. Tus *deberías* pueden estarte diciendo que admires a Edison cuando tu corazón pertenece a Houdini. Escoge tu lado Houdini durante un rato.

«El trabajo creativo es un juego. Es especulación libre, utilizando los materiales del género elegido».

STEPHEN NACHMANOVITCH

«La creatividad es ver algo que no existe de antemano. Tienes que descubrir la manera de darle vida y de esa manera convertirte en compañero de juegos de Dios».

MICHELE SHEA

REGISTRO

1. ¿Cuántos días a la semana has hecho tus páginas matutinas? ¿Qué tal la experiencia? Si te has saltado un día, ¿por qué ha sido?

2. ¿Has tenido esta semana tu cita con el artista? (Sí, sí, y ha sido *horrible*). ¿Qué has hecho? ¿Cómo te has sentido?
3. ¿Has experimentado sincronía esta semana? ¿Qué ha pasado?
4. ¿Ha habido algún otro asunto esta semana que consideres significativo para tu rehabilitación? Descríbelo.

SEMANA 4

Esta semana puede que te enfrentes a una cambiante definición de ti mismo. Los textos, tareas y ejercicios están diseñados para lanzarte a una introspección productiva y a una integración de tu nueva autoconsciencia. Posiblemente lo encuentres muy difícil y al mismo tiempo extremadamente emocionante. Advertencia: ¡no te saltes la herramienta de privación de la lectura!

Recuperar una sensación de integridad

Cambios honestos

Al trabajar en las páginas matutinas empezamos a distinguir nuestros sentimientos *reales*, que muchas veces son secretos, de nuestros sentimientos oficiales, los que constan en acta y son de dominio público. Con frecuencia los oficiales van marcados por la frase «Eso [haber perdido el trabajo, que ella salga con otro, la muerte de mi padre...] lo llevo bien».

¿Qué queremos decir con «lo llevo bien»? Las páginas matutinas nos obligan a ser específicos. ¿«Lo llevo bien» significa resignarse, aceptarlo, acomodarse, distanciarse, mostrarnos insensibles, tolerantes, felices o satisfechos? ¿Qué significa?

Bien es una palabra que para la mayoría de nosotros lo engloba todo. Cubre toda clase de sentimientos escurridizos y con frecuencia señala una pérdida. De cara a la galería nos sentimos bien, pero ¿es cierto?

En la raíz de una rehabilitación creativa de éxito está el compromiso de pinchar la burbuja de nuestra negación, de dejar de decir «está bien» cuando en realidad no lo está. Las páginas matutinas nos presionan para que respondamos qué más nos pasa.

En los años que llevo observando a gente trabajar con las páginas matutinas he notado que muchos tienden a descuidar o a abandonar sus páginas cada vez que una clarividencia desagradable está a punto de emerger. Si estamos, por ejemplo, muy enfadados pero no lo admitimos, estaremos tentados a decir que «llevamos bien tal cosa». Las páginas matutinas no nos permiten este tipo de evasivas. Así que tratamos de evitarlas.

Si tenemos la extraña sensación de que nuestro amante no está siendo del todo honesto con nosotros, las páginas matutinas son susceptibles de despertar esa siniestra posibilidad y con ella la responsabilidad de una conversación que nos desestabilice. Y en lugar de enfrentarnos a este conflicto seremos un desastre a la hora de hacer las páginas matutinas.

«Cada cuadro tiene su propia manera de evolucionar... Cuando el cuadro está terminado es cuando el tema del mismo se revela».

William Baziotes

Por el contrario, si de repente estamos locamente enamorados, las páginas matutinas pueden convertirse en una amenaza. No queremos pinchar la frágil y brillante burbuja de nuestra felicidad. Queremos seguir perdidos en el mar de un nosotros feliz, en lugar de recordar que hay un yo en el nosotros (o un ojo en el nosotros)* que por el momento está ciego.

En resumen, las emociones extremas de cualquier tipo —para cuyo proceso son perfectas, precisamente las páginas matutinas— son desencadenantes habituales para evitar las páginas mismas.

De igual forma que un atleta acostumbrado a correr está más irascible cuando no puede hacer sus kilómetros, aquellos de nosotros que ya estemos habituados a las páginas matutinas notaremos cierta irritabilidad cuando las desatendamos. Tenemos siempre la tentación de dar la

---

* Juego de palabras intraducible entre «I» (yo) y «eye» (ojo), dos palabras que se pronuncian igual. *(N. de las T.)*

vuelta a la causa y al efecto: «No las escribí porque estaba de mal humor»; en lugar de: «No las escribí, así que estoy de mal humor».

A lo largo de un considerable periodo de tiempo las páginas matutinas realizan un ejercicio de quiropráctica espiritual. Reajustan nuestros valores. Si estamos demasiado a la derecha o demasiado a la izquierda de nuestro crecimiento personal, las páginas señalarán la necesidad de ajustar la dirección. Adquiriremos conciencia de nuestra deriva y la corregiremos (aunque sólo sea para que las páginas se callen).

«Sé fiel a ti mismo», dicen las páginas, al tiempo que te señalan abiertamente. Fue en las páginas donde Mickey, una pintora, se dio cuenta por primera vez de que quería escribir comedia. ¡Por eso todos sus amigos eran escritores! Porque ella también lo era.

Chejov recomendaba: «Si quieres trabajar en tu arte, trabaja en tu vida». Es otra forma de decir que para expresarnos a nosotros mismos primero debemos tener un nosotros que expresar. De eso tratan las páginas matutinas: «Yo, yo mismo, me siento así... y así... y así... Nadie tiene por qué estar de acuerdo conmigo, pero esto es lo que *yo* siento».

El proceso de identificarnos con un *yo* implica, de forma inevitable, tanto pérdidas como ganancias. Descubrimos nuestras fronteras, y esas fronteras, por definición, nos separan de nuestros iguales. A medida que vamos clarificando nuestras percepciones, perdemos falsas concepciones. A medida que eliminamos ambigüedad también eliminamos ilusión. Llegamos a la claridad, y la claridad crea cambio.

«Este trabajo se me ha quedado pequeño» es una frase que puede aparecer en las páginas matutinas. Al principio esta percepción resulta problemática. Con el tiempo se convierte en una llamada a la acción y luego en un plan de acción.

«Este matrimonio no me funciona», dicen las páginas matutinas. Y después: «¿Qué tal si vamos a terapia de pa-

«Elimina algo superfluo de tu vida, rompe un hábito, haz algo que te haga sentir inseguro».

Piero Ferrucci

rejas?». Y después: «¿Me pregunto si no estaré aburrido de mí mismo?».

Además de plantear problemas las páginas también pueden ofrecer soluciones: «Sí que estoy aburrido conmigo mismo. Sería divertido aprender francés» o «Acabo de ver a dos calles de aquí un anuncio de clases de modelaje con arcilla y fibra. Suena interesante».

Al ir dándonos cuenta de cuáles son los amigos que nos aburren o las situaciones que nos resultan agobiantes, muchas veces nos invaden oleadas de tristeza. ¡Queremos que nos devuelvan nuestras ilusiones! Queremos fingir que la amistad funciona. No queremos pasar por el trauma de buscar otro trabajo.

Enfrentados a cambios inminentes, a cambios que se han puesto en marcha por nuestra propia mano, queremos amotinarnos, ponernos en posición fetal, llorar hasta que nos duelan los ojos. «Sin dolor no hay ganancia», dice la ácida sabiduría popular. Y este dolor nos molesta, no nos importa el beneficio que nos esté reportando.

«¡No quiero elevar mi conciencia!», clamamos, «lo que quiero es...». Y gracias a las páginas matutinas descubrimos lo que queremos y finalmente llegamos a tener la voluntad de poner en marcha los cambios necesarios para conseguirlo. Pero no sin rabieta. Y no sin *kriya*, una palabra sánscrita que significa emergencia o rendición espiritual. (Yo siempre me imagino las *kriyas* como ataques espirituales. A lo mejor habría que cambiar la ortografía a «grillas» porque son como si el alma gritara, aplastada por los cambios).

Todos sabemos el aspecto que tiene una *kriya:* es una gripe mala después de haber roto con tu amante. Es ese horrible catarro de cabeza y de bronquios que anuncia que has abusado de tu salud por cumplir con un plazo de trabajo imposible. ¿Ese ataque de asma inesperado que te llega cuando acabas de pasar una temporada cuidando de tu hermano alcohólico? Eso también es una *kriya*.

Siempre son significativas, muchas veces son psicosomáticas y son el insulto final que la psique añade a nuestras heridas. «¿Lo has entendido?», es lo que una *kriya* te está preguntando.

Entiéndelo:

— No puedes seguir con ese amante que abusa de ti.

— No puedes seguir en un trabajo que te exige una semana de 80 horas.

— No puedes rescatar a un hermano que necesita salvarse a sí mismo.

En los grupos de rehabilitación de doce pasos a las *kriyas* se las suele llamar *rendiciones*. Se dice a los asistentes que *lo dejen ir*. Y lo harían si supieran qué es eso a lo que se están aferrando. Con las páginas matutinas bien establecidas y unas citas con el artista activas la radio tiene un 50 por ciento de posibilidades de conectarse al mensaje que estás enviando/recibiendo. Las páginas reúnen a los sospechosos habituales. Mencionan las pequeñas heridas que preferimos ignorar, los grandes éxitos que no reconocemos. En resumen, las páginas matutinas señalan el camino hacia la realidad: así es como te sientes, ¿qué vas a hacer con todo esto?

«Deja de pensar y de hablar de ello y no habrá nada que no seas capaz de saber».

Paradigma Zen

Y lo que hacemos con todo esto muchas veces es arte.

En general, la gente cree que la vida creativa está basada en fantasías. Pero la verdad es mucho más difícil: la creatividad está basada en la realidad, en lo particular, en lo que está bien enfocado, bien observado o imaginado en toda su especificidad.

A medida que perdemos la vaguedad sobre nosotros mismos, nuestros valores y nuestra situación vital, nos vamos poniendo a disposición del momento presente. Es aquí, en lo particular, donde conectamos con el yo creativo. Hasta que no experimentamos la libertad de la soledad, no podremos conectar de verdad. Puede que estemos en camino, pero aún no nos habremos encontrado.

El arte se halla en el momento de ese encuentro: conocemos nuestra verdad y nos conocemos a nosotros mismos y conocemos nuestra expresión. Nos volvemos originales porque nos convertimos en algo específico: un origen del que fluye la obra.

A medida que ganamos —o recuperamos— nuestra identidad creativa, perdemos ese yo falso que sustentamos. Pero la pérdida de este falso yo puede resultar traumática: «Ya no sé quién soy. No me reconozco a mí mismo».

Recuerda que cuanto más sientas que estás en *terra incognita*, más seguro puedes estar de que el proceso de rehabilitación funciona. Tú eres tu propia tierra prometida, tu nueva frontera.

Los cambios de identidad vienen acompañados la mayor parte de las veces por cambios de gusto y de percepción. Una de las señales más claras de que está sucediendo algo saludable es el impulso de limpiar, organizar y descartar ropa, papeles y viejas pertenencias. «Esto ya no lo necesito», nos decimos al echar a la pila de ropa para dar una vieja camisa que simboliza tu baja autoestima; «Estoy harto de esta cómoda desvencijada, con sus dieciséis capas de pintura», nos decimos, y la cómoda se va a la Beneficencia.

«Todas las artes que practicamos son aprendizajes. El arte verdaderamente grande es nuestra vida».

Mary Caroline Richards

Al deshacernos de lo viejo y de lo que ya no funciona hacemos hueco para algo nuevo y más conveniente. Un armario lleno de ropa vieja no invita a que llegue ropa nueva; en una casa a rebosar de chismes y cositas y detallitos que has ido guardando por si acaso, no hay espacio para las cosas que realmente podrían dar brillo al día de hoy.

«No es porque las cosas sean difíciles por lo que no nos atrevemos con ellas; es porque no nos atrevemos con ellas por lo que son difíciles».

Séneca

Cuando tengas el impulso de buscar y descartar, es que han entrado en acción dos corrientes cruzadas: el viejo yo se marcha y lo lamenta, mientras que el nuevo yo lo celebra y se fortalece. Como en cualquier ruptura, hay tanto de tensión como de alivio. Una larga depresión se resquebraja como una banquisa y esos sentimientos que llevaban tanto tiempo congelados se derriten, se funden, forman cascadas, provocan inundaciones y muchas veces desbordan su contenedor, que eres tú. Puede que te sientas volátil y veleta. Es que lo estás.

Tienes que estar preparado para ataques de llanto y de risa. Cierta sensación de vértigo puede venir acompañada de puñaladas repentinas de sensación de pérdida. Piensa en ti como en la víctima de un accidente que se aleja caminando del lugar del siniestro: tu vieja vida ha sufrido un choque y ha ardido; tu nueva vida aún no se ha hecho evidente. Puede que por un tiempo sientas que te falta el vehículo. Limítate a seguir adelante a pie.

Si esta descripción suena dramática es sólo porque quiere prepararte para posibles pirotecnias emocionales. Puede que no las sufras. Es posible que tus cambios sean más bien como movimientos de nubes, de lo más cubierto a lo parcialmente nuboso. Es importante que sepas que con independencia de la forma que adquiera tu crecimiento, existe otro tipo de cambio, más lento y sutil que se acumula a diario, ya sientas su presencia o no.

«A mí no me está pasando nada dramático. Creo que el proceso no está funcionando», me dijo una vez alguien que, desde mi punto de vista, estaba transformándose a la velocidad de la luz. La analogía que utilizo supone que, una vez que nos implicamos en el proceso de las páginas matutinas y las citas con el artista, empezamos a movernos a tal velocidad que ni nos damos cuenta del ritmo que llevamos. Igual que quienes viajan en un avión a reacción no suelen darse cuenta de su velocidad a no ser que topen con turbulencias, los que viajan por el camino del artista tampoco suelen darse cuenta de la velocidad de su crecimiento. Es una forma de negación que puede tentarnos a abortar el proceso de rehabilitación que «no nos está pasando». Sí está pasando.

Cuando nos hemos comprometido con nuestro creador interno para curarnos empiezan a producirse muchos cambios y modificaciones en nuestras actitudes. Enumero aquí algunas porque al principio muchas de ellas no se reconocen como parte de la curación. Como mucho resultan excéntricas.

«Para ser realmente inmortal, una obra de arte debe escapar de todos los límites humanos: la lógica y el sentido común sólo interfieren. Pero una vez se han roto estas barreras, entrará en los reinos de las visiones y de los sueños de la infancia».

Giorgio de Chirico

Habrá un cambio en las pautas de tu energía. Tus sueños se harán más fuertes y más claros, tanto de noche como de día. Te descubrirás recordando tus sueños nocturnos y durante el día muchas ensoñaciones te llamarán la atención. Comenzará a surgir la fantasía, una ficción de naturaleza benigna e inesperada.

Muchas áreas de tu vida que antes parecían encajar dejarán de hacerlo. La mitad de tu armario empezará a parecerte raro. Puede que decidas retapizar un sofá o deshacerte de él. Tus tendencias musicales podrán cambiar. Puede incluso que de repente te dé por cantar, por bailar o echar a correr.

Puede que tu propia sinceridad te resulte desconcertante. «Eso no me gusta», es una frase que empezará a salir de tu boca; o «Eso me parece estupendo». En resumen, tus gustos, tus juicios y tu identidad personal empezarán a salir a flote.

Lo que has estado haciendo es limpiar el espejo. Las páginas matutinas de cada día pasan una gamuza por el cristal empañado que has mantenido entre tu persona y tu yo real. A medida que tu propia imagen vaya resultando más clara, puede que te sorprenda. Puede que descubras filias y fobias que no habías reconocido. Cariño por los cactus (¿entonces por qué tengo tantas macetas con hiedra?); que el marrón no te gusta (¿entonces por qué me pongo tanto ese jersey si no me siento cómodo con él?).

Al estar condicionados para aceptar las descripciones que otros hacen de nosotros mismos, cuando emerge nuestra individualidad puede que nos parezca que estamos enloqueciendo de forma voluntaria. No es así. La morfología del copo de nieve de tu alma está emergiendo. Cada uno de nosotros es un individuo creativo único. Pero a menudo empañamos esa unicidad con azúcar, alcohol, drogas, exceso de trabajo, falta de ocio, malas relaciones, sexo tóxico, poco ejercicio, demasiada televisión, poco sueño: muchas y variadas formas de comida basura para el alma. Las páginas matutinas nos ayudan a ver esas manchas en nuestra conciencia.

Si observas la temporada en la que has estado haciendo tus páginas matutinas, verás que han llegado muchos cambios a tu vida como resultado de tu disposición a hacer sitio a tu actividad como creador. Habrás notado una creciente, y a veces desconcertante, sensación de energía personal, algunas explosiones de ira, algunos fogonazos de clarividencia. Tal vez la gente y los objetos hayan adquirido un significado diferente para ti. Habrá una sensación de corriente de vida, de que te abres a nuevas visiones a medida que te dejas llevar por el flujo de Dios. Esto será evidente.

«El centro que no soy capaz de hallar sí es conocido por mi mente inconsciente».

Wystan Hugh Auden

«Todo lo que necesitas hacer para recibir consejo es pedirlo y después escuchar».

Sanaya Roman

Puede que estés experimentando una sensación tanto de perplejidad como de fe. Ya no estás atascado, pero no sabes hacia dónde vas. Puede que sientas que no vas a poder aguantar ese ritmo. Puede que añores la época en la que no había sensación alguna de posibilidad, cuando te sentías más víctima, cuando no te dabas cuenta de la cantidad de cosas que podías hacer para mejorar tu propia vida.

Es normal que ansíes un poco de descanso cuando te estás moviendo tan deprisa. Lo que aprenderás es a descansar en movimiento, como si te tumbaras sobre la proa de un barco. Tus páginas matutinas son el barco. Te conducirán hacia delante, además de darte un lugar donde recuperarte de tanto avance.

Nos resulta difícil darnos cuenta de que este proceso de penetrar en el interior y escribir unas páginas puede abrirnos una puerta dentro a través de la que nuestro creador nos ayuda y nos guía. Nuestra voluntad abre de golpe esa puerta interior. Y las páginas matutinas simbolizan nuestra disponibilidad para hablar con Dios. Nos llevan a muchos otros cambios que también vienen de Dios y que nos dirigen hacia Dios. Es la mano de Dios moviéndose en tu mano mientras escribes. Una mano muy poderosa.

Una técnica que puede resultar muy reconfortante en este punto es utilizar tus páginas matutinas —o parte de ellas— para escribir afirmaciones sobre tu progreso.

«Ponlo por escrito», decimos cuando estamos haciendo un trato.

Poner por escrito el trato al que estamos llegando con nuestro creador tiene un poder especial. «Recibo tus bienes voluntariamente» y «que sea lo que tú quieras» son dos afirmaciones cortas que al escribirlas por la mañana nos recuerdan que debemos estar abiertos durante todo el día a mayores beneficios.

«Confío en mis percepciones», es otra afirmación poderosa que utilizamos mientras experimentamos cambios en nuestra identidad, «un yo más fuerte y más claro está emergiendo».

Escoge afirmaciones según las necesites. Al excavar tus sueños enterrados has de tener la seguridad de que tales exploraciones son válidas: «Recupero mi identidad y disfruto de ella».

Sueños enterrados, un ejercicio

Como creadores en rehabilitación a menudo tenemos que excavar en nuestro pasado para encontrar los pedazos de nuestros sueños y placeres enterrados. Cava un poquito, por favor. Sé rápido y frívolo. Éste es un ejercicio de espontaneidad, así que asegúrate de escribir las respuestas deprisa: la velocidad mata al Censor.

1. Haz una lista de cinco hobbies que te parecen divertidos.
2. Haz una lista de cinco clases a las que te parecería divertido apuntarte.
3. Haz una lista de cinco cosas que tú no harías pero parecen divertidas.
4. Haz una lista de cinco habilidades que sería divertido tener.
5. Haz una lista de cinco actividades que te divertía hacer.
6. Haz una lista de cinco banalidades que te gustaría probar alguna vez.

Como tal vez te hayas dado cuenta llegado a este punto de tu trabajo, nos enfrentaremos a determinados problemas desde distintos ángulos y todos dirigidos a extraer más información de tu inconsciente sobre aquello de lo que tal vez disfrutes de forma consciente. El ejercicio que viene a continuación te enseñará muchísimo sobre ti mismo, además de que te dará algo de tiempo libre para disfrutar de esas cosas que acabas de anotar.

Privación de lectura

Si te sientes atascado en tu vida o en tu arte, pocos empujones son más efectivos que una semana de *privación de lectura*.

¿Nada de leer? Efectivamente: nada de leer. Para la mayoría de los artistas las palabras son como pequeños tranquilizantes. Nos tragamos una cuota diaria de charla mediática que, como la comida grasienta, nos atasca el sistema: si nos pasamos, nos sentimos como si estuviéramos fritos.

Es una paradoja, pero al vaciar nuestra vida de distracciones en realidad estamos llenando el pozo. Sin distracciones nos vemos obligados a lanzarnos de nuevo al mundo sensorial. Sin periódico que nos sirva de escudo, un viaje en tren se convierte en un centro de observación. Sin novela en la que sumergirnos (y sin una televisión para adormecernos), una tarde se convierte en una vasta sabana en la que se reorganizan tanto los muebles como las ideas preconcebidas.

«Siempre estamos haciendo algo, hablando, leyendo, escuchando la radio, planeando lo próximo. La mente se mantiene todo el día insistentemente ocupada en cosas externas fáciles y poco importantes».

Brenda Ueland

La privación de lectura nos lanza a nuestro silencio interior, un espacio que algunos de nosotros empezamos a llenar de inmediato con nuevas palabras: largas conversaciones llenas de cotilleos, panzadas de televisión, la radio como una compañera constante y charlatana. Muchas veces no somos capaces de escuchar nuestra voz interior, el sonido de nuestra inspiración como artistas, por encima del ruido blanco. Al practicar la privación de lectura tenemos que estar alertas contra esos otros elementos contaminantes. Envenenan el pozo.

Si vigilamos la entrada de materiales y la mantenemos al mínimo, seremos recompensados por nuestra privación de lectura a tal velocidad que hasta produce pudor. La recompensa será un nuevo flujo hacia fuera. Nuestro arte, nuestros pensamientos y nuestros sentimientos empezarán a echar a un lado los sedimentos del bloqueo, a aflojarlos y a moverlos hacia la superficie hasta que por fin nuestro pozo fluya con libertad.

La privación de lectura es una herramienta poderosa y da mucho miedo. Incluso pensar en ello puede despertar una gran ira. Para la mayoría de los creadores bloqueados, la lectura es una adicción. Nos zampamos las palabras de otros en lugar de digerir nuestros propios pensamientos y sentimientos, en lugar de cocinar algo propio.

En mis clases, la semana que encargo privación de lectura siempre es una semana dura. Salgo al encerado sabiendo que voy a convertirme en el enemigo. Doy la noticia de que no se va a leer nada y luego me amarro al palo de la vela para aguantar las olas de antagonismo y sarcasmo que se van a suceder. Por lo menos uno de los estudiantes siempre tiene a bien explicarme —con intención, sin ambigüedades— que él o ella es una persona muy importante y ocupada con deberes y obligaciones que incluyen la lectura. Esta información siempre se comunica en un tono insultante que implica que yo soy una idiota infantiloide, una artista débil incapaz de comprender las complejidades de la vida de un adulto. Yo me limito a escuchar.

«En un tiempo oscuro el ojo empieza a ver».

Theodore Roethke

Cuando se ha descargado la ira, cuando ya se han mencionado todas las lecturas obligatorias de cursos universitarios y trabajos, suelo señalar que yo he tenido trabajos y he ido a la universidad y que mi experiencia es que muchas veces me he escaqueado de leer durante una semana por irlo aplazando. Como creadores bloqueados podemos desplegar una gran imaginación a la hora de escaquearnos de cosas. Le pido a mi clase que utilice su creatividad para escaquearse de leer.

«Pero ¿entonces qué haremos?», es la pregunta siguiente.

He aquí una breve lista de algunas de las cosas que la gente hace cuando no está leyendo:

Escuchar música.
Hacer cortinas.
Bañar al perro.
Organizar armarios.
Pagar facturas.
Escribir a viejos amigos.
Cambiar las macetas.
Zurcir.
Hacer punto.
Cocinar.
Arreglar la bici.
Pintar con acuarelas.
Cambiar el cable de la lámpara.
Pintar el dormitorio.
Reorganizar la cocina.
Hacer ejercicio.
Meditar.
Invitar a los amigos a cenar.
Hacer que funcione el aparato de música.
Ordenar las estanterías.
Salir a bailar. (¡Ésta es peligrosa!).

Incluso a una distancia de seguridad de la palabra escrita, puedo sentir oleadas de rechazo y escándalo ante la posibilidad de probar esta herramienta. Os diré que los que más se han resistido a ella son los que han vuelto más satisfechos y recompensados por haberla usado. La conclusión más fea es: tarde o temprano, si no estás leyendo, se te acabará el trabajo y estarás obligado a jugar. Encenderás incienso o pondrás un viejo disco de jazz o pintarás de turquesa una estantería, y luego no sólo te sentirás mejor, sino la verdad hasta un poco estimulado.

No leas. Si no se te ocurre otra cosa que hacer, baila el chachachá.

(Y sí, puedes leer y hacer las tareas de esta semana).

«Cuando el alma desea experimentar algo, arroja ante sí una imagen de esa experiencia, y entonces penetra en esa imagen».

Meister Eckhart

Tareas

1. Entorno: describe tu entorno ideal. ¿Ciudad? ¿Campo? ¿Sofisticado? ¿Acogedor? Un párrafo. Una imagen, dibujada o grapada, que lo represente. ¿Cuál es tu estación favorita? ¿Por qué? Repasa algunas revistas y encuentra una imagen de ello. O dibújala. Colócala cerca de tu zona de trabajo.
2. Viaja en el tiempo: descríbete a ti mismo con 80 años. ¿Qué fue lo que más disfrutaste cuando pasaste los 50 años? Sé muy específico. Ahora escribe una carta dirigida a un individuo de 80 años, tú mismo, desde tu edad actual. ¿Qué te dirías? ¿Qué intereses te urgirías a perseguir? ¿Qué sueños alentarías?
3. Viaja en el tiempo: recuérdate a los 8 años. ¿Qué te gustaba hacer? ¿Cuáles eran tus cosas preferidas? Ahora escríbele una carta a ese niño de 8 años, tú mismo, desde tu edad actual. ¿Qué te dirías?
4. Entorno: mira tu casa. ¿Hay algún sitio que pudieras convertir en un espacio secreto y privado para ti? ¿Reformar el cuarto de la tele? ¿Comprar un biombo o colgar una tela para separar una parte de otra en alguna habitación? Ésa es tu zona de sueños. Hay que decorarla para el disfrute, no como si fuera una oficina. Lo único que realmente necesitas es una silla o una almohada, algo sobre lo que escribir, una especie de altar para flores y velas. Todo esto te ayudará a centrarte en el hecho de que la creatividad es un asunto espiritual, no de ego.
5. Utiliza tu tarta de vida (véase «Semana 1») para repasar tu crecimiento. ¿Ha cambiado ya de forma aquella fea tarántula? ¿No te has vuelto más activo, menos rígido, más expresivo? Ten cuidado de no esperar mucho ni demasiado pronto. Eso equivale a ponerte obstáculos. Hay que dar tiempo al crecimiento para que se consolide de una forma saludable. Día a día estás construyendo los patrones de un artista sano.

Tómatelo con calma. Haz una lista de juguetes que te nutren y que podrías comprar para tu artista: audiolibros, suscripciones a revistas, entradas para el teatro, una pelota de bolera.

6. Escribe tu propia oración del artista (véase página 307). Utilízala todos los días durante una semana.
7. Planifica una gran cita con el artista, que sea como unas pequeñas vacaciones (por ejemplo, un día del fin de semana), y prepárate para llevarla a cabo.
8. Abre tu armario. Tira —o regala o dona— un traje que indique baja autoestima (ya sabes de qué traje hablamos). Haz sitio para el nuevo.
9. Observa una situación de tu vida que sientes que debes cambiar pero que todavía no has cambiado. ¿En qué medida te compensa seguir atascado?
10. Si rompes la privación de lectura, escribe acerca de cómo lo hiciste. ¿En una rabieta? ¿Se te escapó? ¿Te diste un atracón? ¿Cómo te sientes al respecto? ¿Por qué?

«Aprendí que el creador verdadero era mi Yo interior, el Shakti... Ese deseo de hacer algo es nuestro Dios interior que habla a través de nosotros».

MICHELE SHEA

REGISTRO

1. ¿Cuántos días has escrito las páginas matutinas esta semana? (la forma que adquieren muchas veces las rabietas es saltarse las páginas matutinas). ¿Qué tal la experiencia?
2. ¿Has tenido una cita con el artista esta semana? ¿Tu artista hace algo más emocionante que alquilar una película? ¿Qué has hecho? ¿Cómo te has sentido?
3. ¿Has experimentado algún tipo de sincronía esta semana? ¿Qué ha ocurrido?
4. ¿Ha sucedido alguna otra cosa que consideres significativa para tu rehabilitación? Descríbela.

SEMANA 5

Esta semana se te pide que examines de qué forma te compensa seguir atascado. Investigarás cómo restringes tus propias posibilidades al poner límites a los bienes que puedes recibir. Analizarás lo que te está costando conformarte con parecer bueno en lugar de ser auténtico. Puede que te encuentres planteándote cambios radicales y que ya no descartes tu propio crecimiento ni que conviertas a los demás en la causa de tus limitaciones.

Recuperar una sensación de posibilidad

Límites

Una de las principales barreras para aceptar la generosidad de Dios es nuestra limitada noción de lo que realmente somos capaces de lograr. Es posible que sintonicemos con la voz del creador que hay dentro de nosotros, que escuchemos un mensaje, pero que luego lo descartemos por considerarlo una locura o parecernos imposible. Por un lado, nos tomamos a nosotros mismos muy en serio y no queremos parecer idiotas persiguiendo un plan cuya grandilocuencia resulte patente. Por otro, no nos tomamos lo bastante en serio a nosotros mismos —o a Dios—, y por tanto definimos como grandilocuentes muchos planes que, con ayuda de Dios, bien pudieran estar a nuestro alcance.

Al recordar que Dios es nuestra fuente estamos en una posición espiritual como la de tener una cuenta bancaria ilimitada. La mayoría de nosotros no aprecia nunca lo poderoso que es en realidad el creador. Lo que sí hacemos en cambio es retirar cantidades muy limitadas del poder que tenemos a nuestra disposición. Somos nosotros los que decidimos lo poderoso que es Dios. De forma inconsciente establecemos un límite a lo que Dios puede darnos o hasta dónde puede ayudarnos. Somos tacaños con nosotros mismos. Y si recibimos un regalo que no esperábamos, muchas veces lo devolvemos.

Quizás alguno de vosotros esté pensando que esto suena al capítulo de la varita mágica «Rezo y ¡tachán!», porque en ocasiones ésa será exactamente la sensación que tendréis. Pero la mayoría de las veces se trata de una especie de relación consciente en la que nosotros vamos trabajando despacio y de forma gradual, limpiando los escombros de nuestros patrones negativos, clarificando la imagen de lo que deseamos, aprendiendo a aceptar pequeños fragmentos de esa imagen, vengan de donde vengan, hasta que de repente un día: ¡tachán! Es como si la visión completa apareciera de repente. En otras palabras: reza por llegar a coger el autobús y luego corre todo lo que puedas.

«Ten la expectativa de que todas tus necesidades serán satisfechas, todas tus preguntas respondidas, que habrá abundancia a todos los niveles y que crecerás espiritualmente».

Eileen Caddy

Para que esto suceda antes de nada debemos creer que tenemos permiso para coger el autobús. Llegamos a reconocer que Dios es infinito en su providencia y que todo el mundo tiene idéntico acceso a ella. Así empezamos a deshacernos de la culpa que podamos sentir por tener o recibir demasiado. Puesto que todo el mundo puede beneficiarse de la providencia universal, nuestra abundancia no supone privación para nadie. Si aprendemos a pensar que recibir los bienes de Dios es un acto de devoción en el que cooperamos con sus planes, podremos empezar a soltar el lastre de nuestra necesidad de sabotearnos.

Una razón por la que somos tacaños con nosotros mismos es la noción de escasez. No queremos que se nos agote la suerte. No queremos gastar demasiado de nuestra abundancia espiritual. Otra vez estamos limitando nuestro fluir al imaginar a un Dios antropomórfico que toma la forma de un padre caprichoso. Si recordamos que Dios es nuestra fuente, un flujo de energía al que le gusta extenderse, seremos capaces de conectar más eficazmente con nuestro poder creativo.

Dios tiene mucho dinero. Dios tiene muchas ideas para películas, novelas, poemas, canciones, cuadros, trabajos actorales. Dios tiene una provisión de amores, amigos, hogares que están a nuestra entera disposición. Si escuchamos la voz del creador interior, nos guiará por el camino correcto. En ese camino encontraremos amigos, amantes, dinero y trabajo. Muchas veces, cuando nos parezca que no encontramos una provisión adecuada, será porque estamos insistiendo en una fuente de provisión humana concreta. Debemos aprender a dejar que el flujo se manifieste donde quiera, no donde queramos nosotros.

Cara, una escritora, pasó mucho más tiempo del que hubiera debido en una relación abusiva con su agente porque pensaba que romper ese vínculo profesional sería un suicidio creativo. La relación estaba plagada de evasivas, medias verdades, retrasos. Cara aguantaba por miedo a perder el prestigio que le reportaba su agente. Al final, después de una conversación telefónica muy desagradable, Cara le escribió una carta cortando la relación. Se sintió como si acabara de saltar al espacio exterior. Cuando su marido llegó a casa, le contó entre lágrimas cómo acabara de sabotear su propia carrera. Él la escuchó y luego le dijo: «La semana pasada fui a una librería y el dueño me preguntó si tenías un buen agente. Me dio la tarjeta de esta señora. Llámala». Entre lágrimas Cara aceptó. Se puso al teléfono y enseguida conectó con la sensibilidad de la nueva agente. Desde entonces trabajan juntas con mucho éxito.

En mi opinión, ésta es una historia no sólo de sincronía, sino también de una dependencia positiva del universo como fuente. Una vez que Cara se puso en disposición de recibir sus bienes, vinieran de donde vinieran, dejó de ser una víctima.

> «Mira y lo encontrarás. Lo que no se busca jamás será descubierto».
>
> SÓFOCLES

Hace poco una mujer artista me contó que consiguió a su nuevo y excelente agente utilizando afirmaciones. Incluso después de años de rehabilitación artística, yo misma sigo teniendo mi lado cínico, ese que dice

«¡hmmm!». Es como si quisiéramos creer que Dios puede crear la estructura subatómica pero no tiene ni idea de qué hacer a la hora de enfrentarse al reto de ayudarnos a terminar o a corregir nuestra pintura, escultura, escritura o película.

Reconozco que muchos se mostrarán reacios ante la simplicidad de esta idea. Tenemos ganas de decir: «Dios no dirige la industria del cine. Lo hace la Creative Artists Agency». Pero quiero hacer una llamada de atención a todos los artistas que ponen en manos humanas toda su vida creativa: esto puede bloquear los bienes que fluyen hacia ti.

El deseo de ser mundano, sofisticado y sagaz bloquea muchas veces nuestro fluir y nos hace tener ideas y opiniones preconcebidas sobre el lugar del que deberían venir nuestros bienes. Como guionista de Hollywood tenía conversaciones desalentadoras con otros guionistas sobre el hecho de que aunque el valor de nuestros agentes fuera muchas veces incalculable con frecuencia nos llegaban golpes de suerte de lugares como «mi vecino de al lado», «el hermano de mi dentista» o «una persona que fue a la universidad con mi mujer». Esos golpes de suerte son Dios, la fuente, en acción.

He dicho antes que la creatividad es un asunto espiritual. Cualquier progreso se hace en forma de saltos de fe, algunos pequeños y otros grandes. Al principio puede que deseemos que nuestra fe tome clases de baile, un primer paso hacia el aprendizaje de un nuevo medio. Más adelante tal vez anhelemos la fe y además financiación para conseguir más clases, algún seminario, un lugar de trabajo más amplio, un año sabático. Y más adelante aún quizá tengamos una idea para un libro o para un espacio colectivo de artistas en una galería. A medida que cada idea vaya llegando a nosotros, debemos de buena fe apartar nuestras barreras internas y después externamente dar los pasos necesarios para poner en marcha nuestro bien sincrónico.

Si todo esto te suena a cuento de hadas, pregúntate sin cortapisas cuál es el siguiente paso que estás evitando. ¿Qué sueño estás dando por imposible? ¿Qué recompensa recibes por seguir atascado en este punto de tu crecimiento?

Establecer a Dios como mi fuente es un plan sencillo pero muy eficaz para vivir. Elimina de nuestras vidas la ansiedad y la dependencia negativa porque nos asegura que Dios proveerá. Nuestro trabajo consiste en estar atentos para descubrir cómo lo hace.

Las páginas matutinas son una forma de escuchar. Por la noche, antes de quedarnos dormidos, podemos hacer una lista de áreas en las que necesitamos ser guiados. Por la mañana, al escribir sobre estos mismos temas, nos hallaremos contemplando formas de entrar que no habíamos advertido antes. Experimenta con este doble proceso: pide respuestas por la noche; escucha las respuestas por la mañana. Mantente abierto a cualquier ayuda.

«Está en mis manos servir a Dios o no servirle. Si le sirvo, añado a mi propio bien el bien de todo el mundo. Si no le sirvo, pierdo el derecho a mi propio bien y privo al mundo de ese bien, cuya creación estaba en mis manos».

León Tolstoi

Encontrar el río

Llevamos ya cuatro semanas excavando nuestra conciencia. Hemos visto la cantidad de veces que pensamos de forma negativa y con miedo, lo aterrador que nos ha resultado empezar a creer que podía existir un lugar adecuado para nosotros al que podemos llegar si escuchamos a nuestra voz creativa y si seguimos sus directrices. Hemos empezado a tener esperanza y también hemos sentido miedo hacia esa esperanza.

El cambio hacia la dependencia espiritual es gradual. Hemos estado llevando a cabo este cambio de forma lenta pero segura. Cada día que pasa nos volvemos más fieles a nosotros mismos, más abiertos a lo positivo. Para nuestra sorpresa esto parece estar funcionando además en nuestras relaciones humanas. Descubrimos que somos capaces de contar más acerca de nuestra verdad, de escuchar más de la verdad de los otros y de tener una actitud mucho más amable para con ambos. Estamos empezando a juzgarnos menos a nosotros mismos y a los demás. Las páginas matutinas, una corriente de flujo de conciencia, van aflojando nuestras ataduras a opiniones fijas y a criterios miopes. Nos vamos dando cuenta de que nuestros estados de ánimo, juicios y perspectivas son transitorios. Adquirimos una sensación de movimiento, una corriente de cambio en nuestras vidas. Esta corriente, o río, es un flujo de gracia que nos mueve hacia una mejor manera de ganarnos la vida, hacia mejores compañeros, hacia nuestro destino.

Depender del creador interior supone en realidad liberarse de todas las demás dependencias. Resulta paradójico que éste sea también el único camino hacia la verdadera intimidad con el otro. Liberados de nuestro terrible miedo al abandono, somos capaces de vivir con mayor espontaneidad. Liberados de nuestras constantes exigencias de una seguridad cada vez mayor, nuestros compañeros pueden devolvernos el amor que les profesamos sin sentirse tan agobiados.

A medida que escuchamos a nuestro niño artista interior, éste ha empezado a sentirse más y más seguro. Y al hacerlo habla un poco más alto. Incluso en nuestros peores días una pequeña voz positiva nos dice «Aún podrías hacer esto» o «Tal vez sería divertido hacer aquello...».

La mayoría de nosotros descubrimos que a medida que trabajamos con las páginas matutinas, nos volvemos menos rígidos de lo que éramos. La rehabilitación es el proceso de encontrar el río y de decir sí a su fluir, incluyendo sus rápidos. Nos sorprendemos diciendo que sí a las oportunidades, en vez de no. A medida que nos obligamos a romper ataduras con nuestras viejas ideas sobre nosotros mismos, descubrimos que nuestro yo emergente puede disfrutar de todo tipo de insólitas aventuras.

Michelle, una abogada exigente, de las que van vestidas para matar, se apuntó a clases de flamenco y le encantaron. Su casa —antes el pulcro escaparate *high-tech* de una persona volcada en su carrera— de repente empezó a llenarse de plantas frondosas, cojines mullidos, inciensos de olores sensuales. Florecieron colores tropicales en las paredes antes blancas. Por primera vez en diez años se permitió a sí misma cocinar un poco y luego volvió a coser. Seguía siendo una abogada de éxito pero su vida adquirió una forma más redonda. Se reía más, estaba más guapa. «¡No me puedo creer que esté haciendo esto!», anunciaba, encantada, al meterse en cualquier nueva aventura. Y después: «¡No me puedo creer que no hiciera esto antes!».

Cuando se adopta sin ansiedad una actitud de sutil exploración, podemos empezar a inclinarnos hacia la expansión creativa. Al sustituir el «¡ni hablar!» por el «quizá», abrimos la puerta al misterio y a la magia.

Esta nueva actitud positiva es el principio de la confianza. Empezamos a buscar el lado bueno de lo que parece una adversidad. La mayoría de nosotros descubrimos que a medida que vamos trabajando con las páginas matutinas empezamos a tratarnos con más amabilidad. Como nos sentimos menos desesperados, somos menos duros con nosotros mismos y con los demás. Esta indulgencia es uno de los primeros frutos que se recogen al vincular nuestra creatividad con su creador.

A medida que llegamos a confiar y a amar a nuestro guía interior, perdemos nuestro miedo a la intimidad porque ya no confundimos a nuestros íntimos con el poder superior, ése a quien estamos empezando a conocer. En otras palabras, estamos renunciando a la idolatría —la dependencia veneradora de cualquier persona, lugar o cosa. Ahora colocamos nuestra dependencia en la fuente misma. Y la fuente satisface nuestras necesidades a través de personas, lugares o cosas.

Para muchos de nosotros es muy difícil dar crédito a este concepto. Tendemos a creer que para que sucedan cosas debemos salir afuera y sacudir unos cuantos árboles.

> «Muchas veces la gente intenta vivir su vida al revés: intentan tener más cosas, o más dinero, para poder hacer más de lo que les gusta porque así serán más felices. Pero lo cierto es que funciona al revés. Primero tienes que *ser* quien realmente eres, y después *hacer* lo que necesitas hacer para poder *tener* lo que quieres».
>
> Margaret Young

Yo no niego que sacudir unos cuantos árboles sea bueno para nosotros. De hecho, me parece que es necesario y lo llamo *hacer juego de piernas*. No obstante, quiero decir que, aunque sea preciso ese juego de piernas, pocas veces he visto que compense de forma directa: parece más bien que lo que sucede es que nosotros sacudimos el manzano y el universo reparte naranjas.

Una y otra vez he visto a creadores en rehabilitación hacer el juego de piernas de aclararse internamente, concentrarse en sus sueños y placeres, y dar unos cuantos pasos hacia fuera en dirección a esos sueños, sólo para ver cómo el universo abre de golpe una puerta insospechada. Una de las tareas centrales de la rehabilitación creativa es aprender a aceptar esta generosidad.

La trampa de la virtud

Un artista tiene que tener periodos de inactividad, un tiempo para no hacer nada. Defender tu derecho a este tiempo conlleva coraje, convicción y resistencia. Tu familia y tus amigos considerarán ese tiempo, ese espacio y ese silencio como un alejamiento de ellos. Lo es.

Para un artista, la retirada es necesaria. Sin ella, nuestro artista interior se siente contrariado, enfadado, mal. Si tal privación se prolonga, nuestro artista se vuelve malhumorado, deprimido, hostil. Finalmente nos volvemos animales enjaulados, gruñendo a nuestra familia y a nuestros amigos para que nos dejen en paz y dejen de hacernos exigencias poco razonables.

Pero somos nosotros los que planteamos exigencias poco razonables. Esperamos que nuestro artista pueda funcionar sin darle lo que necesita para hacerlo. Un artista necesita mantener su soledad creativa. Un artista necesita la cura que supone pasar tiempo en soledad. Sin ese periodo de recarga, nuestro artista se agota. Con el tiempo empeora. Y lanza amenazas de muerte.

En las primeras etapas estas amenazas van dirigidas a nuestros íntimos («Te mataría cuando me interrumpes...»). ¡Ay de la pareja que no capta la indirecta! ¡Ay del infeliz niño que no te permite la soledad («Me estás enfadando mucho...»)! Con el tiempo, si nuestras advertencias son pasadas por alto y optamos por permanecer en esa circunstancia que requiere amenazas —pareja, trabajo, amistad—, el homicidio da paso al suicidio: «Me quiero morir» sustituye al «Te mataría».

«¿De qué sirve todo esto?» es la fase que sustituye a nuestros sentimientos de alegría y satisfacción. Puede que mantengamos cierta actividad que indique que nuestra vida sigue. Puede que hasta continuemos produciendo creativamente, pero estaremos haciendo de sanguijuelas de nosotros mismos, vampirizando nuestras almas. En resumen, estamos en la rueda de la producción creativa y estamos atrapados.

Estamos atrapados en la trampa de la virtud.

Seguir atascado y aplazar la nutrición de nuestra identidad puede brindar poderosas recompensas. Para muchos creadores la idea de que deben ser amables y preocuparse por lo que sucederá a sus amigos, a su familia o a su pareja si osan hacer lo que de verdad quieren hacer constituye una poderosa razón para la inacción.

Un hombre que trabaja en una ajetreada oficina puede ansiar y necesitar un retiro solitario. Nada le vendría mejor que unas vacaciones en soledad, pero cree que sería egoísta, así que no las coge. No sería correcto con su mujer.

Una mujer con dos hijos pequeños quiere apuntarse a clases de cerámica. Coinciden con algunos de los partidillos de la liga de fútbol infantil de su hijo, a los que no podría asistir como público fiel. Cancela las clases y ejerce de buena madre (rabiando de resentimiento en las gradas).

Un padre joven con un gran interés por la fotografía anhela un espacio de la casa donde dedicarse a su afición. La instalación de un modesto cuarto de revelado

«Tradicionalmente nos sentimos bastante orgullosos de haber podido colar nuestro trabajo creativo en medio de nuestras tareas y obligaciones. Pero yo no estoy segura de que debamos otorgarnos por eso tantos sobresalientes».

Toni Morrison

requeriría hacer uso de los ahorros y aplazar la compra de un sofá nuevo. El cuarto de revelado no se monta, pero el sofá sí.

«Te pondrás las pilas. Si pasas cuatro días fuera del estudio, al quinto entrarás en él como un ciclón. Matarás a cualquiera que te moleste ese quinto día, porque lo necesitas desesperadamente».

Susan Rothenberg

Muchos creadores en rehabilitación se sabotean con frecuencia sólo por ser amables. Esa falsa virtud tiene un coste tremendo. Muchos de nosotros hemos hecho de la privación virtud. Hemos abrazado un largo padecimiento de anorexia artística como si fuera la cruz de un martirio, que hemos utilizado para alimentar una falsa sensación de espiritualidad basada en ser buenos, es decir, *superiores*.

A esta seductora falsa espiritualidad yo la llamo la trampa de la virtud. Con frecuencia la espiritualidad se maneja mal, como camino hacia una soledad sin amor, que es una postura en la que nos proclamamos a nosotros mismos como superiores a nuestra naturaleza humana. Esta superioridad espiritual realmente no es más que otra forma de negación, pues para un artista, la virtud puede ser mortal. La tendencia a la respetabilidad y la madurez puede ser sofocante, incluso fatal.

Luchamos por ser buenos, por ayudar, por no ser egoístas. Queremos ser generosos, serviciales, implicarnos con el mundo. *Pero en realidad lo que ansiamos es que nos dejen en paz.* Cuando no conseguimos que los demás nos dejen solos, terminamos por abandonarnos a nosotros mismos. Para los demás, tal vez parezca que estamos ahí. Puede que actuemos como si estuviéramos ahí. Pero nuestro yo verdadero se ha metido en su madriguera.

Lo que queda es la cáscara de nuestro yo completo. Permanece porque está atrapada. Como un animal de circo sin fuerzas, al que se empuja para que forme parte del espectáculo, la criatura hace sus trucos. Lleva a cabo su rutina. Se gana su aplauso. Pero todo ese bombo y platillo cae en saco roto. Como si estuviéramos muertos. Nuestro artista no sólo está mal: se ha marchado. Nuestra vida es ahora una experiencia extracorpórea: no estamos. Un patólogo podría llamarlo disociación. Yo lo llamo abandonar la escena del crimen.

«Sal, sal, dondequiera que estés», canturreamos, pero nuestro yo creador ya no se fía de nosotros. ¿Por qué habría de hacerlo? Lo vendimos. Por miedo a resultar egoístas, nos perdemos. Nos volvemos autodestructivos. Como este suicidio es algo que buscamos de manera pasiva, en lugar de representarlo de forma consciente, muchas veces nos mostramos ciegos ante el poder que su veneno ejerce sobre nosotros.

La pregunta «¿eres autodestructivo?» se hace con tanta frecuencia que pocas veces la escuchamos con atención. Lo que significa es «¿eres destructor de tu yo?». Y lo que en realidad nos pregunta es «¿eres destructor de tu verdadera naturaleza?».

Mucha gente, atrapada en la trampa de la virtud, no parece autodestructiva a simple vista. Volcados en ser buenos maridos, padres, madres, esposas, profesores, lo que sea, han construido un falso yo que se presenta ante el mundo con buen aspecto y encuentra aprobación. Este falso yo es siempre paciente, está dispuesto a aplazar sus necesidades para satisfacer las necesidades o las demandas de otros («¡Qué gran tipo, Fred! Renunció a sus entradas para ir al concierto un viernes por la noche por ayudarme con mi mudanza...»).

Virtuosos hasta el extremo, estos creadores atrapados han destruido su yo verdadero, ese yo que de niño no encontraba gran aceptación, el yo que escuchaba con insistencia «¡No seas egoísta!». Pues el yo verdadero es un personaje inquieto, sano y a veces anarquista, que sabe jugar, que sabe cómo decir «no» a los demás y «sí» a sí mismo.

> «Nadie pone objeciones a que una mujer sea buena escritora o buena escultora o buena genetista, siempre que al mismo tiempo consiga ser buena esposa, buena madre, estar buena, tener buen carácter, vestir bien y no ser agresiva».
>
> Leslie M. McIntyre

Los creadores atrapados en la trampa de la virtud siguen sin ser capaces de darse permiso para reconocer a este yo verdadero. No pueden enseñarlo al mundo sin temor a un permanente rechazo («¿Te lo puedes creer? Fred era un tipo estupendo, siempre dispuesto a echarme una mano, en cualquier lugar, a cualquier hora. La semana pasada le pedí que me ayudara con mi mudanza y me dijo que se iba al teatro. ¿Mc pregunto desde cuándo se volvió Fred tan cultureta?»).

Fred sabe a la perfección que si deja de ser tan majo, de ser Fred el Fabuloso, de ser su alter ego extra grande, ese buen tipo morderá el polvo. Mary la Mártir también lo sabe, mientras le dice a su hermana que sí, que cuidará de sus niños para que ella pueda salir por la noche, por quinta vez. Decir que no a su hermana sería decirse que sí a sí misma y Mary, sencillamente, no puede con esa responsabilidad. ¿Libre un viernes por la noche? ¿Qué haría consigo misma? Es una buena pregunta, una de las muchas a las que Mary y Fred no contestan, poniendo en práctica su virtud.

«¿Eres autodestructivo?» es una pregunta que los supuestamente virtuosos contestarían con un no rotundo. Luego se sacan de la manga una lista que prueba lo responsables que son. Pero ¿responsables de cara a quién? La pregunta es: «¿eres autodestructivo?»; no es: «¿pareces autodestructivo?». Y desde luego no es: «¿eres amable con otras personas?».

Escuchamos las ideas que los demás tienen sobre lo que es autodestructivo sin tener nunca en cuenta si su yo y nuestro yo tienen necesidades similares. Atrapados en la trampa de la virtud, nos negamos a preguntarnos «¿cuáles son mis necesidades? ¿Qué haría si no fuera tan egoísta hacerlo?».

> «Existe el riesgo que no puedes arriesgarte a correr, y también existe el riesgo que no puedes arriesgarte a *no* correr».
>
> Peter Drucker

¿Eres autodestructivo?

Es una pregunta muy difícil de responder. Para empezar requiere que sepamos algo de nuestro yo verdadero (y ése es el yo que nos hemos dedicado a destruir sistemáticamente).

Una manera rápida de comprobar el grado de deriva al que hemos llegado es preguntarnos lo siguiente: «¿Qué haría yo si no fuera una locura?».

1. Tirarme en paracaídas, bucear.
2. Danza del vientre, baile latino.

3. Publicar mis poemas.
4. Comprar una batería.
5. Recorrer Francia en bicicleta.

Si tu lista parece emocionante, incluso alocada, entonces es que vas bien. Estas ideas disparatadas son en realidad voces de nuestro yo verdadero: «¿Qué haría si no fuera demasiado egoísta hacerlo?».

1. Apuntarme a clases de buceo.
2. Ir a la clase de baile latino del centro de juventud.
3. Comprar *The Poet's Market* y enviar un poema a la semana.
4. Hacerme con la batería de segunda mano que mi primo está intentando vender.
5. Llamar a mi agencia de viajes y ver cómo se puede hacer lo de Francia.

Al buscar a nuestro creador interior y abrazar nuestro propio don para la creatividad, aprendemos a ser espirituales, a confiar en que Dios es bueno y nosotros también, como lo es toda la creación. De este modo evitamos la trampa de la virtud.

El cuestionario de la trampa de la virtud

1. La mayor carencia de mi vida es ________.
2. La mayor alegría de mi vida es ________.
3. Ocupo la mayor cantidad de tiempo en ________.
4. Cuanto más juego, trabajo ________.
5. Me siento culpable por ser/estar ________.
6. Me preocupa que ________.
7. Si mis sueños se hacen realidad, mi familia ________.
8. Me saboteo para que la gente ________.
9. Si me dejo a mí mismo sentirlo, me enfada que ________.
10. Una de las razones por las que a veces me pongo triste es que ________.

«Harás tonterías, pero las harás con entusiasmo».

Colette

¿Tu vida te sirve a ti o a los demás? ¿Te consideras una persona autodestructiva?

Alegrías prohibidas, un ejercicio

Uno de los trucos preferidos de los creadores bloqueados es decirse que no. Es asombrosa la cantidad de pequeñas triquiñuelas que descubrimos para ser tacaños con nosotros mismos. Cuando digo esto a mis estudiantes muchas veces protestan y afirman que no es verdad, que son muy buenos con ellos mismos. Entonces les pido que hagan este ejercicio.

Haz una lista de diez cosas que te encantan y que te encantaría hacer, pero que no tienes permitido hacer. Tu lista puede tener este aspecto:

1. Salir a bailar.
2. Llevar siempre encima un cuaderno de notas.
3. Patinar.
4. Comprar una botas vaqueras nuevas.
5. Ponerme mechas rubias.
6. Irme de vacaciones.
7. Dar clases de vuelo.
8. Mudarme a una casa más grande.
9. Dirigir una obra.
10. Apuntarme a clases de retrato del natural.

Muchas veces el simple hecho de redactar tu lista de alegrías prohibidas rompe las barreras que tienes para llevarlas a cabo.

Cuelga tu lista en un lugar bien visible.

Lista de deseos, un ejercicio

Una de las mejores maneras de evitar a nuestro Censor es utilizar la técnica de la escritura rápida. Como los deseos no son más que deseos, se les permite ser frívolos (aunque muchas veces deberían ser tomados muy en serio). Termina las siguientes frases tan deprisa como puedas.

1. Deseo ____________________.
2. Deseo ____________________.
3. Deseo ____________________.
4. Deseo ____________________.
5. Deseo ____________________.
6. Deseo ____________________.
7. Deseo ____________________.
8. Deseo ____________________.
9. Deseo ____________________.
10. Deseo ____________________.
11. Deseo ____________________.
12. Deseo ____________________.
13. Deseo ____________________.
14. Deseo ____________________.
15. Deseo ____________________.
16. Deseo ____________________.
17. Deseo ____________________.
18. Deseo ____________________.
19. Deseo sobre todo y en especial ____________.

> «El significado específico de Dios depende de qué sea el bien más deseable para una persona».
>
> ERICH FROMM

TAREAS

Las siguientes tareas exploran y expanden tu relación con la fuente.

1. La razón por la que realmente no puedo creer en un Dios que me *apoye* es... Haz una lista de cinco agravios (a Dios no le sentará mal).
2. Comenzar un archivo de imágenes: si tuviera fe o dinero probaría a... Haz una lista de cinco deseos. Para la próxima semana mantente alerta para ver imágenes de esos deseos. Cuando las veas, recórtalas, cómpralas, fotografíalas, dibújalas, colecciónalas de alguna manera. Con esas imágenes, empieza un archivo de imá-

genes que te hablen a ti. Ve sumando imágenes continuamente mientras dura el curso.

3. Una vez más, haz una lista de cinco vidas imaginarias. ¿Han cambiado? ¿Estás llevando a cabo más aspectos de ellas? Puede que desees añadir imágenes de estas vidas a tu archivo de imágenes.
4. Si tuviera 20 años y dinero... Haz una lista de cinco aventuras. De nuevo añade imágenes de ellas a tu archivo visual.
5. Si tuviera 65 años y dinero... Haz una lista de cinco placeres pospuestos. Y otra vez colecciona estas imágenes. Es una herramienta muy potente. Yo ahora vivo en una casa que *imaginé* durante diez años.
6. Diez maneras en las que soy tacaño conmigo mismo son... De igual modo que hacer explícito lo positivo ayuda a que entre en nuestra vida, explicitar lo negativo ayuda a exorcizarlo.
7. Diez cosas que me gustaría poseer y que no poseo son... Y de nuevo tal vez quieras coleccionar estas imágenes. Para aumentar las ventas, los expertos en motivación muchas veces animan a los vendedores novatos a colgar imágenes de lo que les gustaría poseer. Funciona.
8. Honestamente mi forma de bloqueo creativo preferida es... la tele, leer demasiado, los amigos, el trabajo, rescatar a los demás, pasarme con el ejercicio. Lo que quieras. Ya sepas dibujar o no haz una caricatura de ti mismo dedicándote a ello.
9. Mi recompensa por seguir bloqueado es... Tal vez quieras explorar este aspecto en tus páginas matutinas.
10. La persona a la que culpo por estar bloqueado es... De nuevo utiliza tus páginas matutinas para reflexionar sobre esto.

«Aceptar la responsabilidad de ser un hijo de Dios supone aceptar lo mejor que la vida tiene que ofrecerte».

Stella Terrill Mann

Registro

1. ¿Cuántas veces a la semana has escrito tus páginas matutinas? ¿Están empezando a gustarte, aunque sea un poco? ¿Qué tal la experiencia? ¿Ya has descubierto el *punto de verdad* de la página y media? Muchos de nosotros descubrimos que el beneficio de nuestra escritura llega tras página y media de improvisación.
2. ¿Has tenido tu cita con el artista esta semana? ¿Has vivido la experiencia de escuchar respuestas durante este rato de ocio? ¿Qué has hecho en tu cita? ¿Cómo te has sentido? ¿Has ido ya a alguna cita con el artista que realmente se parezca a una aventura?
3. ¿Has experimentado algún ejemplo de sincronía esta semana? ¿Qué ha pasado? Prueba a empezar una conversación con tus amigos sobre la sincronía.
4. ¿Ha habido algún otro asunto esta semana que consideres significativo para tu rehabilitación? Descríbelo.

SEMANA 6

Esta semana te enfrentas a un gran instrumento del bloqueo creativo: el dinero. Se te pide que examines en profundidad tus ideas en torno a Dios, el dinero y la abundancia creativa. Los ensayos explorarán cómo tus actitudes limitan la abundancia y el lujo en tu vida actual. Se te presentará la herramienta de contar, que rompe bloqueos, da claridad y mejora el uso de los fondos. Esta semana puede hacer que te sientas volátil.

Recuperar una sensación de abundancia

El gran creador

«Yo soy creyente», declara Nancy, «sólo que no creo que Dios se meta en asuntos de dinero». Aunque no lo reconozca Nancy carga con dos creencias que suponen un autosabotaje. Cree no sólo que Dios es bueno —demasiado bueno como para entrar en temas de dinero—, sino también que el dinero es malo. Nancy, como muchos de nosotros, necesita revisar en profundidad su idea de Dios para poder recuperar completamente su creatividad.

Para muchos de nosotros, educados en la idea de que el dinero es la verdadera fuente de la seguridad, depender de Dios resulta insensato, suicida, hasta irrisorio. Cuando pensamos en los lirios del campo los vemos pintorescos, excesivamente ajenos al mundo moderno. Nosotros tenemos que ganarnos el pan, que pagarnos el vestido y el calzado. Y nos dedicaremos a nuestro arte, nos decimos, cuando tengamos el suficiente dinero como para hacerlo con facilidad.

¿Y eso cuándo será?

Queremos un Dios que ofrezca la misma sensación que un buen sueldo, con permiso para gastarlo como queramos. Escuchando el canto de sirena del *más*, hacemos oídos sordos a la pequeña voz que aguarda en nuestra alma para susurrar: «Tú ya eres bastante».

«Buscad primero el reino de los cielos y todo lo demás se os dará por añadidura», nos dice, muchas veces desde la infancia, la gente que cita la Biblia. No nos lo creemos. Y desde luego no nos lo creemos en relación con el arte. A lo mejor si le apretamos Dios nos daría de comer y nos vestiría, pero ¿nos compraría los materiales de pintura? ¿Un *tour* por los museos de Europa? ¿Clases de baile? Dios no va a llevarse la mano al bolsillo para eso, nos decimos. Nos aferramos a nuestras preocupaciones financieras como forma de evitar no sólo nuestro arte, sino también nuestro desarrollo espiritual. Nuestra fe está en el dólar. «Tengo que procurarme el sustento», decimos, «nadie va a pagarme para que sea más creativo».

«El dinero es Dios en acción».

Raymond Charles Barker

De eso estamos totalmente seguros. La mayoría de nosotros alberga en secreto la creencia de que el trabajo tiene que ser trabajo y no diversión, y de que cualquier cosa que deseemos hacer —como escribir, actuar, bailar— se debe considerar una frivolidad y se ha de colocar con distancia en una segunda posición.

«Cuanto más aprendamos a operar en este mundo confiando en nuestra intuición, más fuerte será nuestra señal y más dinero tendremos».

Shakti Gawain

Actuamos según la vieja y tóxica idea de que la voluntad de Dios para con nosotros y nuestra propia voluntad están en lados opuestos de la mesa. «Yo quiero ser actriz, pero Dios quiere que sea camarera en bares de mala muerte», dice el guión, «así que si intento ser actriz, terminaré sirviendo mesas». Esta forma de pensar está basada en la idea de que Dios es un padre severo con ideas muy rígidas sobre lo que es adecuado para nosotros. Y ten por seguro que son ideas que no van a gustarnos. Esta idea atrofiada de Dios necesita cambios.

«El dinero llegará cuando estés haciendo lo correcto».

Mike Phillips

Esta semana en tus páginas matutinas escribe sobre el dios en el que crees y el dios en el que te gustaría creer. Para algunos de nosotros esto significa «¿Y qué pasa si Dios es mujer y está de mi parte?». Para otros Dios es energía o una serie de fuerzas elevadas que nos mueven hacia un bien mayor. Si sigues funcionando con una idea de Dios que no has vuelto a examinar desde la infancia, es probable que te estés enfrentando a un dios tóxico. ¿Qué pensaría un dios no tóxico de tus objetivos creativos? ¿Podría existir tal Dios? Si fuera así, ¿el dinero o tu trabajo o tu amante seguirían siendo tu impulso más poderoso?

Para muchos de nosotros la dificultad equivale a virtud y el arte, a hacer tonterías. El trabajo duro es bueno. Un empleo terrible apuntala nuestra fibra moral. Algo —por ejemplo, un talento para pintar— que nos resulta fácil y que nos resulta compatible debe de ser una especie de truco barato que no hay que tomarse en serio. Por un lado, admitimos con la boca pequeña la idea de que Dios quiere que seamos felices, alegres y libres. Por otra, pensamos en el fondo que Dios quiere que no tengamos un duro si somos tan decadentes que queremos ser artistas. ¿Tenemos algún tipo de prueba para estas ideas acerca de Dios?

Al observar la creación divina resulta bastante claro que el propio creador no supo dónde parar. No hay una flor rosa, ni siquiera cincuenta flores rosas, sino cientos. Los copos de nieve, por supuesto, son el colmo del regocijo creativo. No hay dos iguales. Este creador tiene una pinta sospechosamente parecida a la de alguien que tal vez nos envíe apoyo para nuestras aventuras creativas.

«Tenemos un nuevo jefe», promete el gran libro de Alcohólicos Anónimos a los alcohólicos en rehabilitación. «Si nos ocupamos de los asuntos de Dios, él se ocupará de los nuestros». A los maltrechos recién llegados a la asociación este tipo de pensamiento les da la vida. Desesperados por encontrar la manera de lograr la sobriedad, se aferran a esta idea cuando les preocupan sus habilidades

«Deja siempre suficiente tiempo en tu vida para hacer algo que te haga sentir feliz, satisfecho, incluso jubiloso. Eso influye más en el bienestar económico que ningún otro factor individual».

PAUL HAWKEN

para seguir adelante en el proceso de rehabilitación. Al confiar en la ayuda divina, la suelen recibir. Las vidas enredadas se simplifican; las relaciones complejas ganan en cordura y en dulzura.

Para quienes están menos desesperados estas seguridades parecen simples, incluso falaces, como si nos estuvieran engañando. ¿Un Dios que tiene un trabajo para mí? ¿Un Dios que tiene una tarea que me hará sentir realizado? ¿Un Dios que posee la abundancia y la dignidad, que tiene a su alcance un millón de posibilidades, la llave de todas las puertas? Este Dios suena sospechosamente a timador.

Por tanto, cuando llega el momento de elegir entre un sueño y este tedioso asunto, muchas veces escogemos soslayar el sueño y culpar a Dios de nuestra continuada desgracia. Actuamos como si Dios tuviera la culpa de que no fuéramos a Europa, a clase de pintura, a esa prueba de cámara. Pero la verdad es que fuimos nosotros, no Dios, quienes elegimos no ir. Hemos intentado ser sensatos —como si tuviéramos pruebas de que Dios es sensato— en lugar de ver si el universo apoyaba una sana extravagancia.

El creador puede ser nuestro padre/madre/fuente pero, desde luego, no equivale al padre/madre/iglesia/profesor/amigos que nos han inculcado en nuestra existencia terrenal sus ideas sobre lo que es sensato para nosotros. La creatividad no es sensata ni lo ha sido nunca. ¿Por qué tiene que serlo? ¿Por qué tienes que serlo tú? ¿Piensas que existe alguna clase de virtud en ser un mártir? Si quieres hacer arte, haz arte. Sólo un poquito de arte... dos frases. Una rima. Unos versitos tontos de parvulario:

A Dios le gusta el arte.
Por esa parte
mis padres pasan de él.
A Dios le gusta el arte,
yo hago arte.
¡Por eso estoy con él!

Para hacer arte hay que empezar por aprovechar la ocasión que pintan calva. Hay que empezar por entrar en el *ahora* y disfrutar del día. Se empieza por darte pequeños caprichos y regalarte descansos. «Esto resulta extravagante, pero Dios también», es una buena actitud que se puede asumir cuando estés incitando a tu artista a pequeños sobornos y caprichos. Recuerda, el roñoso eres tú, no Dios. En la medida en que esperes que Dios sea más generoso, Dios podrá ser más generoso contigo.

«Toda sustancia es energía en movimiento. Vive y fluye. El dinero es, simbólicamente, una corriente dorada de energía vital que se materializa».

El Trabajo Mágico del Alma

Lo que de verdad queremos hacer es lo que en realidad debemos hacer. Cuando hacemos lo que debemos hacer, el dinero viene a nosotros, las puertas se nos abren, nos sentimos útiles y el trabajo que hacemos nos parece un juego.

Seguiremos trabajando esta semana con nuestras ideas en torno al dinero. Veremos cómo nuestras ideas sobre el dinero («Es difícil de conseguir. Hay que trabajar muchas horas para ganarlo. Hay que preocuparse en primer lugar por el dinero y después por la creatividad») conforman nuestras ideas sobre la creatividad.

Lujo

Para aquellos de nosotros que nos hemos vuelto artísticamente anoréxicos —deseosos de ser creativos y negándonos a alimentar esa hambre interior, de tal manera que nos vamos concentrando más y más en nuestras privaciones— un poco de auténtico lujo sirve de mucho. La palabra clave aquí es *auténtico*. Dado que el arte nace de la expansión, de la creencia en la provisión suficiente, es fundamental que nos mimemos, por la sensación de abundancia que eso nos reporta.

¿En qué consiste mimarse? Varía para cada uno de nosotros: para Gillian, un par de pantalones de tweed de segunda mano, que para ella eran nuevos, le evocaban imágenes de la risa de Carole Lombard y elegantes deportivos descapotables; para Jean, una única gerbera colocada en su mesilla de noche le recordaba que la vida florecía llena de posibilidades; Mathew descubrió que el olor a cera para muebles le daba sensación de seguridad, orden y solidez; Constance encontró el lujo en permitirse la suscripción a una revista (un regalo de veinte dólares que complace con imágenes y mimos durante todo un año).

Con demasiada frecuencia nos bloqueamos y le echamos la culpa a la falta de dinero. Esto *nunca* supone un bloqueo auténtico. El verdadero bloqueo es nuestra sensación de estrechez, nuestra sensación de impotencia. El arte precisa que nos demos poder a nosotros mismos dándonos posibilidades donde elegir. Básicamente significa cuidarnos.

Uno de mis amigos es un artista conocido a nivel mundial y de formidable talento. Tiene asegurado un lugar en la historia por su contribución en su campo de trabajo. Los artistas jóvenes lo buscan y los mayores lo respetan. Aunque no ha cumplido los cincuenta, ya se le han concedido premios al conjunto de su carrera. Sin embargo es un artista que sufre los envites de la anorexia artística. Aunque sigue trabajando, lo hace con un coste cada vez mayor para sí mismo. ¿Por qué, se pregunta a veces, la obra de su vida se parece tanto al *trabajo* de su vida?

¿Por qué? Pues porque se ha negado el lujo a sí mismo.

Déjame ser clara acerca de algo: el lujo del que estoy hablando aquí no tiene nada que ver con áticos con vistas, ropa de diseño, coches deportivos de importación o viajes en primera clase. Este hombre disfruta de todos esos privilegios, pero de lo que no disfruta es de la vida. Se ha negado a sí mismo el lujo del tiempo: tiempo con los amigos, tiempo con la familia y, sobre todo, tiempo consigo mismo sin aspirar a logros extraordinarios. Sus muchas pasiones anteriores han ido disminuyendo hasta ser meros intereses; está demasiado ocupado como para disfrutar de pasatiempos. Se dice a sí mismo que no hay tiempo que perder. El reloj avanza y él lo está usando para hacerse famoso.

Hace poco adquirí un caballo por primera vez en una década. Al oír la buena noticia, mi talentoso amigo pasó de inmediato a modo aguafiestas para advertirme: «Bueno, al menos no esperarás montar, ni siquiera verlo demasiado. Al hacernos mayores, cada vez dedicamos menos tiempo a hacer cosas de las que disfrutamos. La vida consiste cada vez más en cumplir con nuestras obligaciones...».

Como he aprendido a escuchar y a identificar mensajes aguafiestas, este pronóstico no me intimidó mucho. Pero me entristeció. Me recordó la vulnerabilidad de todos los artistas, incluso los que son muy famosos, a esa parte vergonzante de sí mismos que dice «debería estar trabajando» y que les disuade de los placeres creativos.

Para desarrollarnos como artistas —y también, podríamos decir, como personas— necesitamos estar disponibles para el flujo universal. Cuando ponemos un tope a nuestra capacidad de alegría rechazando anoréxicamente los pequeños dones de la vida, también estamos rechazando los grandes dones. Quienes, como mi amigo artista, estamos involucrados en largas obras creativas nos descubrimos exprimiendo nuestras almas en busca de imágenes, regresando a trabajos anteriores, recurriendo a trucos, tirando de oficio más que engrandeciendo nuestro arte. Quienes hayamos obstaculizado el fluir de nuestro trabajo por completo nos encontraremos inmersos en vidas que parecen yermas y carentes de interés, con independencia de la cantidad de cosas sin sentido con que las hayamos llenado.

«Prefiero tener rosas sobre la mesa que diamantes alrededor del cuello».

Emma Goldman

¿Qué nos produce auténtica alegría? Ésa es la pregunta que hacer en relación con el lujo, y para cada uno de nosotros la respuesta es muy diferente. Para Berenice son las frambuesas, frambuesas frescas. Le da risa lo fácil que es contentarla. Por el precio de medio kilo de frambuesas, ella compra la experiencia de la abundancia. Esparcidas sobre los cereales, cortadas con un melocotón, combinadas con helado. Puede comprar su abundancia en el supermercado y hasta llevársela congelada, si no hay más remedio.

«Cuestan entre 1,98 y 4,50 dólares, dependiendo de la estación. Siempre me digo que son demasiado caras pero la verdad es que son una ganga por una semana de lujo. Es menos de lo que cuesta ir al cine, menos que una hamburguesa de lux con queso, pero supongo que es más de lo que yo creía merecer».

Para Alan el gran lujo es la música. De joven era músico, pero durante mucho tiempo se negó a sí mismo el derecho a tocar. Como la mayoría de los creadores bloqueados, padecía una fatal dualidad: anorexia artística y orgulloso perfeccionismo. Para este jugador no existían los tiros de prueba. Quería estar en lo más alto y, si no podía estar ahí, ni se acercaría a su adorada música. Atascado y frustrado, Alan describía su bloqueo de la siguiente manera: «Intento tocar y me escucho a mí mismo y lo que soy capaz de hacer está tan lejos de lo que quiero hacer que me da dentera. Y entonces abandono».

Al ponerse a trabajar en su rehabilitación creativa, Alan empezó por permitirse el lujo de comprar un nuevo disco la semana. Dejó de hacer de la música un trabajo y volvió a convertirla en una diversión. Se trataba también de comprar locas grabaciones, no sólo alta cultura. Había que olvidarse de las aspiraciones elevadas. ¿Qué era lo que sonaba divertido?

«Explora a diario la voluntad de Dios».

Carl Gustav Jung

Alan empezó a explorar. Compró gospel, country & western, música india de tambores. Al cabo de un mes compró de forma impulsiva unos palos para practicar. Los dejó estar y los dejó estar y los dejó estar...

Tres meses más tarde Alan tamborileaba sobre el manillar de su bici estática escuchando rock & roll a todo trapo en su Mp3. Dos meses más tarde limpió un rincón de la buhardilla y se compró una batería de segunda mano. «Pensé que mi mujer y mi hija se avergonzarían al oír lo malo que era», explica. Pero reconoce que se dio cuenta de que estaba culpándose: «En realidad a quien me daba vergüenza era a mí, pero ahora sólo me lo estoy pasando bien con esto y la verdad es que ya no sueno tan mal. Para ser un tío mayor yo diría que he vuelto a cogerle el punto».

Para Laura su primera experiencia con el lujo fue comprarse una caja de acuarelas en un todo a cien. Para Kathy fue un estuche *de luxe* de ceras Crayola, «de las que mi madre nunca me quería comprar; me permití a mí misma hacer dos dibujos la primera noche, y uno de ellos fue un boceto de mí misma en mi nueva vida, la que estoy trabajando por conseguir».

Pero para muchos creadores bloqueados el solo hecho de *imaginarse* disfrutando de lujos conlleva cierto trabajo. El lujo, para la mayoría de nosotros, es una práctica aprendida, y los creadores bloqueados, con frecuencia, las cenicientas del mundo. Concentrados en otras personas a expensas de nosotros mismos, es posible que la sola idea de darnos un capricho nos resulte amenazadora.

«No intentes despedir a Cenicienta», me aconseja mi amiga Karen, la escritora. «Mantén a Cenicienta, pero concéntrate en regalarte a ti misma el zapato de cristal. La segunda parte de ese cuento de hadas es estupenda».

Muchas veces de lo que hablamos cuando hablamos de lujo es más de un cambio en la conciencia que de un fluir, aunque a medida que reconocemos e incorporamos a nuestra vida aquello que nos parece un lujo, puede que, en efecto, desencadenemos un mayor fluir.

Vivir de manera creativa requiere el lujo del tiempo, que nos labramos nosotros mismos incluso si son sólo quince minutos para hacer deprisa y corriendo las páginas matutinas o para darnos un baño rápido después del trabajo.

Las vidas creativas requieren el lujo de contar con espacio para nosotros mismos, incluso aunque lo único que consigamos sea una estantería especial y un alféizar para nosotros. (Mi estudio tiene una repisa en la ventana con pisapapeles y conchas marinas). Recuerda que tu artista es un niño y a los niños les gustan las cosas que son «mías». Mi silla. Mi libro. Mi almohada.

«La vida verdadera se vive cuando ocurren cambios diminutos».
León Tolstoi

Designar unas cuantas cosas como especiales y sólo tuyas puede ser un gran paso para que te sientas mimado. Cualquier bazar chino ofrece preciosas tazas con sus platillos por menos de cinco dólares. Las tiendas de segunda mano tienen muchas veces platos de porcelana únicos, que convierten un tentempié de media tarde en una experiencia mucho más creativa.

Gran parte de lo que hacemos en una rehabilitación creativa puede parecer una bobada. Bobada es un mecanismo de defensa utilizado por nuestro adulto aguafiestas para sofocar a nuestro niño artista. Cuidado con agredirte con la palabra bobada: sí, las citas de artista son bobadas (de eso se trata, precisamente).

Contar, un ejercicio

Durante la próxima semana descubrirás cómo se gasta el dinero. Compra un cuadernito de bolsillo y apunta cada céntimo que te gastas. No importa para qué sea, ni lo diminuto de la compra, pues el dinero suelto sigue siendo dinero.

Todos los días fecha las páginas y cuenta: lo que compraste, en qué lo gastaste, dónde fue a parar el dinero, si fue para comida, si te lo gastaste en almorzar en un bar, en un taxi, en el metro o en un préstamo para tu hermano. Sé meticuloso. Sé concienzudo. Y no te juzgues. Se trata de un ejercicio de autoobservación, no de autoflagelación.

Tal vez quieras continuar con esta práctica durante todo un mes o acaso más. Te enseñará lo que valoras en relación con lo que gastas. Muchas veces tus gastos difieren de tus verdaderos valores. Malgastamos dinero en cosas que no apreciamos y nos negamos cosas que apreciaríamos. Para muchos de nosotros contar es un preludio necesario para entender el lujo creativo.

Locura monetaria, un ejercicio

Completa las siguientes frases:

1. La gente con dinero es ______.
2. El dinero hace que la gente sea ______.
3. Yo tendría más dinero si ______.
4. Mi padre pensaba que el dinero era ______.
5. Mi madre siempre pensaba que el dinero ______.
6. En mi familia, el dinero provocaba ______.
7. El dinero equivale a ______.
8. Si yo tuviera dinero, ______.
9. Si me lo pudiera permitir, ______.
10. Si tuviera algo de dinero, yo ______.
11. Me temo que si tuviera dinero ______.
12. El dinero es ______.
13. El dinero causa ______.
14. Tener dinero no es ______.
15. Para tener más dinero, necesitaría ______.
16. Cuando tengo dinero suelo ______.
17. Creo que el dinero ______.
18. Si no fuera tan roñoso, yo ______.
19. La gente piensa que el dinero ______.
20. Estar arruinado me dice que ______.

Tareas

1. Abundancia natural: Encuentra cinco piedras bonitas o interesantes. A mí este ejercicio me gusta especialmente porque las piedras pueden llevarse en los bolsillos y palparse durante reuniones de trabajo. Pueden ser recuerdos pequeños y constantes de tu conciencia creativa.
2. Abundancia natural: Escoge cinco flores u hojas. Tal vez quieras prensarlas con papel cera y guardarlas dentro de un libro. No pasa nada si ya hiciste esto en la guardería, algunos de nuestros juegos más crea-

> «Como artista, estar insatisfecho es clave. No se trata de glotonería, aunque tal vez sí de apetito».
>
> Lawrence Calcagno

tivos tuvieron lugar ahí. Date permiso para hacerlo de nuevo.

3. Limpieza: Tira o dona cinco prendas de ropa vieja.
4. Creación: Haz algo de repostería (si tienes problemas con el azúcar, haz una macedonia). La creatividad no tiene por qué tener que ver siempre con el ARTE con mayúsculas. Muchas veces, el acto de cocinar algo puede ayudarte a cocinar algo de otra modalidad creativa. Cuando yo me siento bloqueada como escritora, hago sopas y empanadas.
5. Comunicación: Envía postales a cinco amigos. No se trata de un ejercicio de niño bueno: envíaselas a gente que te *encantaría* que se pusiera en contacto contigo.
6. Relee los principios básicos (véase página 39). Haz esto una vez al día. Lee una oración del artista —la tuya de la Semana 4 o la mía de la página 307. Haz esto una vez al día.
7. Limpieza: ¿Algún cambio en tu entorno doméstico? Haz alguno.
8. Aceptación: ¿Algún nuevo fluir en tu vida? Practica decir sí a los regalos.
9. Prosperidad: ¿Algún cambio en tu situación financiera o en tu perspectiva sobre ella? ¿Alguna idea nueva —aunque sea una locura— sobre lo que te encantaría hacer? Extrae imágenes sobre ello y añádelas a tu archivo de imágenes.

Registro

1. ¿Cuántas veces has escrito las páginas matutinas esta semana? (¿Las has utilizado para pensar en tu lujo creativo?). ¿Qué tal la experiencia?
2. ¿Has cumplido con tu cita con el artista esta semana? (¿Has considerado la posibilidad de concederte dos?). ¿Qué has hecho? ¿Cómo te has sentido?

3. ¿Has experimentado sincronía esta semana? ¿Qué ha pasado?
4. ¿Se ha producido algún otro asunto esta semana que te parezca significativo para tu rehabilitación? Descríbelo.

SEMANA 7

Esta semana la enfocamos a la práctica de las actitudes más adecuadas para la creatividad. El énfasis se pondrá en tus habilidades tanto receptivas como activas. Los ensayos, ejercicios y tareas tienen como objetivo excavar áreas de auténtico interés creativo a medida que vas conectando con tus sueños personales.

Recuperar una sensación de conexión

Escuchar

La habilidad de escuchar es una destreza que estamos perfeccionando tanto en nuestras páginas matutinas como en nuestras citas con el artista. Las páginas nos entrenan para que escuchemos más allá de nuestro Censor y las citas con el artista nos ayudan a sintonizar con la voz de la inspiración. Aunque ambas actividades no tienen conexión aparente con el hecho en sí de hacer arte, son básicas para el proceso creativo.

El arte no se basa en sacar algo de la nada. Se trata de lo contrario: de dejar algo sobre el papel. Las palabras son importantes. Si lo que intentamos es sacar algo del aire, nos estaremos esforzando en alcanzar algo a lo que apenas llegamos, algo que está «ahí arriba, en la estratosfera, en las alturas donde el arte habita...».

Cuando dejamos caer algo no hacemos ningún esfuerzo, pues no estamos haciendo nada, estamos dejando hacer. Alguien o algo distinto a nosotros es quien hace. En lugar de inventar escuchamos.

Cuando un actor está concentrado en el momento que vive su personaje, lo que está haciendo es escuchando creativamente lo que viene después. Cuando un pintor está pintando, puede que empiece con un plan, pero ese plan pronto se rendirá al plan del propio cuadro (esto muchas veces se define con la expresión «el pincel escoge cómo seguir»). En la danza, en la composición, en la escultura la experiencia es la misma: somos más el canal que el creador de lo que expresamos.

«En el judaísmo esotérico de la Cábala, el Ser Profundo recibe el nombre de Neshamah, de la raíz *Shmhm*, «oír o escuchar»: Neshamah es La Que Escucha, el alma que nos inspira o nos guía».

Starhawk

El arte es un acto de sintonización y de bajada al pozo. Es como si todas las historias, imágenes, músicas o actuaciones del mundo vivieran justo debajo de nuestra conciencia habitual. Fluyen a través de nosotros como un arroyo subterráneo de ideas al que podemos bajar. Como artistas, bajamos por el pozo hasta ese arroyo. Escuchamos lo que hay ahí abajo y actuamos basándonos en ello (se trata más de actuar al dictado que de algo sofisticado y artístico).

Un amigo mío es un espléndido director de cine, conocido por su meticulosa planificación. Pero muchas veces sus planos más brillantes son totalmente improvisados, decididos en el instante, mientras trabaja. Estos momentos de clara inspiración necesitan que los obedezcamos por pura fe. Podemos practicar a diario estos pequeños saltos de fe en nuestras páginas y en nuestras citas con el artista. Podemos aprender no sólo a escuchar, sino también a oír con creciente precisión esa voz inspirada e intuitiva que dice «haz esto, prueba con esto, di esto...».

La mayoría de los escritores han tenido la experiencia de terminar un poema o de escribir un par de párrafos. Nos parece que estos descubrimientos son pequeños milagros. De lo que no nos damos cuenta es de que, de hecho, son la norma. Somos el instrumento más que el autor de nuestro trabajo.

Se dice que Miguel Ángel afirmaba que lo que él había hecho era liberar a David del bloque de mármol en el que se lo había encontrado. «El cuadro tiene vida propia. Yo intento dejar que salga», dijo Jackson Pollock. Cuando doy clases de guión recuerdo a mis estudiantes que su película ya existe en su totalidad. Su trabajo consiste en escuchar, en visualizarla con la mente y en apuntar.

Lo mismo puede decirse de todas las formas de arte. Si las pinturas y las esculturas nos están esperando, las sonatas, también, al igual que las novelas, las obras de teatro y los poemas. Nuestro trabajo consiste simplemente en ponerlo sobre el papel. Para hacerlo bajamos al pozo.

A algunas personas les resulta más fácil imaginar el arroyo de inspiración como ondas radiofónicas de todo tipo y que se emiten a todas horas. Con la práctica aprendemos a buscar la frecuencia deseada, sintonizamos con la frecuencia que queremos. Como un padre aprendemos a escuchar, entre las voces de los otros niños, la voz del hijo que nuestra mente está criando.

Una vez que aceptes que la creación es algo natural podrás empezar a aceptar una segunda idea: que el creador te entregará lo que necesites para tu proyecto. En el momento en que estés dispuesto a aceptar la ayuda de este colaborador, empezarás a ver pequeñas ayuditas en todas partes. Mantente alerta: hay una segunda voz, una armonía más alta, que añade y aumenta tu voz creativa interior. Muchas veces, esta voz hace su aparición en sincronías. Oirás el diálogo que necesitas, encontrarás la canción que más le va a la secuencia, verás el tono exacto de pintura que casi tenías en la cabeza, etcétera. Tendrás la experiencia de encontrar cosas —libros, seminarios, objetos desechados— que se da la circunstancia de que encajan con lo que estás haciendo.

«Escuchar es una forma de aceptación».

Stella Terrill Mann

Aprende a aceptar la posibilidad de que el universo te esté ayudando con lo que estás haciendo. Disponte a ver la mano de Dios y acéptala como la oferta que te hace un amigo de ayudarte con lo que te traes entre manos. Como muchos de nosotros albergamos la temerosa creencia de que a Dios nuestra obra le parecerá decadente, frívola o algo peor, tendemos a descartar esta ayuda de creador a creador.

Intenta recordar que Dios es el gran artista. A los artistas les gustan los otros artistas.

Ten la esperanza de que el universo apoya tu sueño. Lo hará.

Perfeccionismo

Tillie Olsen lo llama, correctamente, el «cuchillo de la actitud perfeccionista en el arte». Tal vez tú lo llames de otra manera. A lo mejor lo llamas acertar o arreglarlo antes de ir más allá. Puede que lo llames tener criterio. Pero lo deberías estar llamando perfeccionismo.

El perfeccionismo no tiene nada que ver con acertar. No tiene nada que ver con arreglar cosas. No tiene nada que ver con el criterio. El perfeccionismo es la negativa a dejarte avanzar. Es un bucle, un sistema obsesivo, debilitante, que provoca que te atasques en los detalles de lo que estás escribiendo o pintando, y que pierdas de vista el todo. En lugar de crear libremente y de permitir que los errores se revelen solos más adelante, en forma de hallazgos, muchas veces nos liamos queriendo acertar con los detalles. Corregimos nuestra originalidad para convertirla en una uniformidad que carece de pasión y de espontaneidad. «No tengas miedo de los errores», nos dejó dicho Miles Davis, «no existen».

> «En el arte la cerebración es el enemigo de la originalidad».
>
> Martin Ritt

El perfeccionista arregla un poema verso a verso una y otra vez, hasta que ningún verso funciona. El perfeccionista repasa la línea de la barbilla de su retrato hasta rasgar el papel. El perfeccionista escribe tantas versiones de la escena uno que nunca llega al resto de la obra. El perfeccionista escribe, pinta, crea con un ojo puesto en su público. En lugar de disfrutar del proceso, el perfeccionista pone nota constantemente a los resultados.

El perfeccionista está casado con el lado lógico del cerebro. El crítico reina como ser supremo en la casa creativa del perfeccionista. A un brillante pasaje de prosa descriptiva se le hace una crítica de guante blanco: «Hmmm, ¿y esta coma? ¿Estás seguro de que esta palabra se escribe así?».

Para el perfeccionista las primeras versiones no existen, ni los borradores, ni los ejercicios de calentamiento. Cada versión quiere ser final, perfecta, grabada en piedra. A mitad de un proyecto, el perfeccionista decide leerlo de principio a fin, darle forma, ver adónde va. ¿Y dónde va? A ningún sitio, pero muy deprisa.

El perfeccionista nunca está satisfecho. El perfeccionista nunca dice, «esto no está nada mal. Creo que voy a seguir a ver qué pasa». Para el perfeccionista siempre hay lugar para mejorar. Llama a esto humildad pero, en realidad, se trata de egolatría. Es el orgullo lo que nos lleva a querer escribir un guión perfecto, pintar un cuadro perfecto, representar un perfecto monólogo en una audición.

El perfeccionismo no es una búsqueda de lo mejor. Es la persecución de lo peor de nosotros mismos, esa parte que nos dice que nada de lo que hagamos será nunca lo bastante bueno, que deberíamos intentarlo otra vez.

No. Eso no es lo que deberíamos hacer.

«Un cuadro nunca está terminado. Sencillamente se detiene en lugares interesantes», dijo Paul Gardner. Un libro nunca está terminado, pero llegado un cierto punto dejas de escribir y pasas a lo siguiente. Una película nunca está perfectamente montada, pero llegado un cierto punto lo dejas estar y dices ya. Es un aspecto normal de la creatividad: dejarlo estar. Siempre lo hacemos lo mejor posible dentro de las luces que tenemos.

Riesgo

Pregunta: ¿Qué haría si no tuviera que hacerlo perfectamente?

Respuesta: Mucho más de lo que estoy haciendo.

Todos hemos oído que una vida sin examen no es digna de ser vivida, pero además consideramos que no merece la pena examinar una vida no vivida. El éxito de una rehabilitación creativa depende de nuestra habilidad para salir de nuestra cabeza y pasar a la acción. Esto nos lleva de lleno al riesgo. La mayoría de nosotros tenemos experiencia a la hora de convencernos para evitar el riesgo. Somos especuladores acertados acerca del posible sufrimiento que nos provocaría la autoexposición.

«Pareceré un idiota», decimos, recordando imágenes de nuestra primera clase de teatro, nuestro primer y torpe relato, nuestros terribles dibujos. Aquí, parte del juego consiste en poner en fila a los maestros y medir nuestros pasos de bebé con su oficio de años. No comparamos nuestras películas de estudiantes con las películas que hizo George Lucas de estudiante: las comparamos con *La guerra de las galaxias*.

«Vivir es una manera de no estar seguro, de no saber qué viene ahora ni cómo. Desde el momento en el que sabes el cómo, empiezas a morir un poco. El artista nunca sabe del todo. Adivinamos. Podemos estar equivocados, pero nos lanzamos una y otra vez en la oscuridad».

Agnes de Mille

Negamos que para hacer algo bien primero tengamos que estar dispuestos a hacerlo mal. Así que optamos por fijar el límite en aquel punto en el que estamos convencidos de nuestro éxito. Viviendo dentro de estas fronteras tal vez nos sintamos asfixiados, ahogados, desesperados, aburridos. Pero, sí, nos sentimos seguros. Y la seguridad es una ilusión muy cara.

Para arriesgar hay que deshacerse de nuestros límites asumidos. Debemos romper con los «No puedo porque...». ¿Porque soy demasiado viejo, demasiado pobre, demasiado tímido, demasiado arrogante? ¿Porque estoy a la defensiva? ¿Porque soy un timorato?

Normalmente, cuando decimos que no podemos hacer algo, lo que queremos decir es que no haremos algo a no ser que podamos garantizar que lo haremos perfectamente. Los artistas en activo saben la locura que supone esta postura. Entre los directores hay un chiste habitual: «Oh, sí, siempre sé exactamente cómo hay que dirigir la película. Después de haberla dirigido».

Como artistas bloqueados esperamos de forma poco realista y nos exigimos éxito a nosotros mismos, así como el reconocimiento de ese éxito en los demás. Con exigencia muda muchas cosas permanecen fuera de nuestra esfera de posibilidades. Como actores tendemos a permitirnos que se nos encasille en lugar de trabajar en expandir nuestro abanico de personajes. Como cantantes estamos casados con nuestro repertorio seguro. Como compositores intentamos repetir la fórmula de un hit. De esta manera, los artistas que no parecen bloqueados a ojos ajenos experimentan un bloqueo interno, al ser incapaces de asumir el riesgo de moverse a un territorio artístico nuevo y más satisfactorio.

Una vez que estemos dispuestos a aceptar que cualquier cosa que merezca la pena hacer posiblemente merezca la pena aunque lo hagamos mal, nuestras opciones aumentarán. «Si no tuviera que hacerlo perfectamente, probaría a...»:

«No podemos escapar del miedo. Sólo podemos transformarlo en un compañero que viene con nosotros en todas nuestras emocionantes aventuras... Asume un riesgo al día, un toque leve o audaz que te hará sentir bien después de hacerlo».

Susan Jeffers

1. Hacer monólogos cómicos.
2. Danza moderna.
3. Rafting en aguas bravas.
4. Arquería.
5. Aprender alemán.
6. Dibujo.
7. Patinaje artístico.
8. Ser rubia platino.
9. Manejar marionetas.
10. Trapecio.
11. Natación sincronizada.
12. Polo.
13. Usar pintalabios rojo.
14. Apuntarme a clases de costura.
15. Escribir relatos.
16. Leer mis poemas en público.
17. Unas vacaciones tropicales improvisadas.
18. Aprender a rodar vídeos.
19. Aprender a montar en bici.
20. Apuntarme a clases de acuarela.

En la película *Toro salvaje*, el mánager y hermano del boxeador Jack La Motta le explica por qué debería perder algo de peso y pelear contra un oponente desconocido. Después de un discurso intrincado que deja perplejo a La Motta, concluye: «Así que hazlo. Si ganas, ganas, y si pierdes, ganas».

Siempre es así a la hora de asumir riesgos.

«No hay deber en el arte porque el arte es libre».

Wassily Kandinsky

«Apunta a la luna. Incluso si fallas, caerás entre las estrellas».

Les Brown

Por decirlo con otras palabras: muchas veces merece la pena asumir un riesgo sencillamente por el hecho de asumirlo. Hay algo revitalizante en ampliar nuestra definición de nosotros mismos, y eso es exactamente lo que hace un riesgo. Escoger un desafío y enfrentarse a él crea una sensación de poder personal que se convierte en la base de nuevos y exitosos desafíos. Visto de esta manera, correr un maratón aumenta tus posibilidades de escribir una obra dramática de dos horas. Y escribir una obra dramática te da más puntos a la hora de conseguir correr un maratón.

Completa la siguiente frase: «Si no tuviera que hacerlo perfectamente, probaría a...».

Envidia

Según he oído muchas veces, la envidia es una emoción humana normal. Cuando escucho eso, pienso: «Puede que tu envidia lo sea; la mía, no».

Mi envidia ruge en mi cabeza, me oprime el pecho, me agarra las paredes del estómago con un puño frío buscando cómo hacerme más daño. Hace mucho que considero que la envidia es mi mayor debilidad; hace muy poco que he descubierto que, en realidad, es una amiga que brinda un amor cruel.

La envidia es un mapa. Es distinto en cada uno de nosotros y a cada uno de nosotros probablemente nos sorprendan algunas de las cosas que descubriremos en nuestros respectivos mapas de la envidia. A mí, por ejemplo, nunca me ha reconcomido el resentimiento por el éxito de las mujeres novelistas, pero sentía un interés insano en las venturas y desventuras de las mujeres dramaturgas. Era su crítica más feroz, hasta que escribí mi primera obra. Con aquella acción, mi envidia desapareció y se vio sustituida por un sentimiento de camaradería. Mi envidia, en realidad, era una máscara del miedo a hacer algo que quería hacer pero para lo cual aún no tenía la suficiente valentía.

La envidia siempre es una máscara del miedo: miedo a no ser capaces de conseguir lo que queremos; frustración por que otra persona parece estar logrando lo que por derecho nos pertenece a nosotros, incluso aunque tengamos demasiado miedo de alcanzarlo. En su raíz, la envidia es una emoción tacaña. No permite la abundancia y multiplicidad del universo. La envidia nos dice que sólo hay sitio para uno: un poeta, un pintor, un lo que sea que tú sueñes con ser.

La verdad revelada por las acciones que realizamos en favor de nuestros sueños es que hay sitio para todos nosotros. Pero la envidia produce visión túnel, disminuye nuestra capacidad para ver las cosas con perspectiva, nos despoja de nuestra habilidad para contemplar otras opciones. La mayor mentira que nos cuenta la envidia es que no tenemos más opción que sentir envidia. De manera perversa la envidia nos priva de nuestra voluntad de actuar, cuando es la acción la que guarda las llaves de nuestra libertad.

«Con coraje te atreverás a correr riesgos, tendrás la fortaleza de ser compasivo y la sabiduría para ser humilde. El coraje es el fundamento de la integridad».

KESHAVAN NAIR

EL MAPA DE LA ENVIDIA, UN EJERCICIO

Nuestro mapa de la envidia estará compuesto por tres columnas. En la primera columna nombra a las personas que te generan envidia. Al lado de cada nombre escribe por qué. Sé tan específico y concreto como puedas. En la tercera columna apunta una acción que puedas emprender para salir de la envidia y dirigirte hacia el riesgo creativo. Cuando la envidia te muerde, requiere un antídoto inmediato, como la mordedura de una serpiente. Sobre el papel, haz tu mapa de la envidia.

Quién	Por qué	Acción/antídoto
Mi hermana Libby.	Tiene un verdadero estudio de arte.	Arreglar el cuarto de invitados.
Mi amigo Ed.	Escribe buenas novelas policíacas.	Prueba a escribir una.
Anne Sexton.	Es una poeta famosa.	Publicar los poemas que tengo guardados desde hace años.

Hasta los cambios más importantes empiezan con las modificaciones más insignificantes. El verde es el color de la envidia pero también el de la esperanza. Cuando aprendes a embridar su feroz energía en tu propio beneficio, la envidia es parte del combustible que te impulsa hacia un futuro más fértil y lleno de verdor.

Arqueología, un ejercicio

Las frases que siguen suponen trabajo detectivesco, pues hay muchas partes enterradas de nosotros mismos que podemos descubrir excavando un poco. Tus respuestas no sólo te dirán qué se te perdió en el pasado, también te dirán lo que podrías estar haciendo ahora para reconfortar a tu niño artista. No es demasiado tarde, te diga tu ego lo que te diga.

Completa estas frases.

1. De niño perdí la oportunidad de ____________.
2. De niño me faltaba ____________.
3. De niño me hubiera venido bien ____________.
4. De niño soñaba con ser ____________.
5. De niño yo quería un ____________.
6. En mi casa nunca tuvimos suficiente ____________.
7. De niño yo hubiera necesitado más ____________.
8. Siento no ver nunca más ____________.
9. Durante años he echado de menos y me he preguntado por ____________.
10. Me atormenta haber perdido ____________.

> «No tengo mucho respeto por el talento. El talento es genético. Lo que importa es lo que hagas con él».
>
> Martin Ritt

Es importante reconocer nuestro inventario positivo además de nuestras carencias. Evalúa en positivo todo lo bueno que tienes y sobre lo que puedes construir en el presente.

Termina estas frases.

1. Tengo un amigo leal en ____________.
2. Una de las cosas que me gustan de mi ciudad es ____.
3. Creo que tengo bonitos ____________.
4. Escribir las páginas matutinas me ha enseñado que ____________.
5. Me estoy tomando un mayor interés por ____________.
6. Creo que se me está dando mejor ____________.
7. Mi artista ha empezado a prestar mayor atención a ____________.
8. Me cuido de una manera más ____________.
9. Me siento más ____________.
10. Posiblemente mi creatividad sea ____________.

Tareas

> «Confía en ti mismo. Tus percepciones son con frecuencia mucho más atinadas de lo que estás dispuesto a creer».
>
> Claudia Black

1. Convierte esta frase en un mantra: tratarme como un objeto precioso me hará fuerte. Haz con esta frase un cuadro en acuarela, con ceras o en caligrafía. Co-

lócala donde vayas a verla a diario. Tendemos a pensar que ser duros con nosotros mismos nos fortalecerá. Pero es apreciándonos como nos haremos fuertes.

2. Date tiempo a escuchar la cara de un disco, sólo por placer. A lo mejor te apetece garabatear mientras lo escuchas, permitiéndote dibujar las formas, emociones y pensamientos que escuchas en la música. Nota cómo con sólo veinte minutos puedes sentirte más fresco. Aprende a tomarte estas minicitas con el artista para romper el estrés y dar lugar a que se produzcan los hallazgos.
3. Llévate a un lugar sagrado —una iglesia, una sinagoga, una biblioteca, una arboleda— y permítete saborear el silencio y la soledad curativa. Cada uno de nosotros tiene una idea personal de lo que es un espacio sagrado. A mí, una gran tienda de relojes o un gran acuario me generan una sensación de maravilla intemporal. Investiga.
4. Crea un olor maravilloso en tu casa (preparando sopa, quemando incienso, colocando ramas de abeto, velas... lo que sea).
5. Ponte tu ropa preferida aunque no sea una ocasión especial.
6. Cómprate un maravilloso par de calcetines, un maravilloso par de guantes... un algo maravilloso y reconfortante que suponga un regalo de amor a ti mismo.
7. *Collage:* Colecciona una pila de al menos diez revistas que te permitirás desmembrar con total libertad. Dándote un límite de veinte minutos, ve abriendo las revistas en canal (literalmente) y arrancando las imágenes que reflejen tu vida o tus intereses. Piensa en este *collage* como en una forma de autobiografía pictórica. Incluye tu pasado, tu presente, tu futuro y tus sueños. Está bien incluir imágenes sólo porque te gusten. Sigue sacando hasta que tengas un buen lote de imágenes (por lo menos, veinte). Ahora coge una hoja de papel de periódico, una grapadora o un poco de cinta adhe-

siva o pegamento, y organiza las imágenes de alguna manera que a ti te guste. (Éste es uno de los ejercicios favoritos de mis alumnos).

8. Haz una lista rápida de cinco películas favoritas. ¿Ves algún denominador común entre ellas? ¿Son románticas, de aventuras, de época, dramas políticos, épicas familiares, *thrillers?* ¿Ves rastros de tus temas cinematográficos en tu collage?
9. Di cuáles son tus temas preferidos sobre los que leer: religiones comparadas, películas, percepción extrasensorial, historias de personas hechas a sí mismas, traición, triángulos amorosos, descubrimientos científicos, deportes... ¿Están esos temas en tu *collage?*
10. Dale un lugar de honor a tu *collage*. Vale incluso un lugar de honor secreto (dentro de tu armario, en un cajón, cualquier sitio que sea tuyo). Tal vez quieras hacer un nuevo *collage* cada pocos meses o hacer uno más minucioso de algún sueño que estés intentando cumplir.

«Cuando empiezas un cuadro de algún modo éste está fuera de ti. En su finalización, parece como que ingresas en el cuadro».

Fernando Botero

«Cuando una situación interna no se hace consciente, aparece por fuera como si fuera el destino».

Carl Gustav Jung

Registro

1. ¿Cuántos días has escrito las páginas matutinas esta semana? ¿Te has permitido soñar despierto con algunos riesgos creativos? ¿Estás mimando a tu niño artista con actos de amor de tu infancia?
2. ¿Has tenido tu cita con el artista esta semana? ¿La has aprovechado para asumir algún riesgo? ¿Qué has hecho? ¿Cómo te has sentido?
3. ¿Has experimentado sincronía esta semana? ¿Qué ha pasado?
4. ¿Ha habido algún otro asunto que consideres relevante para tu rehabilitación? Descríbelo.

SEMANA 8

Esta semana se ocupa de otra gran fuente de bloqueo creativo: el tiempo. Explorarás cómo has utilizado tu percepción del tiempo para evitar asumir riesgos creativos. Identificarás cambios prácticos e inmediatos que puedes poner en marcha en tu vida actual. Excavarás en los condicionamientos tempranos que pueden haberte animado a conformarte con mucho menos de lo que deseas creativamente.

Recuperar una sensación de fortaleza

Supervivencia

Una de las tareas más difíciles a las que debe enfrentarse un artista es, además, fundamental: la supervivencia artística. Todos los artistas deben aprender el arte de sobrevivir a la pérdida: pérdida de esperanza, de orgullo, de dinero, de fe en uno mismo. Aparte de nuestras muchas ganancias, en una carrera artística sufriremos estas pérdidas de forma inevitable. Son los riesgos del camino y, en muchos sentidos, sus carteles de señalización. Las pérdidas artísticas pueden transformarse en ganancias y en fortalezas artísticas, pero esta transformación no podrá llevarse a cabo en el aislamiento de un cerebro de artista atormentado.

Como dicen siempre que pueden los expertos en salud mental, para atravesar el dolor y dejarlo atrás, debemos reconocerlo y compartirlo. Dado que las pérdidas artísticas rara vez son lamentadas o reconocidas abiertamente, se convierten en cicatrices que bloquean el crecimiento creativo. Consideradas demasiado dolorosas, demasiado tontas, demasiado humillantes como para ser compartidas, y por tanto sanadas, se convierten en pérdidas secretas.

Si las creaciones artísticas son las crías de nuestro cerebro, las pérdidas artísticas son nuestros abortos. Muchas veces las mujeres sufren de forma terrible, y en privado, por la pérdida de un hijo que no llega a término. Y como artistas sufrimos pérdidas terribles cuando el libro no se vende, la película no encuentra distribución, la exposición colectiva no incluye nuestras obras, la mejor vasija se rompe en pedazos, los poemas no son aceptados, la lesión de tobillo nos deja en casa durante toda una temporada de danza.

Debemos recordar que aquello con lo que podemos intelectualmente supera con creces a aquello con lo que podemos emocionalmente. Debemos estar alerta para poder señalizar y lamentar nuestras pérdidas.

«Me convertiré en un maestro en este arte sólo después de una gran cantidad de práctica».

Erich Fromm

«Dar un nuevo paso, pronunciar una palabra nueva es lo que más miedo da a la gente».

Fyodor Dostoyevski

La acogida decepcionante de un buen trabajo, la incapacidad para trasladarnos a otro medio o a otro tipo de papel a causa de las expectativas que los demás tienen sobre nosotros, son pérdidas artísticas por las cuales hay que guardar luto. No sirve de nada decir «Oh, esto le pasa a todo el mundo» o «¿A quién pretendía engañar en cualquier caso?». La decepción que se queda sin ser lamentada se convierte en una barrera que nos separa de sueños futuros. Que no te den un papel que es «tuyo», que no se te pida que te unas a la compañía, que cancelen el programa o que no publiquen una crítica de la obra: todo ello son pérdidas.

Tal vez la forma más dañina de pérdida artística tenga que ver con la crítica. Al artista interior, como al niño interior, rara vez le hace daño la verdad. Lo diré otra vez: la crítica verdadera muchas veces libera al artista a quien va dirigida. Somos como niños, pero no somos inmaduros. *¡Ajajá!*, es muchas veces el sonido interior que acompaña la llegada de una flecha crítica certera y bien dirigida. El artista piensa «¡Sí! ¡Eso lo veo! ¡Eso es! ¡Eso lo puedo cambiar!».

La crítica que hace daño a un artista es la crítica —ya sea bien o mal intencionada— que no contiene un gramo salvador de verdad y, sin embargo, está llena de cierta verosimilitud condenatoria o conlleva un juicio general inexpugnable que no puede refutarse de manera racional.

Profesores, editores, mentores son muchas veces figuras paternales o de autoridad para un joven artista. Hay una confianza sagrada inherente en el vínculo entre maestro y aprendiz. Cuando esta confianza es violada, tiene el impacto de una violación paternal. Estaríamos hablando de incesto emocional.

Un estudiante confiado escucha de boca de un profesor sin escrúpulos que un buen trabajo es malo o no es prometedor o que él, el gurú-profesor, siente que el talento del estudiante tiene ciertos límites, o se equivocó al ver el talento, o duda de que haya talento... De índole personal, nebulosa en cuanto a sus detalles específicos, esta crítica es como el acoso sexual encubierto, una experiencia sucia pero difícil de identificar. El estudiante sale de ahí sintiéndose avergonzado, sintiéndose como un mal artista o, lo que es peor, tonto por intentarlo.

El poder de la torre de marfil

He tenido el privilegio a lo largo de la última década de aventurarme a dar clases en el mundo académico. Según mi experiencia como artista invitada, muchos académicos son seres artísticos profundamente frustrados por su incapacidad para crear. Con grandes habilidades para el discurso intelectual, distanciados por esa misma destreza intelectual de sus propios impulsos creativos, muchas veces encuentran muy inquietante la creatividad de sus alumnos.

«La imaginación es más importante que el conocimiento».

Albert Einstein

Como están dedicados a la apreciación erudita del arte, la mayoría de los académicos descubren que, al mirarla de cerca, la bestia les intimida. Tienden a ver los programas de escritura creativa con justificada sospecha: esa gente no está estudiando la creatividad, ¡la está practicando! ¿Quién sabe adónde podría conducir tal cosa?

Estoy pensando concretamente en el jefe de un departamento de estudios fílmicos que conozco, un director de cine muy dotado que durante años no pudo o no quiso exponerse a los rigores de la creación. Al canalizar sus feroces impulsos creativos hacia la vida de sus estudiantes, se dedicaba de forma alternativa a sobreprotegerlos o a minar sus esfuerzos, buscando satisfacer o justificar de manera indirecta su propia posición como espectador.

A pesar de querer con todas mis fuerzas que este hombre me cayera mal —puesto que sin duda me disgustaba su forma de comportarse— me vi incapaz de pensar en él sin compasión. Su malograda creatividad, tan luminosa en sus primeras películas, se había oscurecido hasta llenar de sombras, primero, su propia vida y, después, las vidas de sus estudiantes. En el más amplio sentido de la palabra, era un monstruo creativo.

Me llevó más años y más clases darme cuenta de que el mundo académico alberga a un enemigo del espíritu creativo mucho más sutil y pernicioso. La hostilidad abierta, al fin y al cabo, puede ser contraatacada. Mucho más peligroso, algo que hiela el alma mucho más, es ese desprecio tenue que puede adormecer la creatividad de los estudiantes.

Estoy pensando ahora en la época que pasé en una distinguida universidad de investigación, donde mis colegas profesores publicaban, extensamente y en prestigiosas revistas, artículos impenetrables e insólitos sobre temas cinematográficos. Muy bien considerados entre sus colegas intelectuales, profundamente inmersos en sus propias carreras académicas, estos compañeros ofrecían pocas oportunidades de identificación a los estudiantes creativos que pasaban por su tutela. Descuidaban el nutriente más rudimentario: el dar ánimos.

La creatividad no puede cuantificarse fácilmente en términos intelectuales. Por su propia naturaleza, evita tales constricciones. En una universidad donde la vida intelectual se construye sobre el arte de la crítica —es decir, sobre la deconstrucción de una obra de creación— el arte de la creación en sí misma encuentra pocos apoyos, comprensión o aprobación. Por decirlo de manera rotunda: la mayoría de los académicos saben cómo desmontar algo, pero no cómo montarlo.

El trabajo de los estudiantes era examinado a menudo, pero pocas veces era *apreciado*. Muy al contrario: fueran cuales fueran sus verdaderos méritos, el trabajo se contemplaba sólo en función de sus defectos. Una y otra vez fui testigo de cómo muchos trabajos prometedores se enfrentaban con golpes de tendrías-que-haber, podrías-haber o pudieras-haber, en lugar de ser considerados en lo que eran.

«Rodéate de personas que te respetan y que te tratan bien».

Claudia Black

«Para quienes tienen mentes racionales los procesos mentales de los intuitivos parecen moverse marcha atrás».

Frances Wickes

No estoy queriendo decir que el mundo académico deba convertirse en un estudio de artista sobredimensionado. Sí digo, en cambio, que los artistas que estén intentando existir, crecer, incluso florecer, dentro de ese medio deberían saber que toda la fuerza de la intelectualidad va en contra del impulso creativo. Para un artista, ser demasiado cerebral significa quedar mutilado. Esto no quiere decir que a los artistas les falte rigor, sino que el rigor artístico tiene una base distinta de la que suele admitir la vida intelectual.

Los artistas y los intelectuales no son el mismo tipo de animal. Cuando yo misma era una joven artista, esto me resultaba muy desconcertante. Tengo considerables dotes para la crítica; de hecho, he recibido premios internacionales por ponerlas en práctica. Pero, por desgracia, descubrí que esas mismas dotes se aplicaban mal cuando se centraban en proyectos artísticos embrionarios, ya fueran los míos o los de otros. Los artistas jóvenes son plantas de semillero. Sus obras tempranas son como matorrales, como maleza, incluso como malas hierbas, y los salones académicos, con su gusto por elevados teoremas intelectuales, hacen poca cosa por alimentar la vida del sotobosque. Como profesora, mi triste experiencia es que muchos creadores de talento se vieron intimidados de forma temprana e injusta por su incapacidad para ajustarse a unas normas que no eran las suyas. Mi esperanza sería que los académicos que lean este libro y lo apliquen a su vida, lo hagan apreciando la idea de que hay algo auténtico en crecer por el gusto de crecer. En otras palabras, como árboles más altos que somos, no dejemos que nuestros más oscuros instintos jueguen sin control con las semillas de artista que hay a nuestro alrededor.

Sin herramientas específicas ni un ego suficientemente fuerte, muchos artistas dotados languidecen durante años bajo las señales de estos golpes. Avergonzados por su presunta falta de talento, avergonzados por la grandilocuencia de sus sueños, los jóvenes artistas tal vez canalicen sus dotes en empresas comerciales y luego olviden sus sueños de hacer trabajos más originales y arriesgados. Tal vez trabajen como editores en lugar de escritores, como montadores en vez de directores, artistas comerciales en lugar de practicar las bellas artes, y se queden a las puertas de su sueño. Muchas veces es la audacia, y no el talento auténtico, lo que confiere fama a un artista. La falta de audacia —arrebatada a base de abusos críticos o desnutrida por negligencia— puede inutilizar a muchos artistas que son superiores a aquellos a los que aclamamos en público. Para recuperar nuestra sensación de esperanza, así como el coraje de crear, debemos reconocerlo y guardar luto por las cicatrices que nos bloquean. Este proceso puede parecer minucioso en exceso y volcado en una nimiedad, pero es un rito de paso necesario. De la misma manera que un adolescente debe ganar autonomía a costa de un padre o una madre dominante, también el artista debe ganar autonomía a costa de mentores malignos.

Cuando Ted terminó de escribir su primera novela la envió como un valiente a un agente literario. Adjuntó un cheque de cien dólares para pagar al agente por tomarse el tiempo y el trabajo de leerla. Lo que le llegó a vuelta de correo fue una sola página con una reacción inútil, irresponsable e imprecisa: «Esta novela es medio buena y medio mala. Ése es el peor tipo de obras. No puedo decirte cómo arreglarla. Te sugiero que pases página».

«Confía en esa voz pequeña y sorda que dice "esto podría funcionar y voy a probarlo"».

Diane Mariechild

Cuando yo conocí a Ted llevaba siete años bloqueado. Al igual que a muchos principiantes, nunca se le ocurrió buscar una segunda opinión. Con enorme dificultad me enseñó la novela: como amiga suya, se me rompía el corazón al ver cómo esa novela había sido maltratada; como profesional, me sentí impresionada, tan impresionada que me encontré frente al primer estudiante a quien desbloquear. «Por favor, intenta escribir otra vez. Puedes hacerlo. Sé que puedes hacerlo», comencé. Ted estaba dispuesto a arriesgarse al desbloqueo y, hace ahora doce años, empezó a trabajar con las páginas matutinas. Ha escrito tres novelas y los guiones de dos películas. Tiene un buenísimo agente literario y cada vez mayor reputación.

Para llegar a donde está ahora Ted tuvo que volver a sentir y padecer la herida que había sufrido de joven. Tuvo que hacer las paces con los años perdidos que esta herida le había costado. Página a página, día tras día, poco a poco, tuvo que ir reconstruyendo su fortaleza.

Como en la carrera de cualquier atleta, la vida de un artista tendrá sus lesiones. Son parte del juego. El truco radica en sobrevivir a ellas, en aprender a dejarte curar. Igual que un deportista que, por no hacer caso de un músculo dolorido, puede desgarrarlo aún más, un artista que esconde el dolor provocado por las pérdidas terminará dañándose hasta caer en el silencio. Otórgate la dignidad de admitir tus heridas artísticas. Es el primer paso para sanarlas.

«El hombre no puede aprender nada excepto yendo de lo conocido a lo desconocido».

Claude Bernard

Ningún inventario de lesiones artísticas estaría completo sin reconocer aquellas heridas que nos hacemos a nosotros mismos. Muchas veces, como artistas, se nos ofrece una oportunidad que eludimos, saboteados por nuestro miedo, nuestra baja autoestima o, simplemente, porque tenemos otros planes.

A Grace le ofrecen una beca artística en otra ciudad, pero ella no quiere dejar a Jerry, su novio. Rechaza la beca. A Jack le ofrecen el trabajo de sus sueños en su campo de especialización, en una ciudad lejana. Es un gran trabajo, pero lo rechaza por todos los amigos y la familia que tiene donde está. Ángela recibe críticas horribles por su papel en una obra horrible, y después le ofrecen otro papel protagonista en una obra que supone un desafío. Lo rechaza.

Estas oportunidades perdidas nos atormentan amargamente en los años siguientes. Más adelante trabajaremos en profundidad en nuestros giros artísticos de 180 grados pero, por ahora, el mero hecho de contarlos como pérdidas inicia el proceso de sanarlos.

Ganancia disfrazada de pérdida

El arte es el acto de estructurar el tiempo. «Míralo de esta manera», dice una obra de arte, «así es como yo lo veo». Como comenta una burlona amiga mía, la novelista Eve Babitz, «todo radica en cómo lo cuentes». Esto es particularmente cierto cuando te enfrentas a la pérdida artística. Cada pérdida ha de verse siempre como una ganancia potencial: todo está en cómo lo cuentes.

Todo final es un principio. Eso lo sabemos. Pero tendemos a olvidarlo mientras estamos atravesando el dolor. Golpeados por la pérdida, nos centramos, como es comprensible, en lo que dejamos atrás, en el sueño perdido que suponía la llegada a buen término de la obra y su espléndida acogida. Pero necesitamos concentrarnos en lo que nos espera más adelante, y esto puede ser complicado. Tal vez no sepamos qué nos espera más adelante.

Y, si el presente duele tanto, tendemos a ver el futuro como el anuncio de más dolor.

La «ganancia disfrazada de pérdida» es una potente herramienta de artista. Para adquirirla, pregúntate sencilla y directamente: «¿De qué puede servirme esta pérdida? ¿Hacia dónde dirige mi trabajo?». Las respuestas te sorprenderán y te liberarán. El truco está en metabolizar el dolor en forma de energía. La clave para hacerlo es saber que existe un lado bueno, confiar en ello y actuar como si en cualquier caso existiera, a condición de que tú estuvieras dispuesto a trabajar de otra manera o a entrar por otra puerta, una puerta que tal vez hayas eludido en el pasado.

«No puedo esperar obtener todas las respuestas, ni siquiera de mi propio arte; sólo puedo esperar que siga haciendo las preguntas correctas».

Grace Hartigan

«Para coger la pelota tienes que querer coger la pelota», dijo una vez John Cassavetes a un joven director. Cuando lo oí lo que yo entendí fue «deja de quejarte de las curvas tan malas con las que te tiran la pelota y estírate, intenta alcanzar lo que realmente quieres». Yo he intentado seguir este consejo.

Durante años jugué a la ruleta de los estudios cinematográficos. Una y otra vez sucedía que se compraban guiones originales y no se rodaban. Una y otra vez trabajos de calidad languidecían en las estanterías, víctimas de las puertas giratorias de los estudios. Películas que ya tenían la luz verde morían de la noche a la mañana (excepto en mi corazón de cineasta, que se estaba rompiendo).

«Así son las cosas», me decían, una y otra vez. «Si quieres que tus películas se hagan, primero debes venderte como escritora y luego, si uno de tus guiones llega a rodarse y si esa película es un taquillazo y si el clima mejora un poco, entonces, puede que te den la oportunidad de dirigir...». Escuché estos tópicos durante largos años, asumiendo pérdida tras pérdida, escribiendo guión tras guión. Al final, después de una pérdida más, empecé a buscar la otra puerta, la que me había negado a atravesar. Decidí coger la pelota: me convertí en una directora independiente.

Abandoné Hollywood. Fui a Chicago, compré una cámara de segunda mano y, utilizando el dinero que había conseguido escribiendo para *Miami Vice*, rodé mi propio largometraje, una comedia romántica estilo años cuarenta. Tenía la cinta terminada por 31.000 dólares, y tenía buena pinta. Después, por increíble que parezca, me robaron las pistas de sonido. Terminé la película de todas formas, doblándola entera (sí, una locura, pero Cassavetes, mi modelo, también estaba loco). El resultado consiguió distribución en el extranjero y buenas críticas en otros países. Y aprendí mucho.

«El arte es una técnica de comunicación. La imagen es la técnica más completa de toda la comunicación».

Claes Oldenburg

Si ahora tengo un modesto primer largo a mi nombre es porque pregunté «¿Cómo?» en lugar de «¿Por qué yo?». Tal vez habría ocurrido si no hubiera tomado cartas en el asunto, pero tal vez no. Y desde 1974 he trabajado activa y ampliamente como guionista. He escrito —y vendido— largometrajes, cortometrajes, documentales, docudramas, piezas para televisión, telefilms y esas películas corruptas, las miniseries. He dirigido un largo y media docena de cortos. De forma menos visible, también he trabajado como correctora de guiones, a veces con créditos y a veces no, a veces por dinero y a veces por amor. Y encima, he escrito más de cien ensayos, entrevistas con cineastas, reflexiones, artículos sobre tendencias, sobre estética, sobre cualquier cosa, para publicaciones tan diversas como *Rolling Stone*, *The New York Times*, *The Village Voice*, *New York*, *New West*, *Los Angeles Times*, *Chicago Tribune* y, con mayor reputación, *American Film*, donde fui editora externa durante muchos años. En resumen, podría decirse que he pagado el dharma a mi forma de arte preferida.

¿Por qué esta productividad tan diversa como la cabeza de una hidra? Porque amo las películas, me encanta hacerlas, y no quería que mis pérdidas me hicieran venirme abajo. Aprendí, cuando fui golpeada por la pérdida, a hacer la pregunta correcta: «¿Y ahora qué?», en lugar de «¿Por qué yo?».

Cada vez que estoy dispuesta a preguntar «¿Y ahora qué es lo que hace falta hacer?» es que he pasado página; cada vez que he aceptado un no como respuesta final he entrado en punto muerto y me he estancado. He aprendido que la clave de la resistencia profesional es la confianza en el propio poder y en la posibilidad de elegir.

Si analizas carreras creativas largas y exitosas, verás este principio en acción. La distinguida cineasta Shirley Clarke comenzó su carrera como bailarina. Si empezó a rodar fue precisamente para que hubiera películas de danza bien hechas. Fue luego cuando recibió honores como directora de primer orden y se labró una reputación en Europa aunque no consiguiese trabajos en estudios americanos. Clarke se convirtió en la primera directora americana que rodó un largo en Harlem, la primera que exploró las posibilidades de la cámara en mano, la directora americana a la que John Cassavetes, Martin Scorsese y Paul Schrader reconocen como fundamental en su propia formación artística. Pero era mujer y vivió tiempos difíciles. Cuando se agotaron los ingresos que consiguió como directora, se convirtió en una de las primeras videoartistas. Trabajó con Sam Shepard, Joseph Papp u Ornette Coleman. Obviamente, Clarke se tomó muy en serio la idea de que era más difícil disparar a un blanco móvil. Cada vez que se cerraba uno de los caminos de su creatividad, ella encontraba otro.

Los anales del cine rebosan de historias parecidas. Elia Kazan, tras caer en desgracia como director, escribió novelas. El director John Casavettes, que también era un buen actor, utilizaba sus papeles como vía de financiación de sus trabajos como director, demasiado eclécticos como para conseguir el apoyo de los estudios. «Si ellos no quieren rodar el largometraje, lo haré yo», decía Casavettes, y lo hacía. En lugar de dejarse bloquear, buscaba la otra puerta.

«El mundo de la realidad tiene sus límites; el mundo de la imaginación es infinito».

Jean-Jacques Rousseau

No disfrutaríamos de la maravillosa serie *Fairytale Theater* si la actriz-productora Shelley Duvall se hubiera quedado en casa quejándose durante sus periodos de sequía creativa, en lugar de llevar su creatividad a otra parte. *Non illegitimi te carborundum*, dicen que decía el graffiti en los campos de los prisioneros de guerra. Una traducción rápida, y muy importante para los artistas es: «No dejes que los bastardos puedan contigo».

Los artistas que se toman esto en serio sobreviven y a menudo prevalecen. La clave está en la acción. El dolor que no se canaliza de forma provechosa rápidamente se solidifica en forma de corazón de plomo, que vuelve difícil cualquier movimiento.

Si tienes que enfrentarte a una pérdida, da inmediatamente un pequeño paso para apoyar a tu artista. Aunque sólo sea comprar un ramo de tulipanes y un cuaderno de bocetos, será una acción que diga: «Te reconozco y reconozco tu dolor. Te prometo un futuro que merezca la pena». Como un niño pequeño, tu artista necesita una mamá: «Ay, eso me dolió. He aquí un caprichito, una nana, una promesa...».

Tengo un amigo director que me dice que en las peores noches, esas en las que está a punto de estrenar una nueva película, a la espera de la catástrofe creativa, convencido de que jamás volverá a trabajar, solo en la oscuridad, se dice zalamerías hasta que se duerme: «Si no puedo rodar en 35 milímetros, aún podría rodar en 16 milímetros Si no puedo rodar en 16 milímetros, entonces puedo rodar en vídeo. Si no puedo rodar en vídeo, puedo rodar en súper 8».

La edad y el tiempo. Producto y proceso

Pregunta: ¿Sabes la edad que tendré para cuando aprenda a tocar el piano?

Respuesta: La misma que tendrás si no aprendes.

«Soy demasiado viejo para eso» está al mismo nivel que «No tengo dinero para eso» como Gran Mentira

Bloqueadora que utilizamos para evitar mayores indagaciones. «Soy demasiado viejo» es algo que nos decimos para salvarnos del coste emocional para el ego que supone ser un principiante. «Soy demasiado vieja para ir a la escuela de cine», me dije a los treinta y cinco años. Y cuando llegué a la escuela de cine descubrí que, en efecto, tenía quince años más que mis compañeros. También descubrí que tenía más hambre creativa, más experiencia vital y un ritmo de aprendizaje mucho más fuerte. Ahora que yo misma he dado clases en una escuela de cine, descubro que muchas veces mis mejores estudiantes son aquellos que llegaron tarde a su obra. «Soy demasiado viejo para ser actor», he oído lamentarse a muchos estudiantes (y con gran dramatismo, me permito añadir). No siempre les gusta oírme cuando les digo que no es así. El espléndido actor John Mahoney no empezó a actuar hasta casi los 40 años. Lleva diez inmerso en una carrera muy exitosa, y muchas veces se encuentra con tres películas confirmadas por adelantado, trabajando con algunos de los mejores directores del mundo.

«La satisfacción de la propia curiosidad es una de las grandes fuentes de felicidad en la vida».

Linus Pauling

«La verdad es que soy demasiado viejo para ser escritor» es una queja frecuente. Se trata de una tontería para proteger el ego. Raymond Chandler no publicó nada hasta pasados los 40. La extraordinaria novela *Jules et Jim* fue el debut literario de un hombre de 70 años. «Soy demasiado viejo» es una táctica de evasión. Siempre se usa para evitar plantarle cara al miedo.

Ahora veamos el otro lado: «Me permitiré probarlo cuando me retire». Éste es un interesante viaje tangencial por el mismo camino que intenta proteger el ego. Nuestra cultura glorifica la juventud y le permite la libertad de experimentar. Y desprecia a los viejos, pero les permite estar un poco locos.

Muchos creadores bloqueados se dicen simultáneamente que son demasiado viejos y jóvenes como para perseguir sus sueños. Viejos y chochos, tal vez lo intenten; jóvenes y atolondrados, tal vez lo intenten. En cualquiera de los dos escenarios estar loco es un requisito previo a la exploración creativa. Pero queremos parecer locos. E intentar algo así (sea lo que sea) a nuestra edad (sea la que sea) parecería una locura.

Sí, quizá.

La creatividad surge en un momento, y en ese momento no tenemos edad. Eso lo descubrimos cuando nos involucramos en nuestra rehabilitación creativa: «Me sentí como un niño», podemos decir después de una satisfactoria cita con el artista. Los niños no tienen vergüenza y, una vez nos hallamos en pleno flujo de creatividad, nosotros tampoco la tendremos.

«¿Cuánto tiempo tardaría en aprender a hacer eso?», podemos preguntar desde el banquillo de una actividad largo tiempo apetecida. «Depende, tal vez un año, para llegar a dominarlo», es la respuesta. Como creadores bloqueados, nos gusta fingir que un año, o incluso varios años, es un tiempo muy, muy largo. Nuestro ego nos tiende esa trampa para evitar que nos pongamos manos a la obra. En lugar de permitirnos un viaje creativo, nos centramos en la longitud del viaje. «Es que está tan lejos», nos decimos. Puede ser, pero cada día es un día más con algo de movimiento, y el movimiento hacia un objetivo es algo muy placentero.

En el corazón de la anorexia creativa está la negación del proceso. Nos gusta concentrarnos en el hecho de haber desarrollado una destreza o creado una obra de arte. Pero esta atención a la forma final soslaya el hecho de que la creatividad radica no en lo hecho, sino en el estar haciendo. «Estoy escribiendo un guión» es infinitamente más interesante para el alma que «He escrito un guión», que sólo da placer al ego. «Estoy en una clase de actuación» es infinitamente más interesante que «Fui a una clase de actuación hace unos años».

En cierto modo, ningún acto creativo ha terminado nunca. No puedes aprender a actuar porque siempre queda más por aprender. Podría decirse que no se puede siquiera dirigir una película porque siempre la estarás redirigiendo, incluso pasados varios años. Entonces sabrás lo que podrías haber hecho y lo que harás después si sigues trabajando. Esto no significa que el trabajo terminado no tenga valor. Ni mucho menos. Sencillamente significa que hacer el trabajo señala el camino hacia un trabajo nuevo y mejor.

Si nos centramos en el proceso nuestra vida creativa mantiene una sensación de aventura. Si nos focalizamos en el producto, esa misma vida creativa puede provocar una sensación de insignificancia o de esterilidad. Nuestra sociedad de consumo nos ha dejado en herencia la obsesión por el producto y por la idea de que el arte genera productos terminados. Este enfoque genera a su vez muchos bloqueos creativos. Como artistas en activo, tal vez queramos explorar una nueva zona artística, pero no sabemos adónde nos llevará. Y nos preguntamos si será bueno para nuestra carrera. Obsesionados por la necesidad de tener algo que enseñar, un resultado de nuestro trabajo, muchas veces nos negamos a la curiosidad. Cada vez que hacemos esto, nos bloqueamos.

Nuestro manejo de la edad como bloqueo para el trabajo creativo se entrelaza con nuestros pensamientos tóxicos sobre los productos terminados. Hemos establecido una edad apropiada para determinadas actividades: graduarse de la universidad, ir a la Facultad de Medicina, escribir una primera novela. Estos requisitos artificiales del ego nos exigen que hayamos terminado ya, cuando en realidad lo que anhelamos es empezar algo. «Si no pensara que al lado de los jóvenes parezco un idiota, me lanzaría a apuntarme a clases de improvisación»; «Si mi cuerpo tuviera algo que ver con el aspecto que tenía hace veinte años, me lanzaría a esas clases de gim-jazz»; «Si no pensara que mi familia me iba a ver como un viejo idiota, empezaría a tocar el piano de nuevo. Todavía recuerdo algunas de mis clases».

«Los colores tienen su propia lógica, y es sólo con ella, y no con la lógica de la mente, con la que debería conformarse el pintor».

Paul Cézanne

Si estas excusas están empezando a resultarte flojas, ¡bien! Pregúntate si no has empleado alguna de ellas alguna vez. Luego pregúntate si eres capaz de tener la humildad de empezar algo nuevo a pesar de las reservas que ponga tu ego.

A un artista principiante no le hace falta rezar, obtiene la gracia por el mero hecho de serlo. La humildad y la apertura de miras del principiante conducen a la exploración. La exploración conduce al logro. Todo empieza por el principio, con un pequeño y aterrador primer paso.

Rellenar la instancia

¿Qué quiero decir con rellenar la instancia? Me refiero a dar el siguiente pasito en lugar de saltar hacia uno mayor para el que tal vez no estés preparado. Es decir, para vender un guión, primero tendrás que escribirlo. Para escribirlo se te tiene que ocurrir una idea y luego plasmarla en papel, una página detrás de otra hasta tener unas 120 páginas de guión. Rellenar la instancia significa que escribes tus páginas matutinas. Significa que cuando la obsesión te ataca —que lo hará— con la idea de que este desastre no vale para nada, debes decirte a ti mismo que esa pregunta es para más adelante y volver a la tarea apropiada, la que toca en ese momento. Y eso significa escribir las páginas del día.

Si desglosas un guión en lo que vas añadiendo cada día, descubrirás que esas pequeñas salpicaduras de escritura pueden hacerse deprisa y antes que cualquier otra tarea (por ejemplo, antes de ocuparte de la colada). Y puede hacer que durante el resto del día te sientas libre de culpa y con menos ansiedad.

> «¿Arte? Acabas de hacerlo».
>
> Martin Ritt

La mayoría de las veces la siguiente tarea apropiada es algo pequeño: lavar tus pinceles, parar en la tienda de bellas artes y comprar arcilla, repasar el periódico local para ver dónde se dan clases de arte dramático... Como regla general, es mejor admitir, simplemente, que hay siempre *una* acción que puedes hacer a diario por tu creatividad. Este compromiso diario de acción es lo que rellena la instancia.

Con demasiada frecuencia, cuando la gente busca tener una vida más creativa, mantiene la expectativa (o un temor, mudo y muchas veces no reconocido) de que va a abandonar la vida tal y como la conoce.

«No puedo ser escritor y seguir con este matrimonio». «No puedo dedicarme a la pintura y seguir en este trabajo tan aburrido». «No puedo comprometerme con el arte dramático y seguir en Chicago o en Seattle o en Atlanta...».

A los creadores bloqueados les gusta pensar que están buscando la manera de cambiar su vida con un solo golpe maestro, pero, a menudo, esta forma de grandilocuencia lleva aparejada su propia ruina. Al elevar demasiado los obstáculos que hay que sortear, al hacer que salga demasiado caro, el artista en rehabilitación pone en marcha la derrota. ¿Quién puede concentrarse en una primera clase de dibujo cuando está obsesionado con divorciarse de su mujer e irse de la ciudad? ¿Quién puede bailar jazz moderno en puntas cuando está demasiado ocupada leyendo los anuncios de alquiler de apartamentos, puesto que tendrá que romper con su amante si quiere concentrarse en el arte?

La gente creativa es dramática. Usamos el drama para asustarnos de nuestra creatividad con esa idea del cambio total y, muchas veces, destructivo. Fantaseamos con dedicarnos a nuestro arte a tiempo completo y así no nos dedicamos a él ni a tiempo parcial ni en absoluto. En lugar de escribir tres páginas al día de un guión, preferimos preocuparnos por cómo tendremos que mudarnos a Hollywood si conseguimos vender el guión. Cosa que no podrá hacerse de ninguna manera porque estamos demasiado ocupados preocupándonos por venderlo como para escribirlo antes.

En lugar de apuntarnos a clases de dibujo del natural en el centro de cultura de nuestro barrio, nos compramos la revista *Art Forum* para recordarnos a nosotros mismos que nuestro estilo no se lleva. ¿Cómo va a llevarse? ¡Si todavía no existe! En lugar de limpiar el cuartito que hay junto a la cocina para tener un lugar donde trabajar con nuestra cerámica, nos quejamos por no tener un estudio, una queja que no podemos tomarnos en serio porque no tenemos ningún trabajo en nuestro haber que apoye nuestra tesis.

Cuando nos abandonamos a una fantasía frenética sobre el aspecto que tendría nuestra vida si fuéramos verdaderos artistas, dejamos de ver los muchos pequeños cambios creativos que podríamos hacer en este mismo momento. Este tipo de pensamiento de verlo todo con una perspectiva global soslaya el hecho de que una vida creativa se basa en muchos y muy pequeños pasos y en muy, muy pocos saltos.

Más que dar un aterrador pasito de bebé hacia nuestros sueños, nos apresuramos hasta el borde del precipicio y nos quedamos ahí, graznando, diciendo «No puedo saltar. No puedo. No puedo...». Nadie te está pidiendo que saltes, así que eso no es más que hacer un drama y, para el propósito de una rehabilitación creativa, el drama pertenece a la página o al lienzo o a la arcilla o la clase de teatro; al acto de la creatividad, por minúsculo que sea.

La creatividad precisa actividad y para la mayor parte de nosotros eso no es una buena noticia. Nos hace responsables y eso no suele gustarnos nada. ¿Quieres decir que tengo que hacer algo para sentirme mejor? Sí. Y la mayoría de nosotros odia hacer cosas, cuando lo que podríamos estar haciendo es obsesionarnos con algún otro tema. Una de las cosas que más nos gusta hacer —en lugar de poner en práctica nuestro arte— es examinar nuestras probabilidades de éxito. En una carrera creativa pensar en las probabilidades es beber veneno emocional. Nos roba la dignidad del arte como proceso y nos pone a merced de poderes que imaginamos ahí fuera. Beber ese veneno conduce rápidamente a una borrachera emocional muy tóxica. Nos lleva a pensar «¿De qué vale hacer nada?» en lugar de «¿Y ahora qué?».

Como regla general, las probabilidades son lo que usamos como forma de aplazar lo que viene después. Se trata de seguir enganchados a nuestra adicción a la ansiedad en lugar de pasar a la acción. Una vez que te des cuenta de este mecanismo, habrás acabado con él. Obsérvate durante una semana y mira cómo te enganchas a un pensamiento ansioso casi como si fuera un porro, para nublar, o al menos para retrasar, tu siguiente acción creativa.

Has dejado libre una mañana para pintar o escribir, pero entonces te das cuenta de que tienes la ropa sucia. «Pensaré en lo que quiero pintar y lo iré definiendo mientras doblo la ropa», te dices. Pero lo que significa en realidad es «En lugar de pintar algo, voy a preocuparme por ello un rato más». De alguna manera, consigues que hacer la colada te lleve toda la mañana. La mayoría de los creadores bloqueados tienen una activa adicción a la ansiedad. Preferimos el dolor de baja intensidad y el ataque de pánico que ocasionalmente te para el corazón a la pesadez de los pasitos diarios en la buena dirección.

Rellenar la instancia significa que tenemos que trabajar con lo que tenemos en lugar de languidecer quejándonos de lo que no tenemos. Como directora he observado que los actores que consiguen trabajo son los actores que trabajan, ya estén empleados o no. Estoy pensando concretamente en Marge Kottlisky, una gran actriz de teatro y cine que siempre ha estado disponible para trabajar y hacer talleres con el material de los escritores. Trabajó con el joven dramaturgo David Mamet en el St. Nicholas Theatre Group en Chicago y ahora trabaja con el más maduro y más brillante David Mamet dondequiera que él trabaje. En lugar de dormirse en los laureles creativos, se compromete con un tipo de inquietud creativa muy saludable. Cuando no está comprometida con una obra en cartel, suele apuntarse a clases para mantenerse activa y siempre está disponible para lecturas de nuevas obras. Como todos los actores, sufre del síndrome del «nunca volveré a trabajar» pero, a diferencia de muchos actores menos comprometidos, nunca se permite a sí misma que su trabajo sea algo que hace sólo para otras personas o sólo cuando le pagan por ello. Sí, quiere que le paguen, y además no estoy diciendo que los actores deban trabajar gratis. Lo que quiero decir es que el trabajo genera trabajo. Las pequeñas acciones nos conducen a grandes movimientos en nuestra vida creativa.

Muchos actores se permiten a sí mismos el dudoso lujo de poner sus carreras en manos de sus agentes en lugar de mantener su arte bajo la custodia de su propia alma. Cuando un agente está al mando de tu carrera creativa, te puedes desesperar fácilmente pensando «Mi agente no hace lo suficiente» en lugar de preguntarte por lo que tú mismo puedes hacer para perfeccionar tu oficio. Rellena la instancia. ¿Qué puedes hacer ahora mismo en tu vida tal y como está organizada? Hazlo.

Realiza una pequeña acción diaria en lugar de abandonarte a las grandes preguntas. Cuando nos permitimos regodearnos en las grandes preguntas, no encontramos respuestas. De lo que estamos hablando aquí es de una idea de cambio basado en el respeto (respeto por el lugar en el que estamos además de por el lugar a donde queremos ir). Perseguimos, no grandes cambios repentinos —aunque puede que también lleguen—, sino la acción de cultivar creativamente todo lo que se halla en el presente: este trabajo, esta casa, esta relación.

Los creativos en rehabilitación suelen padecer ataques de ira feroz y de pena por los años perdidos. Cuando se producen estas *kriyas* creativas, ansiamos desesperadamente borrar nuestras huellas y salir pitando de nuestra vida tal y como está organizada ahora mismo. Pero no; hay que hacer cambios, cambios pequeños, desde el sitio en el que estás. Rellena este formulario con cuidado creativo hasta que rebose y se convierta en otro formulario, nuevo, más grande, y lo haga de manera orgánica.

Como dice el poeta Theodore Roethke, «aprendemos yendo / a donde tenemos que ir». Hemos descubierto que, cuando rellenamos la instancia, muchas veces no hace falta que hagamos grandes cambios. Los grandes cambios suceden poco a poco. Resulta útil concebirlo en términos de viaje espacial: alterando muy ligeramente la trayectoria del despegue, se consigue, con el tiempo, una gran diferencia.

«Cuando tomas las decisiones importantes de tu vida no suenan trompetas. El destino se da a conocer en silencio».

Agnes de Mille

Patrones tempranos, un ejercicio

Aunque pocas veces damos con la conexión, muchas de nuestras pérdidas de hoy están conectadas a nuestro condicionamiento temprano. Puede que a los niños se les diga que no pueden hacer nada o, lo que es igual de dañino, que se les diga que deberían poder hacer cualquier cosa con facilidad. Cualquiera de estos mensajes bloquea al receptor. Las siguientes preguntas tienen como objetivo ayudarte a recuperar y descifrar tus propios condicionantes. Puede que algunas no tengan aplicación en tu caso. Escribe sobre lo que despiertan en ti.

1. De niño mi padre pensaba que mi arte era ______. Eso me hacía sentir ______.
2. Recuerdo una vez que me dijo ______.
3. Me sentí muy ______ y ______ por eso. Nunca lo olvidé.
4. De niño mi madre me enseñó que soñar despierto era ______.
5. Recuerdo que me decía que saliera de mi ensoñación recordándome que ______.
6. Recuerdo que la persona que sí creía en mí era ______.
7. Recuerdo una vez que ______.
8. Me sentí ______ y ______. Nunca lo olvidé.
9. Lo que arruinó mis posibilidades de ser artista fue ______.
10. La lección negativa que saqué de aquello, algo que no tiene lógica pero en lo que sigo creyendo, es que no puedo ______ y ser un artista.

«Estoy en el mundo con el único propósito de componer».

Franz Schubert

11. Cuando era pequeño aprendí que ______________ y ______________ eran grandes pecados sobre los que tenía que estar vigilante.
12. Crecí pensando que los artistas eran gente ________.
13. El profesor que llevó a pique mi confianza fue _____.
14. Me dijo que ____________________________________.
15. Creí en este profesor porque ____________________.
16. El mentor que sí fue un buen modelo para mí fue ____.
17. Cuando la gente dice que tengo talento creo que quieren ______________________________________.
18. El caso es que tengo la sospecha de que ____________.
19. Sencillamente no puedo creer que _______________.
20. Si creyera que tengo talento de verdad entonces estaría enfadadísimo con ___________ y ___________ y ___________ y ___________ y ___________.

Afirmaciones

Las siguientes afirmaciones ratifican tu derecho a la práctica de tu creatividad. Selecciona cinco afirmaciones y trabaja con ellas esta semana:

Soy una persona con talento.

Tengo derecho a ser artista.

Soy una buena persona y un buen artista.

La creatividad es una bendición que acepto.

Mi creatividad engrandece a los demás.

Mi creatividad es apreciada.

Ahora me trato a mí mismo y a mi creatividad con más cariño.

Ahora me trato a mí mismo y a mi creatividad con más generosidad.

Ahora comparto mi creatividad de manera más abierta.

Ahora acepto la esperanza.

Ahora actúo de forma asertiva.

Ahora acepto la rehabilitación creativa.

Ahora me permito a mí mismo sanar.
Ahora acepto que Dios se despliegue en mi vida.
Ahora creo que Dios ama a los artistas.

Tareas

1. Búsqueda de objetivos: tal vez el siguiente ejercicio te resulte difícil. Déjate hacerlo de todas formas. Si se te ocurren múltiples sueños, haz el ejercicio para cada uno de ellos. El simple acto de imaginar un sueño con detalle nos ayuda a traerlo a la realidad. Piensa en tu búsqueda de objetivos como si fuera el boceto de un arquitecto para la vida que quieres tener.

Los pasos que has de seguir

1. Pon nombre a tu sueño. Tal cual. Escríbelo. «En un mundo ideal a mí en realidad me encantaría ser un ________________________________».
   - Nombra un objetivo concreto que para ti simboliza su consecución. En nuestra brújula emocional este objetivo es el norte verdadero.

     (Nota: Tal vez dos personas quieran ser actrices. Comparten ese sueño. Para una llegar a tener un artículo en la revista *People* es el objetivo concreto, pues el *glamour* es el centro emocional de su sueño, el norte verdadero. Para la segunda actriz, el objetivo concreto es llegar a tener una buena crítica en una obra en Broadway, pues el respeto como artista creativa es el centro emocional de su sueño, el norte verdadero. Tal vez la primera actriz sea feliz como estrella de culebrón, mientras que la segunda actriz necesita trabajo de escenario para hacer realidad su sueño. Y, sin embargo, en apariencia, las dos desean exactamente lo mismo).

«Tu deseo es tu oración. Visualiza la satisfacción de tu deseo ahora y *siente* su realidad y experimentarás la alegría de la oración que ha obtenido respuesta».

Doctor Joseph Murphy

- En un mundo ideal y en relación con tu sueño y sin perder el norte ¿dónde te gustaría estar en cinco años?
- En el mundo que vivimos hoy ¿qué acciones puedes emprender este año para acercarte más a tu sueño?
- ¿Qué acciones puedes emprender este mes? ¿Esta semana? ¿Hoy? ¿Ahora mismo?
- Apunta tu sueño (por ejemplo, ser un director famoso). Apunta su norte verdadero (por ejemplo, el respeto y un grado más elevado de conciencia o convertirte en un comunicador de masas). Selecciona un modelo a seguir (Walt Disney, Ron Howard, Michael Powell). Diseña un plan de acción. Cinco años. Tres años. Un año. Un mes. Una semana. Ahora. Elige una acción. Leer este libro es una acción.

2. Nueva infancia: ¿qué podrías haber sido de haber recibido la nutrición perfecta? Escribe una página de esta infancia de fantasía. ¿Qué te dieron? ¿Podrías ahora simular que eres tus propios padres para colocarte en esa dirección?
3. Combinación de colores: escoge un color y escribe una serie de frases rápidas describiéndote en primera persona: «soy plateado, de alta tecnología y etéreo, del color de los sueños y de los logros, del color de la media luz y de lo intermedio, me siento sereno» o «Soy rojo. Soy pasión, ocaso, ira, sangre, vino y rosas, ejércitos, asesinato, lujuria y manzanas». ¿Cuál es tu color preferido? ¿Qué cosas tienes que sean de ese color? ¿Y qué tal una habitación entera? Ésta es tu casa y es tu vida.
4. Haz una lista de cinco cosas que no tienes permiso para hacer: matar a tu jefe, gritar en misa, salir a la calle desnudo, hacer una escena, dejar tu trabajo. Ahora haz esa cosa sobre el papel. Escríbelo, dibújalo, píntalo, actúalo, haz un *collage* con ello. Ahora ponle música y báilalo.
5. Búsqueda de estilo: haz una lista de veinte cosas que te gusta hacer (quizá las mismas veinte que apuntaste

la otra vez, quizá no). Responde a estas preguntas por cada una de ellas:

¿Cuesta dinero o es gratis?
¿Cara o barata?
¿Solo o con alguien?
¿Relacionada con el trabajo?
¿Implica riesgo físico?
¿De ritmo rápido o lento?
¿De mente, cuerpo o espíritu?

6. Día ideal: planifica un día perfecto en tu vida tal y como está ahora mismo organizada, utilizando la información deducida más arriba.
7. Día ideal: planifica un día perfecto en tu vida tal y como te gustaría que estuviera organizada. Sin restricciones. Déjate ser y tener aquello que anhelas en lo más profundo: tu entorno ideal, empleo, hogar, círculo de amigos, relación íntima, importancia de tu obra... Tus sueños más optimistas.
8. Elige uno de los aspectos festivos tu día ideal. Déjate vivirlo. Tal vez no puedas trasladarte a Roma todavía, pero incluso en un apartamento que sigue siendo cutre puedes tomarte un *cappuccino* casero y un cruasán.

Registro

1. ¿Cuántas veces has hecho tus páginas matutinas esta semana? (¿Has estado muy tentado de abandonarlas?). ¿Qué tal la experiencia?
2. ¿Has tenido tu cita con el artista esta semana? (¿Has dejado que la adicción al trabajo u otros compromisos saboteen esta práctica?). ¿Qué has hecho? ¿Cómo te has sentido?
3. ¿Has experimentado sincronías esta semana? ¿Qué ha pasado?
4. ¿Ha habido algún otro asunto esta semana que consideres significativo para tu rehabilitación? Descríbelo.

SEMANA 9

Esta semana nos descubre enfrentándonos a los bloqueos internos a la creatividad. Puede resultar tentador abandonar el barco en este punto. ¡No lo hagas! Exploraremos y reconoceremos las dificultades emocionales que nos acosaron en el pasado al hacer esfuerzos creativos. Nos dedicaremos a sanar la vergüenza por los fracasos pasados. Ganaremos en compasión al volver a ser padres del niño artista asustado que ansía logros creativos. Aprenderemos a usar herramientas para deshacer bloqueos emocionales y asumir riesgos renovados.

Recuperar una sensación de compasión

Miedo

Una de las tareas más importantes de la rehabilitación creativa es aprender a llamar a las cosas —y a nosotros mismos— por sus nombres. La mayoría de nosotros lleva años utilizando palabras equivocadas para definir sus comportamientos. Hemos querido crear y hemos sido incapaces de crear, y a esa incapacidad la hemos llamado *pereza*. Esto no es sólo inexacto: además es cruel. La exactitud y la compasión nos van a servir mucho más.

Los artistas bloqueados no son perezosos. Están bloqueados.

Estar bloqueado y ser un vago son dos cosas diferentes. Lo típico es que el artista bloqueado gaste una gran cantidad de energía, pero no de una forma visible. El artista bloqueado gasta energía en odiarse a sí mismo, en reproches, en dolor y en envidia. El artista bloqueado gasta energía en dudar de sí mismo.

El artista bloqueado no sabe cómo empezar a dar pasitos de bebé. Lo que hace es pensar en términos de grandes tareas imposibles y aterradoras: una novela, un largometraje, un monólogo, una ópera. Cuando estas grandes tareas no se logran, cuando ni siquiera se empiezan, el artista bloqueado lo llama pereza.

No llames pereza a la incapacidad para empezar. Llámalo miedo.

Miedo es el verdadero nombre de lo que aflige al artista bloqueado. Puede ser miedo al fracaso o miedo al éxito. Lo más frecuente es que sea miedo al abandono. Este miedo hunde sus raíces en la realidad infantil. La mayoría de los artistas bloqueados intentaron convertirse en artistas en contra de los mejores deseos de sus padres, o bien en contra del juicio de sus padres. Para un niño esto supone un gran conflicto. Enfrentarte abiertamente a los valores de tus padres significa que será mejor que sepas lo que te haces. Si tanto daño vas a hacer a tus padres, será mejor que seas un *gran* artista...

Los padres se muestran dolidos cuando los hijos se rebelan y, normalmente, declararse artista es visto por ellos como un acto de rebelión. Por desgracia, esa visión de que la vida de un artista es una mera rebelión adolescente suele permanecer, provocando que cualquier actividad artística acarree el riesgo de separación y pérdida de los seres queridos. Como los artistas siguen anhelando sus objetivos creativos, se sienten culpables. Esta culpa exige que se marquen como objetivo inmediato el ser grandes artistas, para así justificar esa rebelión.

La necesidad de ser un gran artista hace que ser artista sea difícil.

La necesidad de producir una gran obra de arte hace que sea difícil producir arte de cualquier tipo.

Que te resulte difícil empezar un proyecto no significa que no vayas a ser capaz de hacerlo. Significa que necesitarás ayuda de tu poder superior, de amigos que te apoyen y de ti mismo. Antes de nada, debes darte permiso para empezar por lo pequeño y dar pasitos de bebé. Y estos pasitos deben tener recompensa. Establecer objetivos imposibles crea un miedo enorme, cosa que provoca aplazamiento, a lo que llamamos, erróneamente, pereza.

No llames pereza al aplazamiento. Llámalo miedo.

El miedo es lo que bloquea a los artistas. El miedo a no ser lo bastante bueno. El miedo a no terminar. El miedo al fracaso y al éxito. El miedo a no empezar en absoluto. Sólo hay una cura para el miedo: el amor.

Utiliza el amor por tu artista para curar su miedo.

Deja de tratarte a gritos. Sé amable. Llama al miedo por su nombre.

Entusiasmo

«Ser un artista debe de exigir muchísima disciplina», es una frase que nos dice a menudo gente con buena intención, personas que no son artistas pero desearían serlo. Qué tentación. Qué seducción. Nos invitan a pavonearnos ante un público que nos admira, a representar esa imagen tan heroica, espartana y falsa.

«No significa nada si no tiene *swing*».

Duke Ellington e Irving Mills

Como artistas basar nuestra imagen en la disciplina militar es peligroso. A corto plazo, tal vez la disciplina funcione, pero sólo funcionará durante un tiempo. Por su propia naturaleza, la disciplina tiene sus raíces en la autocomplacencia (piensa en la disciplina como en una pila; resulta útil, pero no dura mucho): nos admiramos por ser tan maravillosos. La disciplina en sí misma, y no el flujo creativo, se convierte así en el objetivo.

La parte de nosotros que mejor crea no es un autómata tenaz y disciplinado que funciona a base de fuerza de voluntad, con un repetidor de orgullo que le sirve de refuerzo. Eso es operar a base de pura voluntad. Ya conoces la escena: levantarte al alba con precisión militar, hacer el saludo ante la mesa, el lienzo, el tablero de dibujo...

En un corto espacio de tiempo, ser artista requiere entusiasmo, más que disciplina. Y el entusiasmo no es un estado emocional, sino un compromiso espiritual, una rendición amorosa a nuestro proceso creativo, un reconocimiento de toda la creatividad que nos rodea.

El entusiasmo (que viene del griego «lleno de Dios») es una fuente de energía continua que conecta con el flujo mismo de la vida. El entusiasmo se basa en el juego, no en el trabajo. Lejos de ser un soldado con el cerebro embotado, nuestro artista es en realidad el niño interior, nuestro compañero de juegos interno. Como con todos los compañeros de juego, es la alegría, no el deber, lo que construye un vínculo duradero.

Cierto, nuestro artista puede levantarse al amanecer para saludar al ordenador o al caballete en la quietud de la mañana. Pero este hecho tiene más que ver con el amor de un niño por la aventura secreta que con una férrea disciplina. Lo que otras personas ven como disciplina es en realidad quedar para jugar con nuestro niño artista: «Quedamos a las seis de la mañana y tonteamos con ese guión, esa pintura, esa escultura...».

La mejor manera de atraer a nuestro niño artista hacia el trabajo es tratarlo como si fuera un juego. La pintura es un material pegajoso y estupendo. Sesenta lápices afilados son divertidos. Hay escritores que desprecian un nuevo ordenador por el placer del traqueteo de una robusta máquina de escribir que avanza trotando como un pony. Para trabajar bien, a muchos artistas les resulta mejor considerar sus lugares de trabajo como lugares de diversión. Pósteres de dinosaurios, juguetes del «Todo a cien», diminutas lucecitas de Navidad, monstruos de papel-maché, cristales colgantes, un ramito de flores, un acuario...

«El arte evoca ese misterio sin el cual el mundo no existiría».

René-François-Ghislain Magritte

A pesar de lo atractiva que resulta la idea de una celda inmaculada, de severidad monacal, para nuestra concepción romántica de lo que es un auténtico artista, la verdad con la que trabajar tal vez sea algo menos sencilla. La mayoría de los niños pequeños se aburrirían como tontos en una habitación vacía y desnuda. Nuestro niño artista no es una excepción.

Recuerda que el arte es un proceso. Y se supone que el proceso tiene que ser divertido. Para nuestro propósito, la frase «El viaje es siempre el único punto de llegada» puede interpretarse como que nuestro trabajo creativo es en realidad nuestra creatividad misma, puesta en juego en el campo del tiempo. En el corazón de ese juego está el misterio de la alegría.

Giros creativos de 180 grados

La rehabilitación del bloqueo artístico, como la rehabilitación de cualquier enfermedad o lesión grave, requiere de un compromiso con la salud. En algún momento debemos hacer la elección activa de abandonar los placeres y alegrías reservados al inválido emocional. Un artista productivo es, bastante a menudo, una persona feliz. Esta idea sobre uno mismo puede resultar muy amenazante para quienes están acostumbrados a satisfacer sus necesidades a través de la infelicidad.

«Me encantaría, pero verás... es que tengo miedos que me paralizan...» es una frase que puede reportarnos mucha atención. Se nos ofrece más empatía si somos artistas tullidos que si somos artistas funcionales. Los que estamos enganchados a la empatía de los demás en lugar de a la creatividad podemos vernos cada vez más amenazados a medida que nos vamos volviendo más funcionales. Muchos artistas en rehabilitación se sienten tan intimidados que se embarcan en giros de 180 grados y se sabotean a sí mismos.

Normalmente cometemos haraquiris emocionales, o bien en la víspera o bien en la resaca de una primera victoria creativa. El resplandor del éxito (un poema, un papel, una canción, un relato, una película, cualquier éxito) puede mandar corriendo de vuelta a la cueva del derrotismo a un artista en rehabilitación. Estamos más cómodos siendo víctimas del bloqueo del artista que arriesgándonos a ser productivos y sanos.

Un giro artístico de 180 grados llega a lomos de una repentina ola de indiferencia. Saludamos nuestro producto recién estrenado o nuestro delicioso proceso con un «Bah, ¿de qué sirve? Sólo es un principio. Todo el mundo va muy por delante de mí...». Sí, y así seguirán si dejamos de trabajar. De lo que se trata es de que nos hemos desplazado a años luz de donde estábamos cuando nos encontrábamos bloqueados. Ahora estamos en el camino, y el camino da miedo. Empezamos a distraernos por las atracciones del arcén o a desviarnos por los baches:

«El hombre no tiene la libertad de negarse a hacer aquello que le da más placer que ninguna otra actividad que pueda imaginar».

Stendhal

- Un guionista tiene un agente interesado en representar un guión al que sólo habría que hacerle unos cambios. El guionista no hace los cambios.
- Un artista de performance responde a la oferta de un espacio donde realizar un taller con su nuevo material. Lo hace en una ocasión, pero no le gusta la acogida diversa que recibe, que indica que debe trabajar más el espectáculo, y deja de trabajar en cualquier material nuevo.
- A un actor le dicen que prepare fotos nuevas de primer plano y vuelva a la oficina de un prestigioso agente. No se hace las fotos y no vuelve a ver al agente.
- Una actriz y productora con un sólido guión recibe una oferta de un estudio para desarrollar su proyecto. Le encuentra problemas al contrato y entonces abandona el proyecto por completo.
- A un pintor le ofrecen participar en una exposición colectiva, que sería su primera exposición, pero se enzarza en una discusión con el galerista.
- Un poeta lee unos poemas ante un público que le otorga una gran acogida en una reunión de barrio. En lugar de seguir a este nivel, haciendo acopio de fuerzas, el poeta se apunta a un *Slam* (una especie de torneo de boxeo para poetas en el que los jueces no son poetas), pierde y deja de leer en público.
- Un letrista empieza a colaborar con un nuevo compositor y la música que hacen juntos es estupenda. Hacen

una maqueta con tres canciones y reciben una entusiasta acogida, pero luego dejan de trabajar completamente.

- Una fotógrafa en ciernes se siente muy animada por el interés que su profesor muestra por su trabajo. Luego estropea un rollo al revelarlo y abandona la clase, aduciendo que era aburrida.

«La vida se encoge o se expande en proporción al coraje que uno tenga».

Anaïs Nin

Al gestionar nuestros giros creativos de 180 grados antes que nada debemos concedernos algo de empatía. La creatividad da miedo y en *todas* las carreras hay giros. A veces es mejor ver esos giros como épocas de reciclaje. Llegamos a un salto creativo y lo evitamos, corriendo hacia otro lado como caballos nerviosos. Y acto seguido damos un par de vueltas al prado antes de volver a intentar saltar la valla.

Lo típico cuando damos un giro creativo de 180 grados es que sintamos una doble vergüenza: primero, por nuestro miedo, y segundo, por nuestra reacción a ello. De nuevo dejadme decir que ayuda recordar que *todas* las carreras los tienen.

Cuando estaba en mitad de la treintena pasé dos años cubriendo la sección de arte del *Chicago Tribune.* En calidad de reportera, entrevisté a Akira Kurosawa, Kevin Kline, Julie Andrews, Jane Fonda, Blake Edwards, Sydney Pollack, Sissy Spacek, Sigourney Weaver, Martin Ritt, Gregory Hine, y a unas cincuenta personas más. Hablé con la mayoría de ellos sobre el desánimo, cosa que significaba dialogar con ellos sobre giros de 180 grados. La capacidad de evitar o recuperarse de giros creativos de 180 grados era un rasgo tan distintivo de sus carreras como el talento mismo.

Una carrera creativa de éxito siempre se construye sobre los fracasos creativos exitosos. El truco radica en sobrevivir a ellos. Ayuda recordar que incluso los artistas más ilustres han dado en algún momento giros creativos de 180 grados.

Blake Edwards ha dirigido algunas de las comedias más graciosas y de más éxito de las últimas tres décadas.

Y, sin embargo, pasó siete años de exilio autoimpuesto en Suiza porque un guión que él creía que era el mejor de cuantos había escrito le fue arrebatado en la preproducción cuando su visión del material se apartó de la que tenía la estrella que habían contratado para darle lustre.

Despedido de su propio proyecto, Edwards se quedó sentado en el banquillo viendo cómo su querida película era rodada por otras personas y gravemente estropeada. Como una pantera herida, Edwards se retiró a los Alpes a lamerse las heridas. Terminó dirigiendo siete largos años más tarde, cuando llegó a la conclusión de que la creatividad, y no el tiempo, curarían mejor sus heridas creativas. Aferrado a esta filosofía, se ha caracterizado desde entonces por una decidida productividad. Hablando conmigo acerca de ese tiempo muerto, se mostró compungido, y dolido por el tiempo que le había costado recuperarse.

Ten compasión. Los giros creativos de 180 grados nacen del miedo, ya sea del miedo al éxito o del miedo al fracaso, realmente no importa cuál. El resultado neto es el mismo.

Para recuperarse de un giro creativo, o de un patrón que implica muchos giros creativos, debemos admitir primero que éste existe. Sí, reaccioné de manera negativa al miedo y al dolor. Sí, necesito ayuda.

Piensa en tu talento como en un potro joven y asustadizo que estás educando. Este caballo tiene mucho talento pero también es joven, nervioso y con poca experiencia. Cometerá errores, se asustará ante obstáculos que no haya visto antes, puede incluso que se desboque, que intente tirarte, que se finja lesionado. Tu trabajo, como jinete creativo, es conseguir que tu caballo siga avanzando y convencerle de que termine el recorrido.

En primer lugar observa cuáles son los obstáculos que tanto asustan a tu caballo. Puede que descubras que ciertos obstáculos dan mucho más miedo que otros. Un salto de agente puede que te dé mucho más miedo que un salto de taller. Un salto de crítica puede irte bien, mientras que un salto de reescritura le da un pavor mortal a tu talento. Recuerda que en una carrera de caballos hay otros caballos en la pista. Un truco que utilizan los jinetes con experiencia es colocar a un caballo novato detrás de un caballo más maduro, más tranquilo y más acostumbrado. Tú también puedes hacer esto.

- ¿A quiénes conozco que tengan un agente? Pregúntales cómo lo consiguieron.
- ¿A quiénes conozco que hayan hecho una reescritura de éxito? Pregúntales cómo se hacen.
- ¿Conozco a alguien que haya sobrevivido a una crítica salvaje? Pregúntale qué hizo para sanarse.

Una vez que admitimos que necesitamos ayuda, ésta llega. El ego siempre quiere reivindicar su autosuficiencia: prefiere posar como un creador solitario que pedir ayuda. Pídela de todas maneras.

Bob era un joven y prometedor director cuando rodó su primer documental. Era una película corta, muy poderosa, sobre su padre, obrero en una fábrica. Cuando terminó un primer montaje, Bob se lo enseñó a un profesor, un gran realizador que se encontraba bloqueado. El profesor se lo destrozó. Bob abandonó la película. Metió la película en cajas, metió las cajas en el sótano y la olvidó hasta que ese sótano se inundó. «Bueno, qué más da», se dijo, dando por hecho que la película habría resultado destruida.

Conocí a Bob una década más tarde. Algún tiempo después de habernos hecho amigos, me contó la historia de su película. Yo tenía la sospecha de que debía de ser buena. «Está perdida», me dijo. «Incluso el laboratorio perdió el metraje que le di». Hablando sobre la película, Bob se vino abajo y rompió su bloqueo. Empezó el duelo por su sueño abandonado.

Una semana más tarde Bob recibió una llamada del laboratorio. «Es increíble. Encontraron el metraje», me contó. A mí no me sorprendió demasiado. Creo que el Creador mantiene un ojo pendiente de los artistas y estaba protegiendo esa película. Animado por su novia, que era guionista y ahora es su mujer, Bob terminó su película. Y ahora preparan juntos un segundo documental, muy innovador.

Si estás enfrentado a un giro creativo hazte esta pregunta: «¿A quién puedo pedirle ayuda sobre este giro?». Y empieza a consultar.

Hacer saltar los bloqueos por los aires

Para trabajar con libertad en un proyecto un artista debe estar, al menos en la práctica, libre de resentimiento (ira) y de resistencia (miedo). ¿Qué queremos decir con eso? Queremos decir que cualquier barrera enterrada que podamos tener ha de ser aireada antes de proceder con el trabajo. Lo mismo sirve para con cualquier compensación soterrada que tenga el no trabajar, pues los bloqueos no suelen ser misteriosos. En realidad son defensas artísticas reconocibles contra lo que se percibe (correcta o incorrectamente) como un entorno hostil.

Recuerda, desde un punto de vista creativo, tu artista es un niño. Se enfurruña, coge berrinches, alberga resentimientos y miedos irracionales. Como la mayoría de los niños, tiene miedo a la oscuridad, al hombre del saco y a cualquier aventura que no dé un miedo que pueda controlar. Como progenitor y guardián de tu artista niño, como su hermano mayor, defensor y compañero, tu labor consiste en convencer a tu artista de que es seguro salir a jugar (a trabajar).

Al comenzar cualquier proyecto nuevo, es buena idea hacerle a tu artista unas pocas y sencillas preguntas. Estas preguntas te ayudarán a eliminar los espantajos habituales que se sitúan entre tu artista y el trabajo. Estas mismas preguntas, hechas cuando agobia el trabajo o cuando se hace difícil, suelen actuar desatascando el flujo obstruido.

1. Haz una lista de cualquier resentimiento (ira) que puedas tener en relación con este proyecto. No importa lo ínfimo, lo melindroso o lo irracional que puedan parecer estos resentimientos para tu ser adulto. Para tu artista niño son importantes: son rabias.

   Por ejemplo: Me da rabia haber sido el segundo artista al que llamaron, no el primero (siendo yo «el mejor»...). Le tengo rabia a este editor, sus correcciones son sólo menudencias. Nunca dice nada agradable. Me da rabia trabajar para este idiota; nunca me paga a tiempo.
2. Pide a tu artista que haga una lista de todos los miedos sobre el proyecto o sobre cualquiera involucrado en él. De nuevo estos miedos pueden ser igual de tontos que los de un niño de 2 años. No importa que no tengan base para el ojo adulto. Lo que importa es que son monstruos aterradores para tu artista.

   Por ejemplo: Tengo miedo de que el trabajo me salga una porquería y que no sepa hacerlo... Tengo miedo de que el trabajo salga bien y ellos no sepan verlo... Tengo miedo de que todas mis ideas sean tópicas y pasadas de moda... Tengo miedo de que mis ideas sean adelantadas a su tiempo... Tengo miedo de morirme de hambre... Tengo miedo de no terminar nunca... Tengo miedo de no empezar nunca... Tengo miedo de que me dé vergüenza (ya tengo vergüenza)... Y la lista continúa.
3. Pregúntate si eso es todo. ¿Has dejado fuera algún miedito? ¿Has suprimido alguna ira «estúpida»? Ponla sobre el papel.
4. Pregúntate qué ganas si no haces este trabajo.

   Por ejemplo: Si no escribo esta pieza, nadie la detestará... Si no escribo esta pieza el imbécil de mi editor se preocupará... Si no pinto ni esculpo ni canto ni bailo, puedo criticar a otros, sabiendo que yo podría hacerlo mejor.

«La música es tu propia experiencia, tus pensamientos, tu sabiduría. Si no lo vives, no saldrá de tu trombón».

Charlie Parker

5. Haz tu trato. El trato es: «Vale, Fuerza creativa, tú ocúpate de la calidad, yo me ocuparé de la cantidad». Fírmalo y cuélgalo en la pared.

   Unas palabras de advertencia: este ejercicio es muy poderoso; puede hacerle un daño mortal al bloqueo creativo.

«Sé realmente completo
Y todas las cosas
vendrán a ti».

Lao-Tsé

Tareas

1. ¡Lee tus páginas matutinas! Este proceso se emprende mejor con dos rotuladores fluorescentes, uno para subrayar aciertos y otro para subrayar acciones a tomar. No juzgues las páginas, ni a ti mismo. Esto es muy importante. Sí, serán aburridas. Sí, tal vez sean dolorosas. Entiéndelas como un mapa. Tómalas como información, no como una acusación.

   Estudia la situación: ¿De quién te has estado quejando sistemáticamente? ¿Qué has aplazado? ¿Qué te has permitido, por fin, aceptar o cambiar?

   Reconfórtate: muchos de nosotros tenemos una alarmante tendencia hacia el pensamiento en blanco y negro: «Es terrible. Es maravilloso. Lo amo. Lo odio. Es un gran trabajo. Es un trabajo horrible», etcétera. Que esto no te desborde.

   Reconócelo: las páginas nos han permitido desahogarnos sin autodestruirnos, planificar sin interferencias, quejarnos sin público, soñar sin restricciones, conocer nuestro propio pensamiento. Date crédito por ponerlas en marcha. Dales crédito por los cambios y el crecimiento que han promovido.
2. Visualización: ya has trabajado nombrando tu objetivo e identificando tu verdadero objetivo. El siguiente ejercicio te pide que imagines con todo detalle tu meta ya conseguida. Por favor, date tiempo para completar los jugosos detalles que realmente harían que la experiencia fuera maravillosa para ti.

Pon nombre a tu objetivo: Soy ______________.

En tiempo presente descríbete haciéndolo ¡en la cumbre de tus capacidades! Ésta es tu escena ideal.

Léetelo en voz alta.

Cuélgalo cerca del lugar donde trabajas.

Léelo en voz alta, ¡a diario!

Durante la próxima semana coge fotos de ti mismo y combínalas con imágenes de revistas para hacer un *collage* de la escena ideal descrita más arriba. Recuerda, ver es creer, y la pista visual añadida de tu ser real en tu escena ideal puede hacerla mucho más real.

3. Prioridades: haz una lista de tus objetivos creativos del año. Haz una lista de tus objetivos creativos del mes. Haz una lista de tus objetivos creativos de la semana.
4. Giros creativos de 180 grados: todos nosotros hemos dado giros creativos de 180. Nombra uno de los tuyos. Nombra tres más. Nombra ese que te aniquila.

Perdónate. Perdónate por todos los fracasos de valentía, ritmo e iniciativa. Diseña una lista de afirmaciones personalizadas para ayudarte a hacerlo mejor en el futuro.

Con mucha, mucha, suavidad, plantéate si alguna de esas criaturas de tu cerebro abortadas, abandonadas, destrozadas o saboteadas pueden rescatarse. Recuerda, no estás solo. Todos nosotros hemos dado giros creativos.

Elige un giro creativo. Retómalo. Arréglalo.

No des un giro creativo ahora. Pero comprueba tu resistencia. ¿Las páginas matutinas están resultando difíciles? ¿Estúpidas? ¿No sirven para nada? ¿Son demasiado obvias? Hazlas de todas formas.

¿Qué sueños creativos se están arrastrando hacia la posibilidad de hacerse realidad? Admite que te dan miedo.

Elige un tótem de artista. Puede ser una muñeca, un animal de peluche, una figura esculpida o un ju-

«El aprendizaje es el movimiento de un momento a otro momento».

Jiddu Krishnamurti

guete al que se le da cuerda. Se trata de elegir algo sobre lo que sientas de inmediato un cariño protector. Otorga a tu tótem un lugar de honor y luego hónralo evitando maltratar a tu niño artista.

Registro

1. ¿Cuántos días has escrito tus páginas matutinas esta semana? En cuanto a tus giros de 180 grados, ¿te has permitido un cambio hacia la compasión al menos sobre el papel?
2. ¿Has tenido tu cita con el artista esta semana? ¿Sigues manteniendo el énfasis en la diversión? ¿Qué has hecho? ¿Cómo te has sentido?
3. ¿Has experimentado sincronía esta semana? ¿Qué ha pasado?
4. ¿Ha habido algún otro asunto esta semana que te parezca significativo para tu rehabilitación? Descríbelo.

«Aprendemos a hacer haciendo. No existe otra manera».

John Holt

SEMANA 10

Esta semana exploramos los peligros que pueden asaltarnos en nuestro camino creativo. Dado que la creatividad es un tema espiritual, muchos de los peligros son espirituales. En los ensayos, tareas y ejercicios de esta semana descubrimos los patrones tóxicos a los que nos aferramos y que bloquean nuestro flujo creativo.

Recuperar una sensación de autoprotección

Peligros del camino

La creatividad es energía divina que fluye a través de nosotros y a la que nosotros mismos damos forma, como la luz que fluye por un prisma de cristal. Cuando tenemos claro quiénes somos y lo que estamos haciendo no experimentamos ninguna tensión. Pero cuando nos resistimos a lo que esa energía puede enseñarnos o adónde puede llevarnos, experimentamos con frecuencia una sensación de tembleque, de estar fuera de control. Queremos cerrar el flujo y retomar nuestra sensación de control. Damos un frenazo psíquico.

Toda persona creativa tiene miles de maneras de bloquear la creatividad. Cada uno de nosotros tiene preferencia por una o dos maneras, esas que nos resultan particularmente tóxicas porque nos bloquean de una forma muy eficaz.

Para algunas personas la comida es un tema relacionado con la creatividad. Comer azúcar o grasas o ciertos carbohidratos les puede dejar abotagados, con resaca, incapaces de concentrarse, con la mirada borrosa. Utilizan la comida para bloquear la energía y detener el cambio. A medida que les sobrepasa el tembleque la sensación de estar yendo demasiado rápido y dios sabe adónde, de que están a punto de estallar en mil pedazos, se lanzan a la comida. Un gran bol de helado o una tarde dedicada a la comida basura y su sistema se atasca: ¿en qué estaba yo pensando?, ¿qué...? Bah, qué más da...

Para algunas personas su bloqueo preferido es el alcohol. Para otros, las drogas. Para muchos el bloqueo de su elección es el trabajo. Ocupados, ocupados, ocupados, se aferran a tareas con las que abotagarse. No pueden dar un paseo de media hora: «¡Qué pérdida de tiempo!». Múltiples obligaciones y proyectos les atraen como moscas a una lata de refresco al sol. Van «bzz, bzz, bzz, *¡plas!*», apartando a un lado ese pensamiento espontáneo que en realidad era un hallazgo rompedor.

«Decir no puede ser la mejor manera de cuidarse a uno mismo».

Claudia Black

Para otros una obsesión con el amor trágico sitúa la elección creativa fuera de sus manos. Al aferrarse a pensamientos dolorosos se convierten en víctimas instantáneas en lugar de sentir su propio, y considerable, poder: «Si él o ella me amara, entonces yo sí que...».

Este pensamiento obsesivo ahoga la vocecilla que sugiere reorganizar el salón, apuntarse a clases de cerámica, probar con un nuevo final para un relato atascado. En el momento en que un pensamiento creativo levanta la cabeza, se la siega la obsesión, que bloquea el miedo y evita el riesgo. ¿Salir a bailar? ¿Reescribir la obra por completo dándole un aire más de barrio?: «Si él o ella me amara, entonces sí que...». En este plan sí que habría llegado lejos *West Side Story*.

El sexo es para muchos el gran bloqueo. Un interés cautivador, excitante, hipnótico desliza novelescas posibilidades eróticas por delante de la novela real. El nuevo objeto sexual se convierte en el foco de cualquier acercamiento creativo. Cuidado: la comida, el trabajo y el sexo son cosas buenas en sí mismas, es el *abuso* lo que las convierte en problemas creativos. Conocerte como artista significa reconocer de cuál abusas cuando quieres bloquearte. Si la creatividad es como un soplo de la respiración del universo a través de la pajita que somos cualquiera de nosotros, cada vez que nos atrapa uno de nuestros bloqueos lo que hacemos es apretar la pajita. Cortamos el paso de nuestro fluir. Y lo hacemos a propósito.

Empezamos a sentir nuestro verdadero potencial y el amplio espectro de posibilidades que se nos plantean. Esto nos asusta. Así que todos intentamos agarrarnos a bloqueos para ralentizar nuestro crecimiento. Si somos honestos con nosotros mismos, todos sabemos cuáles son nuestros bloqueos tóxicos. Pista: se trata de ese bloqueo que defendemos como si se trata de un derecho. Pon en fila todas las posibilidades. ¿Cuál te enfada sólo con pensar en abandonarlo? Ese tan explosivo es el que más te ha sacado de tus casillas. Examínalo. Cuando se nos pide que digamos cuál es nuestro veneno, la mayoría de nosotros sabemos cuál es. ¿Me ha saboteado la comida? ¿Me ha saboteado la adicción al trabajo? ¿Me ha bloqueado la creatividad el sexo o el amor o la obsesión?

«En medio de la dificultad se encuentra la oportunidad».

Albert Einstein

La mezcla y la combinación son recetas habituales para utilizar los bloqueos: usa uno, añade otro, incluye un tercero en la mezcla, no te cortes. El objetivo de todo este bloqueo es aliviar el miedo. Escogemos la droga que más nos gusta para bloquear nuestra creatividad cada vez que experimentamos la ansiedad de nuestro vacío interior. Siempre es el miedo —muchas veces disfrazado, pero siempre presente— lo que nos lleva a buscar un bloqueo.

Normalmente experimentamos la elección de bloquear como si fuera una coincidencia: se dio la circunstancia de que ella me llamó... Me dio hambre y había helado... Se pasó por casa con una marihuana impresionante... La elección de bloquear siempre funciona a corto plazo y fracasa a largo plazo.

La elección de bloquear es un giro creativo de 180 grados. Nos damos la espalda a nosotros mismos. Como el agua forzada a pararse, nos estancamos. La honestidad con nosotros mismos que subyace en nuestro interior sabe siempre cuándo elegir en contra de nuestros intereses. Marca un puntito en nuestra pizarra espiritual: «Lo volví a hacer».

Hace falta tener brío y coraje para admitir y vencer nuestros mecanismos de bloqueo. ¿Quién querría hacerlo? ¡No mientras sigan funcionando! Claro que mucho tiempo después de que hayan dejado de funcionar, esperamos, contra toda esperanza, que esta vez funcionen de nuevo.

Los bloqueos son esencialmente una cuestión de fe. En lugar de confiar en nuestra intuición, en nuestro talento, en nuestras habilidades, en nuestro deseo, nos da miedo el lugar adonde el creador nos está llevando con esa creatividad. En lugar de pintar, escribir, bailar, hacer audiciones, y de ver adónde nos lleva, nos aferramos a un bloqueo. Bloqueados, sabemos quiénes somos y lo que somos: gente infeliz. Desbloqueados, puede que seamos algo mucho más amenazante: felices. Para la mayoría de nosotros, la felicidad es aterradora y poco familiar; ¡está fuera de control, supone demasiado riesgo! ¿Sorprende acaso que demos giros temporales?

A medida que vamos siendo conscientes de nuestros mecanismos de bloqueo —comida, ocupaciones, alcohol, sexo, otras drogas— podemos ir sintiendo nuestros giros según los vamos dando. Los bloqueos ya no funcionarán de forma eficaz. Con el tiempo, intentaremos —tal vez al principio despacio y de manera errática— subirnos a la ola de la ansiedad y ver por dónde salimos. Porque la ansiedad es combustible: podemos utilizarla para escribir, para pintar, para trabajar con ella.

Sensación: ¡ansiedad!

Prueba a: ¡utilizar la ansiedad!

Sensación: ¡acabo de hacerlo! ¡No me bloqueé! ¡Utilicé la ansiedad y salí adelante!

¡Oh, Dios mío, estoy *emocionado!*

La adicción al trabajo

El trabajo puede ser una adicción y, como todas las adicciones, bloquea la energía creativa. De hecho, podría decirse que el deseo de bloquear el feroz flujo de energía creativa es una razón subyacente a la adicción. Si la gente está demasiado ocupada para escribir las páginas matutinas, o demasiado ocupada para hacer una cita con el artista, probablemente esté demasiado ocupada para escuchar la voz de sus verdaderas urgencias creativas. Por volver a la imagen de un receptor de radio: el adicto al trabajo atasca la señal con la electricidad estática que él mismo genera.

La adicción al trabajo, cuya existencia sólo se ha reconocido recientemente, sigue recibiendo mucho apoyo en nuestra sociedad. La frase estoy trabajando tiene cierto aire incuestionable de bondad y deber. La verdad es que muchas veces estamos trabajando para librarnos de nosotros mismos, de nuestras parejas, de nuestros verdaderos sentimientos.

En la rehabilitación creativa es mucho más fácil conseguir que la gente haga el trabajo extra de las páginas matutinas que conseguir que se diviertan conforme a un plan en la cita con el artista. El juego puede poner muy nervioso a un adicto al trabajo: la diversión da miedo.

«Si tuviera más tiempo, me divertiría más», es algo que nos gusta decirnos a nosotros mismos, pero que no suele ser verdad. Para probar la validez de esta afirmación, pregúntate cuánto tiempo le dedicas cada semana a la diversión: ¿diversión pura, sin adulterar, no productiva?

Para la mayoría de los creadores bloqueados la diversión es algo que evitan casi con tanta asiduidad como su propia creatividad. ¿Por qué? Porque la diversión conduce a la creatividad. Conduce a la rebelión. Conduce a sentir nuestro propio poder. Y eso da miedo. «Puede que tenga un ligero problema con el exceso de trabajo», es algo que nos gusta decirnos a nosotros mismos, «pero en realidad no soy un adicto al trabajo». Intenta contestar a estas preguntas antes de estar tan seguro.

Cuestionario del adicto al trabajo

«Siendo realmente honestos con nosotros mismos debemos admitir que nuestras vidas son lo único que de verdad nos pertenece. De modo que la utilización que hacemos de nuestras vidas es lo que determina el tipo de hombres que somos».

César Chávez

1. Trabajo más allá de las horas de oficina: ¿rara vez, con frecuencia, nunca?
2. Cancelo citas con mis seres queridos para trabajar más: ¿rara vez, con frecuencia, nunca?
3. Pospongo salidas hasta haber cumplido con todos los plazos: ¿rara vez, con frecuencia, nunca?
4. Me llevo el trabajo a casa los fines de semana: ¿rara vez, con frecuencia, nunca?
5. Me llevo el trabajo de vacaciones: ¿rara vez, con frecuencia, nunca?
6. Me voy de vacaciones: ¿rara vez, con frecuencia, nunca?
7. Mis íntimos se quejan de que siempre estoy trabajando: ¿rara vez, con frecuencia, nunca?
8. Intento hacer dos cosas a la vez: ¿rara vez, con frecuencia, nunca?
9. Me permito tiempo libre entre proyectos: ¿rara vez, con frecuencia, nunca?
10. Me permito ponerle fin a las tareas: ¿rara vez, con frecuencia, nunca?
11. Aplazo la hora de atar los últimos cabos: ¿rara vez, con frecuencia, nunca?
12. Me planteo hacer un trabajo y empiezo tres más al mismo tiempo: ¿rara vez, con frecuencia, nunca?
13. Trabajo por las noches durante el tiempo que se supone que estoy dedicando a mi familia: ¿rara vez, con frecuencia, nunca?

14. Permito que las llamadas interrumpan —y alarguen— mi día laboral: ¿rara vez, con frecuencia, nunca?
15. Establezco prioridades en mi día a día para incluir una hora de trabajo/juego creativo: ¿rara vez, con frecuencia, nunca?
16. Coloco mis sueños creativos por delante de mi trabajo: ¿rara vez, con frecuencia, nunca?
17. Me acoplo a los planes de los demás y relleno mi tiempo libre con cosas que les apetecen a ellos: ¿rara vez, con frecuencia, nunca?
18. Me permito a mí mismo tiempo de no hacer *nada*: ¿rara vez, con frecuencia, nunca?
19. Utilizo la palabra *plazo* para describir y racionalizar mi carga de trabajo: ¿rara vez, con frecuencia, nunca?
20. Ir a algún sitio, incluso a cenar, con un cuaderno o con los teléfonos del trabajo es algo que hago: ¿rara vez, con frecuencia, nunca?

Para recuperar nuestra creatividad tenemos que aprender a ver la adicción al trabajo como un bloqueo en lugar de como un bloque de construcción. El abuso del trabajo crea en nuestro artista un complejo de Cenicienta. Siempre estamos soñando con el baile, pero lo que experimentamos constantemente es el encierro.

Hay una diferencia entre el trabajo hecho con entusiasmo hacia un objetivo deseado y la adicción al trabajo. La diferencia radica no tanto en las horas empleadas como en la calidad emocional de esas horas. La adicción al trabajo tiene algo de cinta de caminar: dependemos de nuestra adicción pero le guardamos rencor. Para un adicto, el trabajo es sinónimo de valor, de modo que rechazamos renunciar a él en cualquier medida.

En el esfuerzo por liberar el camino de nuestro flujo creativo, debemos ver con claridad nuestros hábitos de trabajo. Puede que no pensemos que trabajamos tanto hasta que no comprobemos las horas que le dedicamos. Puede que creamos que nuestra jornada es normal hasta que la comparemos con una jornada laboral normal de cuarenta horas.

Una manera de ver con claridad el tiempo invertido en el trabajo es mantener un registro diario de tiempos y una lista de actividades. Incluso una sola hora de trabajo/juego creativo puede cundir mucho a la hora de compensar esa sensación de desesperación que provoca la adicción al trabajo y que mantiene nuestros sueños a distancia.

Un alcohólico alcanza la sobriedad absteniéndose del alcohol, pero, dado que la adicción al trabajo es una adicción de proceso (es decir, una adicción a un comportamiento y no a una sustancia), es difícil decidir cuándo nos estamos abandonando a ella. El truco está en definir el exceso de trabajo, y aquí es donde solemos mentirnos a nosotros mismos, regateando para seguir aferrados a esos comportamientos abusivos que siguen siéndonos útiles.

Para protegernos de la racionalización es muy útil establecer un límite absoluto. El límite absoluto de cada persona es diferente, pero debería mencionar especialmente aquellos comportamientos que se sabe que están prohibidos. Para la rehabilitación inmediata es preferible hablar de estos comportamientos específicos que la resolución vaga y general de hacer las cosas mejor.

«La vida sin examen no merece la pena vivirse».

Platón

Si realmente no tienes tiempo, necesitas hacer un hueco. Es más probable, sin embargo, que tengas tiempo pero lo estés aprovechando mal. Tu registro temporal te ayudará a encontrar esas áreas donde necesitas crear fronteras (*frontera* es otra manera de decir límite absoluto). «Límite absoluto, no voy a ________________»: ésa es tu frontera. (Véase «Establecer un límite absoluto» en la lista de tareas de esta semana).

Como sucede con los giros creativos de 180 grados, recuperarse de la adicción al trabajo puede exigir que echemos mano de nuestros amigos. Cuéntales lo que estás intentando conseguir. Pídeles que te recuerden con suavidad cuándo te has desviado de tu camino (aunque este tiro te saldrá por la culata si echas mano de personas que son ellas mismas adictas al trabajo o que son tan controladoras que te controlarán demasiado a ti). Ten presente, no obstante, que éste es *tu* problema. Nadie puede ser el policía de tu rehabilitación, pero ya hay reuniones de Adictos al Trabajo Anónimos que puede que sean de enorme ayuda para ti.

Una forma muy sencilla pero eficaz de comprobar el avance de tu propio proceso de rehabilitación es colgar un cartel en tu zona de trabajo. Y cuélgalo también en otros sitios donde vayas a leerlo: uno en el espejo del baño y otro en la nevera, uno en la mesilla de noche, uno en el coche... En el cartel pondrá: LA ADICCIÓN AL TRABAJO ES UN BLOQUEO, NO UN BLOQUE CON EL QUE CONSTRUIR.

Sequía

En cualquier vida creativa hay temporadas estériles. Estas sequías surgen de la nada y se estiran hacia el horizonte como las vistas del Valle de la Muerte. La vida pierde su dulzura y nuestro trabajo resulta mecánico, vacío, forzado. Sentimos que no tenemos nada que decir y estamos tentados de no decir nada. Éstas son las temporadas en las que las páginas matutinas son más difíciles y más valiosas.

Durante una sequía el mero acto de presentarse ante la página, como el acto de caminar por un desierto sin rutas, nos obliga a poner un pie delante del otro sin destino aparente. Las dudas nos acechan, sigilosas como víboras. «¿De qué sirve?», nos silban, o «¿Qué esperas?». Las sequías nos dicen que durarán para siempre, a diferencia de nosotros mismos. Una inquietante anticipación de nuestra propia muerte, que nos cerca mucho antes de estar preparados para ella, mucho antes de que hayamos hecho nada de valor, riela ante nosotros como un espantoso espejismo.

«Vende tu astucia y compra perplejidad».

Jalal Ud-Din Rumi

¿Qué hacemos? Seguir adelante a duras penas. ¿Cómo lo hacemos? Seguiremos haciendo las páginas matutinas. Esta norma no es sólo para los escritores, pues las páginas no tienen nada que ver con la escritura, aunque pueden facilitarla como facilitan cualquier forma de arte. Para todos los seres creativos, las páginas matutinas son un salvavidas, el rastro que exploramos y el rastro que nos lleva de vuelta a casa.

Durante una sequía las páginas matutinas nos resultan tan dolorosas como estúpidas. Parecen gestos vacíos (como preparar el desayuno para un amante que sabemos que va a abandonarnos de todas formas). Esperando, contra toda esperanza, que algún día volvamos a ser creativos, nos comportamos siguiendo una pura fórmula. Nuestra conciencia está reseca. No sentimos ni una gotita de gracia.

Durante una sequía (acabo de teclear, acertadamente aunque se me haya escapado el dedo, *duda**) estamos luchando contra Dios. Hemos perdido la fe, tanto en el Gran Creador como en nuestro yo creador. Tenemos alguna cuenta que ajustar, y hay cuentas que ajustar por todas partes. Éste es el desierto del corazón. Buscando alguna señal esperanzadora, lo único que vemos son los restos descomunales de los sueños que perecieron por el camino.

Y sin embargo seguimos escribiendo nuestras páginas matutinas porque debemos hacerlo.

Durante una sequía las emociones se agotan. Como el agua, tal vez existan en algún lugar bajo tierra, pero no tenemos acceso a ellas. Una sequía es una época de dolor sin lágrimas. Nos hallamos entre un sueño y otro. Sin fuerzas siquiera para ser conscientes de lo que hemos perdido, vamos llenando una página detrás de otra, más por la fuerza de la costumbre que por esperanza.

* La errata sólo funciona en inglés, por el parecido entre *drought* (sequía) y *doubt* (duda). *(N. de las T.)*

Y sin embargo seguimos escribiendo nuestras páginas matutinas porque debemos hacerlo.

Las sequías son terribles. Las sequías duelen. Las sequías son temporadas de dudas largas, asfixiantes, que nos hacen crecer, nos otorgan capacidad de compasión y florecen tan inesperadamente como el desierto, con flores repentinas.

Las sequías terminan, de verdad.

Las sequías terminan porque hemos seguido escribiendo nuestras páginas. Terminan porque no nos hemos tirado al suelo de nuestra desesperación y nos hemos negado a movernos. Hemos dudado, sí, pero hemos seguido adelante, aunque fuera a rastras.

En una vida creativa las sequías son una necesidad. El tiempo en el *desierto* nos da claridad y caridad. Cuando estés en una sequía ten presente que es con un objetivo. Y sigue escribiendo las páginas matutinas.

Escribir es poner las cosas en su sitio. Más tarde o más temprano —siempre más tarde de lo que nos gustaría— nuestras páginas pondrán las cosas en su sitio. Surgirá un camino. Un hallazgo se convertirá en un mojón que muestra cómo salir de la jungla. Bailarín, escultor, actor, pintor, dramaturgo, poeta, artista de performance, ceramista, para todos los artistas las páginas matutinas serán tanto nuestra jungla como nuestro rastro.

«Ciertamente, es en la oscuridad donde uno encuentra la luz, de forma que cuando estamos en la desolación es cuando más cerca estamos de la luz».

Meister Eckhart

Fama

La fama nos anima a creer que si no ha sucedido ya, no sucederá nunca. Claro, eso es la fama. La fama no es lo mismo que el éxito, y en el fondo de nuestra alma lo sabemos. Conocemos —y hemos sentido— el éxito al final de un buen día de trabajo. Pero ¿la fama? Es adictiva y siempre nos deja con hambre.

La fama es una droga espiritual. Muchas veces es un producto colateral de nuestro trabajo artístico pero, igual

«El inconsciente quiere la verdad. Deja de hablar con quienes quieren algo diferente a la verdad».

Adrienne Rich

que los residuos nucleares, puede ser un producto colateral muy peligroso. La fama, y el deseo de obtenerla, el deseo de aferrarte a ella, puede producir el síndrome «¿Qué tal voy?». Esta pregunta no es la misma que «¿Qué tal va el trabajo?». Esta pregunta es «¿Cómo lo ven los demás?».

El meollo del trabajo es el trabajo. La fama interfiere en esa percepción. En lugar de que el meollo de actuar sea actuar, el meollo pasa a ser convertirse en un actor famoso. En lugar de que el meollo de escribir sea la escritura, el meollo pasa a ser el reconocimiento, no ya el ser publicado.

A todos nos gusta que se reconozca lo que hay que reconocer, y como artistas, no siempre recibimos ese reconocimiento. Y, sin embargo, centrarse en la fama —en si estamos consiguiendo lo suficiente— crea una continua sensación de carencia. Nunca tenemos bastante de la droga fama. Querer más siempre nos estará mordiendo los talones, desacreditando nuestros logros, erosionando nuestra alegría ante los logros de otros.

(Para comprobar este extremo, lee cualquiera de las revistas para fans —*People*, por ejemplo— y luego examina si tu vida nos da una sensación más pobretona, como de merecer menos la pena. He aquí la droga de la fama en acción).

«El verdadero aprendizaje tiene lugar cuando cesa el espíritu competitivo».

Jiddu Krishnamurti

Recuerda, tratarte como un objeto precioso te hará más fuerte. Cuando te has intoxicado con la droga de la fama necesitas desintoxicarte a base de mimos. Lo que necesita esta situación es mucha dulzura y algunos comportamientos que hagan que te gustes a ti mismo. Enviar postales es un gran truco. Envíate una que diga, «Lo estás haciendo genial...». Es muy agradable recibir cartas de fans de nosotros mismos.

A largo plazo las cartas de fans de nosotros mismos —de nuestro yo creativo— son lo que en realidad estamos buscando. La fama no es más que un atajo hacia la autoaprobación. Intenta aprobarte exactamente tal cual eres, y mimarte hasta el exceso con placeres de niño pequeño.

De lo que tenemos miedo en realidad es de que sin fama no seremos amados, ni como artistas ni como personas. La solución a este miedo son acciones de amor concretas, pequeñas. Debemos nutrir nuestro yo artista de forma activa, consciente, consistente y creativa.

Cuando la droga de la fama te golpea, ve a tu caballete, a tu ordenador, a tu cámara o a tu arcilla. Coge las herramientas de tu trabajo y empieza a hacer un poco de juego creativo.

Pronto, muy pronto, la droga fama debería empezar a aflojar el puño. La única cura para la droga de la fama es el esfuerzo creativo. Sólo cuando estamos siendo placenteramente creativos podemos liberarnos de la obsesión con los demás y con cómo les va a ellos.

Competición

Coges una revista —o incluso una circular de antiguos alumnos— y alguien, *alguien a quien tú conoces*, ha ido más allá, más rápido, en dirección a tu sueño. En lugar de decir «Eso prueba que puede hacerse», tu miedo dirá: «Él o ella tendrá éxito en mi lugar».

La competición es otra droga espiritual. Cuando nos centramos en la competición, envenenamos nuestro pozo, atascamos nuestro progreso. Cuando estamos comiéndonos con los ojos los logros de los demás, apartamos la mirada de nuestro propio eje. Nos hacemos preguntas equivocadas, y esas preguntas equivocadas nos dan las respuestas equivocadas.

«¿Por qué tengo tan mala suerte? ¿Por qué sacó su película/artículo/obra de teatro antes de que yo sacara la mía? ¿Será por sexismo? ¿De qué sirve? ¿Qué tengo yo que ofrecer?». Muchas veces nos hacemos estas preguntas cuando nos estamos persuadiendo de no crear.

Preguntas como éstas nos permiten soslayar cuestiones más útiles: «¿Trabajé hoy en mi obra? ¿Cumplí el plazo que tenía para enviarla donde debía? ¿He establecido relaciones que puedan beneficiarla?».

Éstas son las preguntas reales pero centrarnos en ellas puede resultarnos difícil. No sorprende que lo más tentador sea, en lugar de eso, echarse un trago emocional. No sorprende que tantos de nosotros leamos la revista *People* (o el suplemento de libros del *New York Times* o *Lears* o *Mirabella* o *Esquire*) y la utilicemos para abandonarnos a la envidia insana.

Fabricamos excusas para nuestras evasiones, excusas basadas en otras personas. «Otra persona probablemente ya lo haya dicho, hecho, pensado mejor... Y además tenía contactos, un padre rico, pertenecía a una minoría prestigiosa, se acostó con gente importante...».

La competición se halla en la raíz de muchos bloqueos creativos. Como artistas debemos profundizar, debemos estar atentos a aquello a lo que nos conduce nuestro guía interior. No nos podemos permitir preocuparnos por lo que se lleva y lo que no. Si es demasiado pronto o demasiado tarde para una obra, su tiempo llegará.

Como artistas no podemos permitirnos pensar en quién nos está adelantando y en cómo no se lo merece. El deseo de ser mejor que puede ahogar el sencillo deseo de ser. Como artistas no nos podemos permitir este tipo de pensamiento. Nos aleja de nuestras propias voces y elecciones y nos mete en un juego defensivo que se centra fuera de nosotros y de nuestra esfera de influencia. Nos pide que definamos nuestra propia creatividad en términos de la de otra persona.

Esta escuela de pensamiento de compara y contrasta puede tener su lugar entre los críticos, pero no entre los artistas en el acto de creación. Que sean los críticos quienes identifiquen las tendencias. Que sean los que escriben las reseñas quienes se preocupen por lo que está de moda y lo que no. Nosotros ocupémonos, sobre todo y en primer lugar, de lo que permanece en nuestro interior y pugna por nacer.

Cuando competimos con otros, cuando centramos nuestras preocupaciones creativas en el mercado, en realidad lo que hacemos es pelearnos con otros artistas en una carrera creativa. Es la mentalidad del *sprint*. Buscar la ganancia a corto plazo, soslayando la ganancia a largo plazo, cortocircuita la posibilidad de una vida creativa dirigida por nuestras propias luces, no por las luces de Klieg de la moda.

Cada vez que estás enfadado porque otra persona te va ganando, recuerda esto: la mentalidad de la carrera siempre es la exigencia del ego de que el trabajo sea completamente original (como si tal cosa fuera posible). Toda obra está influida por otras obras. Todas las personas están influidas por otras personas. Ninguna persona es una isla y ninguna pieza artística es un continente aislado.

«Es sólo cuando ya no sabe lo que hace cuando el pintor hace cosas buenas».

Edgar Degas

Cuando respondemos al arte estamos respondiendo a su resonancia en términos de nuestra propia experiencia. Rara vez vemos de nuevas, en el sentido de encontrar que algo no nos resulte en absoluto familiar. Lo que hacemos es ver de viejas pero con nueva luz.

Si la exigencia de ser original sigue preocupándote, recuerda esto: cada uno de nosotros somos nuestro propio país, un lugar interesante que visitar. El mapa certero de nuestros intereses creativos es lo que invita al término original. Nosotros somos el origen de nuestro arte, su patria. Visto de esta manera, la originalidad es el proceso de mantenernos fieles a nosotros mismos.

El espíritu de competición —en contraposición al espíritu de creación— nos compele muchas veces a aventar rápidamente cualquier cosa que no parezca una idea ganadora. Esto puede ser muy peligroso. Puede interferir con nuestra capacidad para llevar a término un proyecto.

Un enfoque competitivo da pie a juicios rápidos: pulgar arriba o pulgar abajo. ¿Merece vivir este proyecto? No, dirá nuestro ego, que está buscando ese proyecto seguro, sin riesgos, que resulta ganador a primera vista y para siempre. Muchos aciertos son algo seguro sólo de manera retrospectiva. Hasta que no sabemos más, llamamos patitos feos a muchos cisnes creativos, una indignidad que dedicamos a las criaturas de nuestro cerebro en cuanto asoman la cabeza. Los juzgamos como a participantes en un concurso de belleza. De un plumazo somos capaces de cortarles las alas. Olvidamos que no todos los bebés nacen hermosos, de manera que abortamos las vidas cuyos proyectos torpes o extraños bien podrían ser nuestros mejores trabajos, nuestros mejores patitos feos creativos. Un acto artístico necesita tiempo para madurar. Si se juzga demasiado pronto, puede recibir un juicio incorrecto.

Jamás juzgues un trabajo artístico en ciernes demasiado rápido. Ten la disposición de pintar o escribir mal mientras tu ego emite gemidos de resistencia. Tu mala escritura puede ser la quiebra sintáctica necesaria para que tu estilo se transforme. Tu mala pintura puede señalar una nueva dirección. El arte necesita un tiempo de incubación, de repanchingarse un poco, de ser feo y deforme para emerger finalmente siendo lo que es. El ego odia este hecho. El ego quiere gratificación instantánea y el chute adictivo de un triunfo reconocido.

«El que conoce a los demás es sabio; el que se conoce a sí mismo está iluminado».

Lao-Tsé

La necesidad de ganar —¡ahora!— es una necesidad de recibir la aprobación de los demás. Como antídoto, debemos aprender a aprobarnos. Presentarse ante el trabajo es el triunfo que importa.

«Os diré lo que yo he aprendido. Para mí un paseo largo de cinco o seis millas ayuda. Y hace falta ir solo todos los días».

Brenda Ueland

Tareas

1. Las mortales: toma un trozo de papel y recorta siete tiras pequeñas. En cada tira escribe una de las siguientes palabras: *alcohol*, *drogas*, *sexo*, *trabajo*, *dinero*, *comida*, *familia/amigos*. Dobla estas tiras de papel y mételas en un sobre. A estas tiras dobladas las llamamos «las mortales». Enseguida veréis por qué. Ahora saca una de las mortales del sobre y escribe cinco maneras en las que ha tenido un impacto negativo en tu vida. (Si la

que eliges parece difícil o no es aplicable a tu caso, piensa en esta resistencia). Harás esto siete veces, colocando cada vez la tira de papel anterior para que siempre estés escogiendo entre siete opciones posibles. Sí, puede que saques la misma mortal varias veces. Sí, esto es significativo. Muchas veces es el último impacto de una serie de molestos «Oh, no, esto otra vez, no», lo que abre una brecha en la negación y proporciona claridad.

2. Piedras de toque: haz una lista rápida de cosas que te encantan, piedras de toque de tu felicidad. Rumor suave de río, sauces, flores de aciano, achicoria, verdadero pan italiano, potaje de verduras casero, la música de los Bo Deans, el arroz con frijoles, el olor de la hierba recién cortada, el terciopelo azul (tanto la tela como la canción), la tarta de manzana de la tía Minnie...

   Cuelga esta lista donde pueda consolarte y recordarte tus propias piedras de toque personales. Puede que quieras dibujar uno de los elementos de tu lista, o hacerte con él. Si te encanta el terciopelo azul, consigue un retal y úsalo como tapete en un aparador o una cómoda, o pégalo a la pared y monta imágenes sobre él. Juega un poco.

3. La espantosa verdad: responde a las siguientes preguntas:

   Di la verdad. ¿Qué hábito tienes que perjudica tu creatividad?

   Di la verdad. ¿Qué te parece que podría ser un problema? Lo es.

   ¿Qué tienes pensado hacer con tu hábito o problema?

   ¿De qué manera te compensa aferrarte a ese bloqueo?

   Si no se te ocurre cuál es tu compensación, pregúntale a un amigo en el que confíes.

   Di la verdad. ¿Qué amigos hacen que te plantees dudas sobre ti mismo? (la duda sobre ti mismo ya la tienes, pero ellos te la despiertan).

> «¿Cuántas veces hemos declarado que una tarea es "imposible", incluso antes de empezar? ¿Y cuántas veces nos hemos visto como ineptos?... Muchas cosas dependen de los patrones de pensamiento que escogemos y de la persistencia con la que los afirmamos».
>
> Piero Ferrucci

Di la verdad. ¿Qué amigos creen en ti y en tu talento? (el talento ya lo tienes, pero ellos hacen que lo sientas).

¿De qué manera te compensa mantener a tus amigos destructivos? Si la respuesta es «me caen bien», la siguiente pregunta es «¿por qué?».

¿Qué hábitos destructivos comparten tus amigos destructivos con tu yo destructivo?

¿Qué hábitos constructivos comparten tus amigos constructivos con tu yo constructivo?

4. Establecer un límite absoluto: trabajando con tus respuestas a las preguntas anteriores, intenta establecer tu límite absoluto. Empieza con cinco de tus comportamientos más dolorosos. Siempre puedes añadir otros más adelante.
   - Si adviertes que tus tardes están normalmente gobernadas por el trabajo extra que te impone tu jefe, vas a tener que establecer una nueva regla: nada de trabajo pasadas las seis.
   - Si te despiertas a las seis de la mañana y puedes escribir durante una hora si no te interrumpen para buscar calcetines y hacer el desayuno y planchar, la regla puede ser: «No interrumpir a mamá antes de las siete de la mañana».
   - Si tienes demasiados trabajos y haces jornadas excesivamente largas, puede que necesites examinar lo que cobras. ¿Te estás poniendo un precio apropiado? Haz alguna averiguación. ¿Cuánto reciben otras personas de tu gremio? Eleva tus precios y rebaja tu carga de trabajo.

«Tiene gracia la vida; si te niegas a aceptar cualquier cosa que no sea lo mejor, muchas veces lo consigues».

Somerset Maugham

Límite absoluto

1. Ya no trabajaré los fines de semana.
2. Ya no me llevaré el trabajo a los actos sociales.
3. Ya no antepondré el trabajo a los compromisos creativos (nada de cancelar clases de piano o de dibujo por

culpa de un plazo repentino impuesto por mi jefe, el adicto al trabajo).

4. Ya no pospondré hacer el amor por leer cosas de trabajo en la cama.
5. Ya no aceptaré llamadas de trabajo en casa después de las seis.

Valorar

1. Haz una lista de cinco pequeñas victorias.
2. Haz una lista de tres acciones nutritivas que has puesto en marcha para tu artista.
3. Haz una lista de tres acciones que podrías poner en marcha para consolar a tu artista.
4. Hazte tres promesas bonitas. Cúmplelas.
5. Haz una cosa maravillosa para ti cada día de esta semana.

Registro

1. ¿Cuántos días esta semana has escrito tus páginas matutinas? ¿Leer tus páginas matutinas ha cambiado tu escritura? ¿Sigues permitiéndote el escribirlas con libertad?
2. ¿Has tenido esta semana tu cita con el artista? Déjate hacer una extra. ¿Qué has hecho? ¿Cómo te has sentido?
3. ¿Has experimentado sincronía esta semana? ¿Qué ha pasado?
4. ¿Ha habido algún otro asunto esta semana que te parezca significativo para tu rehabilitación? Descríbelo.

SEMANA 11

Esta semana nos centramos en nuestra autonomía artística. Examinamos cómo debemos nutrirnos y aceptarnos a nosotros mismos como artistas de forma continuada. Exploramos los comportamientos que pueden fortalecer nuestra base espiritual, y por tanto nuestro poder creativo. Nos fijamos especialmente en cómo hay que gestionar el éxito para no sabotear nuestra libertad.

Recuperar una sensación de autonomía

Aceptación

Soy artista. Como artista puede que necesite una mezcla de estabilidad y fluidez diferente a la de otras personas. Puede que descubra que un trabajo de nueve a cinco me da estabilidad y me deja más libre para crear. O puede que descubra que un trabajo de nueve a cinco me consume y me deja incapaz de crear. Debo experimentar con lo que me funciona a mí.

Normalmente el flujo de efectivo de un artista es errático. No hay ninguna ley que diga que hemos de estar en la ruina todo el tiempo, pero hay probabilidades de que estemos en la ruina gran parte del tiempo. A veces el buen trabajo no se vende. La gente te lo comprará, pero no te lo pagará pronto. Puede que el mercado vaya fatal, incluso aunque el trabajo sea espléndido. No podemos controlar esos factores. Ser fiel al artista interior tiene muchas veces como consecuencia que el trabajo se vende, pero no siempre. Tengo que liberarme de la idea de que mi valor y el de mi trabajo vienen determinados por el valor de mercado de mi trabajo.

Es muy difícil sustraerse a la idea de que el dinero valida mi credibilidad. Si el dinero determina lo que es arte de verdad, entonces Gaughin era un charlatán. Como artista es posible que nunca llegue a tener una casa que vaya a salir en *Town and Country*. O puede que sí. Por otra parte, es posible que llegue a tener un libro de poemas, una canción, una pieza de performance, una película.

Debo aprender que mi credibilidad como artista reside en mí, en Dios y en mi trabajo. En otras palabras, si tengo un poema que escribir, necesito escribir ese poema, vaya a venderse o no. Necesito crear lo que quiere ser creado. No puedo planificar una carrera para que se desarrolle en una dirección sensata dictada por los vaivenes del capital o por estrategias de marketing. Esas cosas están bien, pero prestarles demasiada atención puede ahogar al niño interior, que se asusta y se irrita cuando se le dan constantes negativas. Los niños, como todos sabemos, no gestionan bien eso de «más tarde, ahora no».

«El arte ocurre sin más. No hay tugurio que se libre de él, pero tampoco hay príncipe que pueda depender de él, y ni la más vasta inteligencia es capaz de hacerlo aparecer».

James Abbott McNeill Whistler

Puesto que mi artista es un niño, mi niño interior, debo hacer algunas concesiones a su sentido de los tiempos. Algunas concesiones no significa irresponsabilidad total, lo que significa es dejar que el artista tenga tiempo de calidad, sabiendo que si le dejo hacer lo que quiere hacer cooperará conmigo haciendo lo que yo necesito hacer.

A veces escribiré mal, dibujaré mal, pintaré mal, actuaré mal. Tengo derecho a hacer eso para llegar al otro lado. La creatividad es la propia recompensa.

Como artista debo tener mucho cuidado en rodearme de gente que nutre a mi artista, no de gente que intenta domesticarlo en exceso por mi propio bien. Ciertas amistades espolearán mi imaginación artística, mientras que otras la adormecerán.

Puede que sea buena cocinera, mala ama de casa y una artista poderosa. Soy desordenada y desorganizada excepto en lo que tiene que ver con escribir; un diablillo para el detalle creativo, aunque no me interesen en particular detalles como los zapatos o los suelos lustrosos.

En gran medida mi vida es mi arte, y cuando se pone aburrida también lo hace mi arte. Como artista puede que hurgue en lo que a otras personas le parecen callejones sin salida: una banda de punk que misteriosamente me encandila, una pieza de música gospel que se engancha a mi oído, un trozo de seda rojo que resulta que me encanta y que añado a un buen vestido «destrozándolo».

Como artista a lo mejor me frío el pelo o llevo ropa rara. Tal vez me gaste demasiado dinero en un perfume que viene en un bonito frasco azul, aunque el perfume apeste, porque la botella me permite escribir sobre París en los años treinta.

Como artista escribo, ya me parezca bueno lo escrito o no. Ruedo películas que tal vez detesten otras personas. Hago bocetos malos para poder decir «Estuve en esta habitación. Fui feliz. Era mayo e iba a encontrarme con alguien a quien quería conocer».

Como artista mi respeto por mí misma proviene de hacer el trabajo. Actuación tras actuación, concierto tras concierto, cuadro a cuadro. Dos años y medio para hacer una película de 90 minutos. Cinco versiones de una obra. Dos años trabajando en un musical. A lo largo de todo ese tiempo, a diario, me presento ante las páginas matutinas y escribo sobre lo feas que son mis cortinas, lo mal que me queda este corte de pelo, lo mucho que disfruto de cómo la luz da en los árboles cuando salgo a correr por las mañanas.

Como artista no necesito ser rica, pero sí necesito que un gran apoyo. No puedo permitir que mi vida emocional e intelectual se estanque, porque se reflejará en el trabajo. Se reflejará en mi vida. Se reflejará en mi temperamento. Si no creo, me pongo de mal humor.

«El trabajo del artista consiste siempre en hacer que el misterio sea más profundo».

Francis Bacon

«La función del artista creativo consiste en hacer sus propias leyes, no en cumplir con las leyes que ya existen».

Ferruccio Busoni

Como artista puedo, literalmente, morirme de aburrimiento. Me mato cuando no nutro a mi artista porque estoy actuando en función de la idea que tienen otras personas de lo que es un adulto. Cuanto más nutro a mi niño artista, más adulto soy capaz de parecer. Mimar a mi artista significa que me permitirá que escriba una carta de trabajo. Pasar por alto a mi artista significa depresión total.

Existe una conexión entre la autonutrición y el respeto por uno mismo. Si me dejo acosar y acobardar por los impulsos que sienten otras personas para que yo sea más normal o más agradable, estoy vendido. Puede que les guste más, que se sientan más cómodos con mi aspecto o con un comportamiento mío más convencional, pero me odiaré a mí misma. Al odiarme, tal vez lo pague conmigo misma y con los demás.

Si saboteo a mi artista, bien puedo esperar darme un atracón de comida, de sexo, de mal humor. Comprueba por ti mismo la relación entre estos comportamientos. Cuando no estamos creando, los artistas no somos siempre muy normales ni muy agradables, ni con nosotros mismos ni con los demás.

La creatividad es oxígeno para nuestras almas. Cortar nuestra creatividad nos vuelve salvajes. Reaccionamos como si nos estuvieran asfixiando. Hay una ira real que aparece cuando se interfiere con nosotros a un nivel que implica quitarnos las pelusas y dejarnos arregladitos. Cuando padres y amigos bienintencionados nos empujan al matrimonio, o a un trabajo de nueve a cinco, o a cualquier cosa que no evolucione de un modo que permita continuar con nuestro arte, reaccionaremos como si nos fuera la vida en ello. Y el caso es que nos va.

Ser artista es reconocer lo particular. Apreciar lo peculiar. Permitir un sentido del juego en tu relación con las normas aceptadas. Hacer la pregunta «¿Por qué?». Ser artista es arriesgarte a admitir que gran parte de lo que significa dinero, propiedades y prestigio te resulta un poquito tonto. Ser artista es reconocer lo asombroso.

Es permitirnos colocar en una habitación el mueble equivocado, porque nos gusta. Es aferrarnos a un abrigo raro que nos hace felices. Es no seguir intentando ser algo que no somos.

Si eres más feliz escribiendo que no escribiendo, pintando que no pintando, cantando que no cantando, actuando que no actuando, dirigiendo que no dirigiendo, por el amor de Dios (y uso la expresión literal), déjate hacerlo.

Matar tus sueños porque son irresponsables es ser irresponsable contigo mismo. La credibilidad reside en ti y en Dios, no en el voto de tus amigos y conocidos.

El Creador nos hizo creativos. Nuestra creatividad es un don que nos ha dado Dios y usarla es nuestro regalo para Dios. Aceptar este trato es el principio de la verdadera autoaceptación.

«Lo que anima a los genios o, mejor, lo que inspira su obra no son las ideas nuevas, sino su obsesión con la idea de que lo que ya ha sido dicho no es suficiente».

Eugène Delacroix

Éxito

La creatividad es una práctica espiritual. No es algo que pueda perfeccionarse, terminarse, apartarse. Por mi experiencia, llegamos a mesetas de logros creativos sólo para que se instale en nosotros cierta excitación. Sí, tenemos éxito. Sí, lo hemos conseguido. Pero...

En otras palabras, justo cuando llegamos ahí, el *ahí* desaparece. Insatisfechos con nuestros logros, por elevados que sean, estamos obligados a enfrentarnos de nuevo con nuestro yo creativo y sus apetitos. Las preguntas que habíamos apartado vuelven ahora a levantar la cabeza: ¿Y qué hacemos... ahora?

Esta cualidad inacabada, este inquieto apetito por explorar más allá, nos interpela. Se nos pide expansión para no contraernos. Evitar este compromiso —una evasión que nos tienta a todos— conduce directamente al estancamiento, al descontento, a la incomodidad espiritual. «¿No puedo descansar?», nos preguntamos. Y la respuesta, en una palabra, es no.

Como artistas somos tiburones espirituales. La implacable verdad es que si no seguimos moviéndonos nos hundimos en el fondo del mar y nos morimos. La elección es muy simple: podemos insistir en dormirnos en los laureles o podemos empezar otra vez. La exigencia estricta de una vida creativa sostenida es la humildad de empezar otra vez, de comenzar de nuevo.

Es esta voluntad de ser de nuevo un principiante lo que distingue una carrera creativa. Un amigo mío, un maestro en su campo, se da cuenta con incomodidad de que tiene comprometida su disponibilidad a varios años vista. Está en una posición envidiable a nivel empresarial, pero le resulta cada vez más peligroso para su salud artística. Cuando la rueda gira y el proyecto con el que se comprometió hace tres años ha de ejecutarse, ¿puede hacerlo con su imaginación y con su entusiasmo iniciales? La respuesta honesta, muchas veces, es un molesto no. Y así, con gran coste económico, ha empezado a recortar sus compromisos futuros, invirtiendo en la ganancia, arriesgada pero más gratificante, de la integridad artística.

«Por mucha habilidosa inventiva que se emplee, nada sustituye el elemento esencial de la imaginación».

Edward Hopper

No todos nosotros podemos siempre hacer tal acopio de coraje frente a la tentación monetaria, pero lo podemos intentar. Podemos por lo menos estar dispuestos. Como artistas somos viajeros. Cargados en exceso con el equipaje de nuestra dignidad mundana, demasiado imbuidos de nuestros cargos y posiciones, somos incapaces de ceder a nuestras tendencias espirituales. Insistimos en el camino recto y estrecho cuando el camino del artista es un sendero en espiral. Investidos de los signos externos de una carrera, podemos colocar esa inversión por delante de nuestro guía interior. Decidimos apostar por lo seguro, y así abandonamos nuestro compromiso de afianzar nuestro propio valor y el de nuestros objetivos.

La creatividad no es un negocio, aunque puede generar mucho negocio. Un artista no puede vivir indefinidamente de las rentas de un éxito anterior. Quienes intentan trabajar durante demasiado tiempo con una fórmula, incluso cuando se trata de su propia fórmula, terminan actuando como sanguijuelas de sus verdades creativas. Inmersos como a menudo estamos en el mundo de los negocios generados por nuestro arte, resulta tentador garantizar lo que no podemos entregar: un buen trabajo que es una réplica de un buen trabajo ya entregado.

Las películas de éxito generan en el negocio una demanda de secuelas. Los libros de éxito generan una demanda de más libros similares. Los pintores pasan por épocas populares en su obra y se les puede pedir que permanezcan ahí. Para ceramistas, compositores, coreógrafos, el problema es el mismo. Como artistas se nos pide que nos repitamos y expandamos el mercado que hemos creado. A veces esto es posible. Otras, no.

Como artista de éxito el truco está en no hipotecar de forma demasiado onerosa el futuro. Si la casa en los Hamptons te cuesta dos años de desgracia creativa sacando adelante un proyecto sólo por la pasta, esa casa es un lujo caro.

Esto no significa que los editores deban dejar de planificar temporadas o que los estudios deban echar por tierra su plan de negocio. Lo que significa es que los muchos creadores que trabajan en entornos monetarios deben acordarse de adquirir compromisos no sólo con proyectos que huelen a cosa segura, sino también con proyectos más arriesgados que llaman la atención de sus almas creativas. No necesitas darle la vuelta a una carrera de éxito para encontrar la satisfacción creativa. Lo que es necesario es darle una ligera vuelta a tu jornada de cada día para permitir esos pequeños ajustes que a largo plazo alteran tu rumbo y las satisfacciones que proporciona tu carrera.

Esto significa escribir tus páginas matutinas. Hacer tus citas con el artista. «Pero es que yo dirijo un estudio», dirás, o lo que sea que tengas que hacer. «Hay gente que depende de mí». Lo que yo digo es: con más razón debes entonces depender de ti mismo y proteger tu propia creatividad.

«Estás perdido desde el instante en que sabes cuál será el resultado».

Juan Gris

Si pasamos por alto nuestro compromiso interior, el coste de hacerlo se hace evidente a toda prisa en el mundo exterior. Un cierto tono apagado, una rutinaria inevitabilidad, expulsa la excitación creativa fuera de nuestras vidas y, finalmente, también de nuestra economía. Intentando asegurar nuestra cuenta corriente apostando por lo seguro, perdemos la ventaja de la innovación. A medida que los proyectos prometidos van alejándose cada vez más de nuestras íntimas inclinaciones, un profundo cansancio artístico se instala en nosotros. Nos vemos obligados a convocar a nuestro entusiasmo a punto de pistola, en lugar de disfrutar de la tarea creativa de cada día.

Los artistas son perfectamente capaces de cumplir de forma responsable con las exigencias de sus socios profesionales. Lo que es más difícil y más crítico es que nosotros, como artistas, sigamos cumpliendo con la exigencia interna de nuestro propio crecimiento artístico. En resumen, a medida que nos llega el éxito, debemos estar vigilantes. Cualquier éxito postulado sobre una meseta artística permanente nos aboca, tanto a nosotros como a ese éxito, al fracaso.

EL ZEN DEL DEPORTE

La mayoría de los creadores bloqueados son seres cerebrales. Pensamos en todas las cosas que queremos hacer pero no podemos. Al principio de la rehabilitación, pensamos en primer lugar en todas las cosas que queremos hacer pero no hacemos. Para poner en marcha una rehabilitación real, una que sea duradera, necesitamos salir de nuestra cabeza y crear un cuerpo de trabajo. Y para hacer esto debemos, antes que nada, trasladarnos al cuerpo.

De nuevo ésta es una cuestión que requiere aceptación. La creatividad necesita acción y parte de esa acción ha de ser física. Uno de los escollos que amenazan a los occidentales que adoptan técnicas de meditación orientales es que alcancen el éxtasis y se vuelvan inútiles. Perdemos pie y, con él, nuestra capacidad para actuar en el mundo. Persiguiendo una conciencia más elevada, nos volvemos inconscientes, aunque de una manera diferente. El ejercicio combate esta disfunción, inducida vía espiritual.

Volviendo a la idea de nosotros mismos como receptores de ondas radiofónicas espirituales, necesitamos suficiente energía como para emitir una señal potente. Aquí es donde entra en juego el caminar. Lo que buscamos aquí es una meditación en movimiento. Esto quiere decir que sea una meditación en la que el acto de movernos nos coloca en el ahora y nos ayuda a dejar de dar vueltas. Basta con veinte minutos al día. Se trata de estirar la mente más que el cuerpo, de modo que no hace falta subrayar el estar en forma (aunque ponerse en forma es un resultado más que probable).

El objetivo es conectar con un mundo fuera de nosotros, perder el foco obsesivo de la autoexploración y, sencillamente, explorar. Uno rápidamente se da cuenta de que cuando la mente se centra en *otro*, el yo suele colocarse bajo un foco mucho más certero.

«Al no ser consciente ya de mis movimientos, descubrí una nueva unidad con la naturaleza. Había encontrado una nueva fuente de poder y de belleza, una fuente con cuya existencia ni siquiera había soñado».

Roger Bannister

Son las seis y media de la mañana cuando la gran garza azul despierta en su escondite entre las hierbas cortas y se alza sobre el río con sus gigantescas y rítmicas alas. El pájaro ve a Jenny ahí abajo. Jenny, abajo, ve al pájaro. El movimiento de sus piernas la lleva a un paso que parece que flota, sin esfuerzo. Su espíritu se eleva hasta la garza y pía. «Hola, buenos días, qué mañana tan deliciosa, ¿verdad?». En ese momento, en ese lugar, son almas gemelas. Ambas son salvajes y libres y felices en su movimiento, en el movimiento de los vientos, de las nubes, de los árboles.

Son las cuatro y media de la tarde cuando el jefe de Jenny se presenta en el umbral de la puerta de su despacho. El nuevo cliente se está poniendo caprichoso y quiere introducir aún más cambios en la redacción de su texto. ¿Podrá Jenny con esto? «Sí», dice Jenny. Puede porque sigue en las nubes gracias a la alegre energía de haber corrido esa mañana. Esa garza: ese azul acero que resplandecía al dar aquel gran giro inclinado...

Jenny no se definiría a sí misma como una atleta. No corre maratones. No sale a correr en animados grupillos de solteras. Aunque cada vez corre distancias más largas y sus muslos son más estrechos, no corre por estar en forma. Jenny corre por su alma, no por su cuerpo. Cuando su espíritu está en forma es cuando cambia el tono de sus días, pasando de esforzados a fáciles.

«Corro para tener perspectiva», dice Jenny. Cuando el cliente le pone pegas a su texto, Jenny se aleja y se eleva por encima de su frustración, como la gran garza azul. No es que no le importe. Es que tiene una nueva perspectiva —una vista de pájaro— sobre el lugar que sus tribulaciones tienen en el universo.

«Mantener el cuerpo sano es un deber... De otra manera no seremos capaces de mantener la mente fuerte y clara».

Buda

Eve Babitz es novelista. Y nadadora. Alta, rubia y con curvas tan generosas como la autopista en forma de trébol de su Los Ángeles natal, Babitz nada para dirigir el tráfico de su superpoblada mente. «La natación», dice, «es un deporte maravilloso para un escritor». Todos los días, mientras nada en el óvalo aguamarina de la piscina de su barrio, su mente se hunde en las profundidades de sí misma, más allá de las malas hierbas y del desorden de sus preocupaciones cotidianas —el editor que se está retrasando con un pago, las razones por las que el mecanógrafo está cometiendo tantos errores—, hasta un silencioso y verde remanso de inspiración. Esa acción rítmica y repetitiva transfiere las energías del cerebro, del hemisferio de la lógica, al del artista. Ahí es donde la inspiración surge a borbotones, libre de las constricciones de la lógica.

Martha es carpintera y ciclista de fondo. A diario la carpintería la desafía para que encuentre soluciones innovadoras a problemas de construcción, para que desentrañe los complicados detalles de un aspecto difícil del diseño, de esos que exigen una respuesta sencilla a un problema complejo. «¿Cómo puedo construir en mi zona de trabajo sin que el suelo esté ocupado cuando haya terminado?». O bien, «¿Existe algún tipo de armario que pueda colocar en esta esquina o contra esta pared sin que parezca muy moderno en contraste con los muebles que ya tengo?». Pedaleando de su casa en las afueras hasta su trabajo en el centro, Martha encuentra la respuesta a estas preguntas. De la misma manera que un mirlo alza el vuelo de repente frente a su línea de visión, Martha estará pedaleando cuando «puertas de persiana» se le aparezca ante los ojos como una solución de diseño. Dando rítmica y repetitivamente a sus pedales, Martha también está bombeando el pozo de su creatividad. «Es el momento de dejar vagar mi imaginación y de encontrar soluciones a mis problemas», dice Martha. «Las soluciones, sencillamente, aparecen. De alguna manera, me dispongo a la asociación libre de ideas, y las cosas empiezan a encontrar su sitio».

Las cosas que empiezan a encontrar su sitio no están sólo relacionadas con el trabajo. Cuando monta en bici, Martha tiene la sensación no sólo de su propio movimiento, sino también del movimiento de Dios en el universo. Recuerda ir en bicicleta sola por la Ruta 22, en el norte del estado de Nueva York. El cielo era un arco azulado. Los trigales estaban verdes y dorados. Y la cinta de asfalto negro por la que viajaba Martha parecía llevarla hasta el mismísimo corazón de Dios. «Silencio, un cielo azul, una cinta negra de autopista, Dios, y el viento. Cuando monto en bici, especialmente durante el ocaso y a primera hora de la mañana, me siento Dios. Soy capaz de meditar mucho más en movimiento que quieta y sentada. A solas, con la libertad de ir donde yo quiera, con el viento soplando, estar sola en medio de ese aire, me permite centrarme en mí misma. Siento a Dios tan cerca que mi espíritu canta».

El ejercicio enseña las recompensas del proceso. Enseña la sensación de satisfacción por las pequeñas tareas bien hechas. Jenny, corriendo, se estira y aprende a conectar con un recurso interno inesperado. Martha llama-

«Aquí, en este cuerpo, están los ríos sagrados: aquí están el sol y la luna, así como todos los lugares de peregrinación... No he encontrado otro templo más gozoso que mi propio cuerpo».

Saraha

ría a ese poder Dios, pero responda a lo que responda, el ejercicio parece convocarlo en otras circunstancias, cuando no confiamos en nuestra fortaleza personal. En lugar de abandonar un proyecto personal cuando nos frustra, aprendemos a atravesar la dificultad.

«La vida es una serie de saltos», dice Libby, una pintora cuyo deporte es montar a caballo. «Yo solía verla como una serie de obstáculos o vallas. Ahora son saltos y desafíos. ¿Qué tal me estoy enfrentando a ellos?». En el adiestramiento diario de su yegua, «enseñándole a pensar antes de saltar, a controlar bien sus ritmos», Libby ha aprendido las mismas destrezas en su propia vida.

Parte de esta paciencia creativa aprendida tiene que ver con conectarse a una idea de creatividad universal. «Al montar a caballo, mi mente racional se desconecta», cuenta. «Estoy reducida a sentir, a participar. Cuando cabalgas por un trigal y las hebras de paja flotan a tu alrededor, la sensación hace que tu corazón cante. Cuando dejas atrás una estela de nieve que centellea al sol, eso hace que tu corazón cante. Estos momentos de intensa sensación me han enseñado a ser consciente de otros momentos de mi vida. Cuando siento esa sensación de cántico con un hombre y sé que también lo he sentido en un prado y en un campo de nieve, entonces sé que lo que realmente estoy celebrando es mi propia capacidad para sentir».

No es sólo la sensación de comunicación con la naturaleza lo que crea un corazón cantarín. Un subidón natural inducido por endorfinas es uno de los productos colaterales del propio ejercicio. Un corredor puede sentir la misma sensación de celebración y bienestar avanzando por una sucia calle del centro que la que encuentra Libby trotando por un sendero campestre.

«Dios está en su cielo; todo está bien en el mundo», es como definió Robert Browning esta sensación en su largo poema narrativo *Pippa Passes*. No es coincidencia que Pippa experimentase esta sensación mientras caminaba. No todo el mundo se puede permitir el montar a caballo, ni siquiera una bici de diez marchas. Muchos de nosotros tenemos que depender de nuestros pies para el transporte y el recreo. Pero, como Jenny, podemos aficionarnos a correr. O podemos convertir el caminar en nuestro deporte. A los artistas, caminar les ofrece la ventaja añadida de la saturación sensorial. Las cosas no pasan a toda prisa. Las vemos de verdad. En cierto sentido, para tener una visión hace falta la vista. Llenamos el pozo y luego conectamos más rápidamente con él.

Gerry es un urbanita confirmado. Sus paseos por el campo se limitan a observar los maceteros de las ventanas y los jardines de bolsillo. Pero Gerry ha aprendido que «en las ciudades, las personas son el paisaje». También ha aprendido a mirar para arriba, no para abajo, y a admirar los adornos y los frisos que muchas veces parecen... pedestres... a nivel de calle. Vagando por los cañones urbanos, Gerry ha encontrado toda una serie de escenas atractivas. Está el gato color mermelada de naranja que se sienta en la ventana, sobre las macetas de geranios rosas y rojos. Está el tejado de cobre de la iglesia, que se ha puesto de un verde sucio que reluce plateado en las tormentas. Un descansillo de mármol, muy elaborado, que puede vislumbrarse por las puertas de un edificio de oficinas del centro. En otro bloque, alguien ha hundido una herradura de la suerte en el cemento de la calle. Una miniatura de la Estatua de la Libertad se alza de forma inesperada en lo alto de una digna fachada de ladrillo. Gerry se siente libre, se siente él mismo, vagando por las calles por donde le llevan sus incansables pies. Este patio, aquel callejón adoquinado, Gerry colecciona delicias visuales urbanas del mismo modo que sus primeros ancestros coleccionaban este fruto y aquella raíz. Ellos recolectaban comida; él recolecta alimento para su mente. El ejercicio, tan criticado por ciertos intelectuales como si fuera una actividad para la que no hace falta el cerebro, resulta ser un inductor de pensamientos.

Como hemos dicho antes, aprendemos yendo a donde tenemos que ir. El ejercicio es a menudo ese ir yendo que nos traslada del estancamiento a la inspiración, del problema a la solución, de la autocompasión al respeto por nosotros mismos. Y es verdad que aprendemos yendo. Aprendemos que somos más fuertes de lo que pensábamos. Aprendemos a mirar las cosas bajo una perspectiva nueva. Aprendemos a solucionar nuestros problemas conectando con nuestros recursos interiores y escuchando nuestra propia inspiración, no sólo a través de los otros, sino de nosotros mismos. Sin esfuerzo aparente, las respuestas nos llegan mientras nadamos o caminamos o corremos. Por definición, éste es uno de los frutos del ejercicio.

«¡Dios bendiga las raíces! El cuerpo y el alma son uno solo».

Theodore Roethke

Construir tu altar de artista

Las páginas matutinas son meditación, una práctica que te lleva hacia tu creatividad y hacia tu Dios creador. Para mantenernos fácil y felizmente creativos, necesitamos centrarnos espiritualmente. Esto resulta más sencillo si nos permitimos ciertos rituales. Es importante que los diseñemos nosotros mismos a partir de elementos que nos den la sensación de ser sagrados y afortunados.

Muchos creadores bloqueados crecieron en hogares religiosos represores. Para mantenernos feliz y fácilmente creativos necesitamos sanarnos de eso, centrándonos espiritualmente con rituales creativos propios. Una habitación espiritual o incluso una esquina espiritual es una manera excelente de hacerlo.

Este refugio puede ser la esquina de una habitación, un rincón debajo de las escaleras, incluso el alféizar de una ventana. Es un recuerdo y un reconocimiento del hecho de que nuestro Creador desata nuestra creatividad. Llénalo de cosas que te hacen feliz. Recuerda que tu artista se alimenta de imágenes. Necesitamos deshacernos del viejo concepto de que la espiritualidad y la sensualidad no casan. El altar de un artista debería ser una experiencia sensorial.

Se supone que debemos celebrar las cosas buenas de esta tierra. Hojas bonitas, piedras, velas, tesoros del mar, todas esas cosas nos recuerdan a nuestro Creador.

Los pequeños rituales, diseñados por nosotros mismos, son buenos para el alma. Quemar incienso mientras leemos afirmaciones o las escribimos, encender una vela, bailar al ritmo de música de tambores, acariciar una piedra suave y escuchar canto gregoriano: todas estas técnicas táctiles, físicas, refuerzan el crecimiento espiritual.

Recuerda, el niño artista habla el idioma del alma: la música, la danza, los olores, las conchas de mar... Contemplar tu altar de artista, por ingenuo que parezca, debería ser divertido para el Creador. Recuerda lo mucho que les gustan las cosas llamativas a los niños pequeños. Tu artista es un niño pequeño, así que...

Tareas

«El arte no reproduce lo visible; más bien, lo torna visible. La luna revela la creatividad de la misma manera que las sustancias químicas revelan imágenes fotográficas».

Norma Jean Harris

1. Grábate leyendo los principios básicos (véase página 39). Escoge tu ensayo favorito de este libro y graba eso también. Utiliza esta cinta para tu meditación.
2. Escribe a mano tu oración de artista de la Semana 4. Guárdala en la cartera.
3. Cómprate un cuaderno especial de creatividad. Numera las páginas de la 1 a la 7. Dedica cada página a una de las siguientes categorías: salud, posesiones, ocio, relaciones, creatividad, carrera y espiritualidad. Sin pensar en los aspectos prácticos, anota diez deseos de cada área. Vale, son muchos. Sueña un poquito.
4. Trabaja con los cambios honestos de la Semana 4 y haz un inventario personal de aspectos en los que has cambiado desde que empezaste tu rehabilitación.
5. Haz una lista de cinco aspectos en los que cambiarás a medida que prosigas.
6. Haz una lista de cinco maneras con las que pretendes nutrirte en los próximos seis meses: cursos a los que

te apuntarás, recursos que te permitirás, citas con el artista y vacaciones sólo para ti.

7. Saca un papel y haz un plan de una semana de nutrición personal. Significa realizar una acción concreta y amorosa todos los días sin excepción durante una semana: ¡por favor, date un atracón!
8. Escribe y envía una carta dándole ánimos a tu artista interior. Esto parece una tontería, pero recibirla es muy agradable. Recuerda que tu artista es un niño y que le encantan los elogios y los ánimos y los planes festivos.
9. Una vez más examina tu idea de Dios. ¿Tu sistema de creencias limita o apoya tu expansión creativa? ¿Tienes la mente abierta a la hora de transformar tu idea de Dios?
10. Haz una lista de diez ejemplos de sincronía personal que apoyan la posibilidad de una fuerza creativa nutritiva.

Registro

1. ¿Cuántos días esta semana has escrito las páginas matutinas? ¿Qué tal la experiencia? ¿Le has recomendado las páginas matutinas a alguna otra persona? ¿Por qué?
2. ¿Has tenido tu cita con el artista esta semana? (¿Has considerado la posibilidad de organizar todo un día de artista? ¡Vaya!). ¿Qué has hecho? ¿Cómo te has sentido?
3. ¿Has experimentado sincronía esta semana? ¿Qué ha pasado?
4. ¿Ha habido algún otro asunto esta semana que te parezca significativo para tu rehabilitación? Descríbelo.

SEMANA 12

En esta última semana reconocemos el corazón, inherentemente misterioso y espiritual, de la creatividad. Nos enfrentamos al hecho de que la creatividad requiere de receptividad y de una confianza profunda, capacidades que hemos ido desarrollando a través de nuestro trabajo en este curso. Establecemos nuestros objetivos creativos y nos fijamos especialmente en los sabotajes de última hora. Renovamos nuestro compromiso con el uso de las herramientas.

Recuperar una sensación de fe

Confiar

«Las aventuras no empiezan hasta que no entras en el bosque. Ese primer paso es un acto de fe».

Mickey Hart, batería de los Grateful Dead

La creatividad precisa de la fe. La fe precisa que renunciemos al control. Esto da miedo, y nos resistimos a ello. Nuestra resistencia a la propia creatividad es una forma de autodestrucción. Arrojamos obstáculos en nuestro propio camino. ¿Por qué hacemos esto? Para mantener la ilusión del control. La depresión, como la ira y la ansiedad, son resistencias, y crean malestar. Se manifiesta en forma de torpeza, de confusión, de un «no sé qué...». La verdad es que sí sabemos, y además sabemos que sabemos.

Cada uno de nosotros tiene un sueño interior que podríamos desplegar si tuviéramos el valor de admitir cuál es. Y la fe de confiar en la propia aceptación. A menudo esa aceptación es muy difícil. Las afirmaciones clarificadoras pueden abrir la espita. Es excelente ésta: «Sé las cosas que sé», y esta otra: «Me fío de mi propia guía interna». Cada una de ellas terminará brindándonos la sensación de que vamos por nuestra propia dirección —¡a la que muchas veces procederemos a resistirnos con rapidez!

Esta resistencia es muy comprensible. No estamos acostumbrados a pensar que la voluntad de Dios en nosotros pueda coincidir con nuestros propios sueños internos. Lo que hemos hecho ha sido tragarnos el mensaje de nuestra cultura: el mundo es un valle de lágrimas y lo que se supone que tenemos que hacer es cumplir con nuestro deber y morirnos. Pero lo cierto es que lo que debemos es ser dadivosos y *vivir*. El universo siempre apoyará la acción asertiva. El sueño más profundo que nosotros podamos tener siempre es la voluntad de Dios para nosotros.

«No tengas miedo de los errores: no existen».

Miles Davis

El héroe y mentor de Mickey Hart, el difunto gran mitólogo Joseph Campbell, escribió: «Sigue a tu gozo y se abrirán puertas donde las puertas no existían». Es el compromiso interior de ser fieles a nosotros mismos y de seguir nuestros sueños lo que dispara el apoyo del universo. Mientras seamos ambivalentes, el universo nos parecerá también ambivalente y errático. El flujo de nuestra vida se caracterizará por repentinos chorros de abundancia y por largas temporadas de sequía, cuando nuestros suministros se reduzcan a un levísimo goteo.

Si echamos la vista atrás, hacia los tiempos en los que el mundo parecía un lugar caprichoso y poco de fiar, veremos que también nosotros éramos ambivalentes y vivíamos en conflicto con nuestros objetivos y conductas. Una vez que disparemos un sí interno al afirmar nuestros objetivos y deseos más verdaderos, el universo funcionará como espejo de ese sí y lo expandirá.

Existe un camino para cada uno de nosotros. Cuando estamos en el camino correcto, nuestros pasos son seguros. Sabemos cuál es la siguiente acción correcta, aunque no sepamos, necesariamente, lo que nos espera a la vuelta de la esquina. Confiando, aprendemos a confiar.

Misterio

La creatividad —como la propia vida humana— empieza en la oscuridad. Es necesario que reconozcamos esto. Con frecuencia pensamos sólo en términos de luz: «¡Y entonces se me encendió la bombilla y lo entendí!». Es verdad que muchos hallazgos se nos aparecen como flashes. Es verdad que algunos de esos flashes pueden resultar cegadores. Pero también es verdad que esas ideas luminosas vienen precedidas de un periodo de gestación que es interno, turbio y absolutamente necesario.

Muchas veces hablamos de las ideas como de criaturas de nuestra mente (*brainchildren*). De lo que no nos damos cuenta es de que las criaturas de la mente son bebés y no deberían sacarse a la fuerza y de forma prematura del vientre creativo. Las ideas, como las estalactitas y las estalagmitas, se forman en la oscura cueva del interior de la conciencia. Se crean a partir de gotitas y de goterones, no a base de bloques de construcción cuadrados. Debemos aprender a dejar que una idea se incube. O, por usar una imagen sacada de la jardinería, debemos aprender a no arrancar nuestras ideas de raíz para ver si están creciendo.

Dar vueltas a una idea sobre la página es una forma de arte sin arte. Es juguetear. Es hacer garabatos. Es la manera en que las ideas toman forma despacio y se forman hasta que están preparadas para ayudarnos a ver la luz. Demasiadas veces intentamos tirar, empujar, delinear y controlar nuestras ideas en lugar de dejar que crezcan de manera orgánica. El proceso creativo es un proceso de rendición, no de control.

El misterio está en el corazón de la creatividad. Y la sorpresa. Demasiadas veces, cuando decimos que queremos ser creativos, lo que queremos decir es que queremos ser

«La cosa más bella que podamos experimentar es el misterio».

Albert Einstein

«¿Qué es lo que agita el ojo sino lo invisible?».

Theodore Roethke

capaces de ser productivos. Pero, cooperando con el proceso creativo, no forzándolo, ser creativos *es* ser productivos.

Como canales creativos, necesitamos confiar en la oscuridad. Necesitamos dar vueltas suavemente en lugar de avanzar agitándolo todo como si funcionáramos con un motorcito y el camino fuera recto. Ese dar vueltas a algo sobre el papel puede resultar amenazante. Nos preocupamos: «¡Así nunca conseguiré ninguna idea *de verdad*!».

Incubar ideas se parece mucho a hacer pan. Una idea necesita crecer. Si la manoseas demasiado al principio, si no paras de mirar cómo va, nunca crecerá. Un pan o un bizcocho, para hacerse, debe pasar un buen rato en la oscuridad y en la seguridad de un horno. Si abres ese horno demasiado pronto, el pan no subirá o el bizcocho tendrá un agujero en el centro porque se le habrá escapado todo el vapor. La creatividad precisa de una respetuosa reticencia.

La verdad es que así es como se alzan las mejores ideas. Deja que crezcan en la oscuridad y en el misterio. Deja que se formen en el tejado de tu conciencia. Deja que vayan goteando sobre la página. Si confiamos en ese goteo lento y aparentemente azaroso, un día nos sobresaltará un flash de «¡Oh! ¡Era eso!».

El juego de la imaginación

Cuando pensamos en la creatividad resulta demasiado fácil pensar en el *Arte* con A mayúscula. Para nuestros propósitos, el Arte con A mayúscula es una letra escarlata que nos estigmatiza como condenados. Para nutrir nuestra creatividad necesitamos una sensación de fiesta, incluso de humor: «Arte. Ése es un tipo que salía con mi hermana».

Estamos en una sociedad ambiciosa y muchas veces nos resulta difícil cultivar formas de creatividad que no sirvan directamente a nuestra vida y a nuestros objetivos profesionales. La rehabilitación nos urge a verificar la definición de creatividad y a ampliarla para que incluya lo que, en el pasado, llamábamos hobbies. La experiencia de vivir de forma creativa demuestra que los hobbies son en realidad esenciales para una vida alegre. Y luego, además, está la ventaja añadida de que son creativamente útiles. Muchos hobbies implican una forma de dar vueltas, con el cerebro de artista, a algo que conduce a grandes hallazgos creativos. Cuando tengo a estudiantes de guión atascados en el punto medio del segundo acto, les pido que por favor se vayan a casa a zurcir ropa. Normalmente se niegan, ofendidos por una tarea tan prosaica, pero coser es una bonita forma de conseguir que una trama se arregle. La jardinería es otro hobby que muchas veces encargo a mis estudiantes de creatividad. Cuando alguien entra en pánico en medio del puente hacia su nueva vida, poner las plantas en macetas mejores y más grandes permite a esa persona, literalmente, echar raíces y le otorga una sensación de expansión.

La práctica de un hobby viene acompañada de beneficios espirituales. Se produce una liberación hacia la humildad que viene dada por hacer algo de memoria. Mientras estamos al servicio de nuestro hobby, somos libres de las exigencias de nuestro ego y nos permitimos la experiencia de fundirnos con una fuente mayor. Este contacto consciente nos ofrece a menudo la perspectiva que necesitamos para resolver los dilemas personales o creativos que nos preocupan.

Una paradoja de la rehabilitación creativa es que debemos ponernos serios con eso de no tomarnos en serio a nosotros mismos. Debemos trabajar para aprender a jugar. La creatividad debe liberarse de los estrechos parámetros del Arte con A mayúscula y reconocer que juega (de nuevo esa palabra) un papel mucho más amplio.

Conforme trabajamos con nuestras páginas matutinas y en nuestras citas con el artista, pueden venirnos a la mente muchas muestras olvidadas de nuestra creatividad.

- Me había olvidado por completo de aquellos cuadros que hice en el instituto. ¡Me encantó pintar aquellos planos en la asignatura de oficios del teatro!

- De repente me acordé de que hice de Antígona. ¿Quién podría olvidarla? No sé si lo hice bien o mal, pero sí recuerdo que me encantó hacerlo.
- Me había olvidado por completo de los *sketches* que escribí a los 10 años. Todos iban con la música del *Bolero* de Ravel, fueran de lo que fueran. Hacía que mis hermanos se desmayaran uno tras otro por el salón.
- Yo bailaba claqué. Ya sé que hoy nadie lo diría, pero ¡se me daba fenomenal!

«Para mí un cuadro es como una historia que estimula la imaginación y que lleva a la mente a un lugar lleno de expectativas, emoción, maravilla y placer».

J. P. Hughston

Mientras escribimos nos sacamos a paladas de la tumba de la negación y nuestros recuerdos, sueños y planes creativos se trasladan a la superficie. Descubrimos de nuevo que somos seres creativos. El impulso se está cocinando en todos nosotros, bullendo todo el tiempo sin que lo sepamos, sin que lo animemos, incluso sin nuestra aprobación. Se mueve bajo la superficie de nuestra vida, manifestándose en brillantes resplandores, como una moneda que centellea en el fluir de nuestro pensamiento, como la hierba fresca bajo la nieve.

Hemos nacido para crear. Reamueblamos una cocina cutre, atamos lazos al cuello de un gato, experimentamos con una sopa mejor. El mismo niño que fabricó un perfume con una gota de esto y un chorrito de aquello, una mitad de pastilla de jabón y otra mitad de canela, crece y compra popurrí y hierve un caldero de especias al que llama «Navidad».

Por grises, controlados y sin fisuras que intentemos ser, el fuego de nuestros sueños no seguirá enterrado. Las brasas siempre están ahí, agitándose en nuestras almas congeladas como hojas de invierno. No se van, son taimadas. Hacemos un loco garabato en una reunión aburrida. Colgamos una postal tonta en el tablón de anuncios de la oficina. Le ponemos un mote malvado al jefe. Plantamos muchas más flores de las que hace falta.

Inquietos con nuestras vidas, ansiamos algo más, anhelamos, nos irritamos. Cantamos en el coche, colgamos el teléfono de un manotazo, hacemos listas, limpiamos armarios, organizamos estanterías. Queremos hacer algo pero pensamos que tiene que ser el algo correcto, con lo que nos referimos a algo importante.

Nosotros somos lo importante y el algo que hagamos puede ser festivo pero pequeño: las plantas muertas, fuera; los calcetines sin pareja, a morder el polvo. Nos quema la pérdida pero nos pica la esperanza. Trabajando con nuestras páginas matutinas una vida nueva —¿más chillona?— comienza a tomar forma. ¿Quién compró esa azalea? ¿Por qué de repente te gusta el color rosa? ¿Y esta foto que has colgado aquí representa un *tú* al que empiezas a parecerte?

Tienes la sensación de llevar los zapatos gastados; los tiras. Pronto se organizará una venta de objetos usados y te toca ser el anfitrión. Compras una primera edición y te das el lujo de comprar sábanas nuevas. Un amigo se preocupa demasiado por cómo estás cambiando y te vas de vacaciones por primera vez desde hace años.

El reloj avanza y estás escuchando su ritmo. Paras en la tienda de un museo, apuntas tu nombre en una hoja de buceo y te comprometes a pasar los sábados por la mañana en el lado más hondo de la piscina.

O bien estás perdiendo la cabeza o bien ganando tu alma. La vida ha de ser una cita con el artista. Para eso hemos sido creados.

Velocidad de escape

«El juego es el júbilo de lo posible».

Martin Buber

Mi amiga Michele tiene una teoría, nacida de una experiencia romántica larga y enrevesada. En pocas palabras dice así: «Cuando vas a dejarlos ellos lo saben».

Esta misma teoría se aplica a la rehabilitación creativa. Ocurre cuando llegas a lo que Michele llama velocidad de escape. Como ella dice «Existe un momento para el despegue, como en un lanzamiento espacial de la NASA, y estás dirigiéndote a él cuando ¡zas!, atraemos al test».

«¿El test?».

«Sí, el test. Es como cuando está todo organizado para que te cases con un tío majo, el que te trata bien, y don Veneno se entera y te llama».

«Ah».

«El truco consiste en evitar el test. Todos atraemos hacia nosotros el test que es nuestra verdadera Némesis».

Abogada por formación y escritora por vocación y temperamento, a Michele le gustan las teorías de la conspiración, que ella traza con detalles siniestros: «Piénsalo. Lo tienes todo organizado para irte a la costa, a un importante viaje de negocios, y de repente tu marido te necesita, con N mayúscula, sin razón real... Lo tienes todo a punto para dejar un mal trabajo cuando el peor de los jefes del mundo de repente te sube el sueldo, por primera vez en cinco años... No te dejes engañar. No te dejes engañar».

Escuchando hablar a Michele estaba claro que sus años como abogada de juicios la habían preparado bien para ser una persona creativa. Ella, al menos, ya no se dejaba engañar. Pero ¿es realmente tan siniestro como daba a entender? ¿Atraemos de verdad un test? Pensé en todo lo que me había dicho Michele y llegué a la conclusión de que la respuesta era sí.

«Uno no descubre tierras nuevas si no consiente en perder de vista la orilla durante mucho tiempo».

André Gide

Pensé en todas las veces en que yo había resultado engañada. Aquel agente que conseguía deshacer tratos cerrados pero me pedía perdón con tanto encanto... La editora que pedía reescritura tras reescritura hasta que no quedaba más que el engrudo de la historia, pero que siempre me decía que escribía fenomenal y que era su más rutilante estrella.

Un pequeño elogio puede cundir mucho a la hora de ralentizar nuestra velocidad de escape. Un poquito de dinero, también. Más siniestro que cualquiera de esas dos cosas es el impacto que puede tener una duda bien colocada, en particular una duda del tipo «es por tu bien, sólo quería asegurarme de que habías pensado en ello», en boca de alguien cercano a quien queremos.

Como creadores en rehabilitación, muchos de nosotros encontramos que cada vez que nuestra carrera se calienta, echamos mano del Aguafiestas más cercano, le soltamos nuestro entusiasmo a nuestro amigo más escéptico (de hecho, le llamamos por teléfono). Y si no lo hacemos, él nos llama a nosotros. Eso es el test.

Nuestro artista es un niño, un jovencito interior y cuando tiene miedo lo que necesita es a su Mamá. Por desgracia, muchos de nosotros tenemos Mamás Aguafiestas y todo un ejército de Mamás Aguafiestas sustitutas (esos amigos que se dedican a reconsiderar nuestras ideas una y otra vez). El truco está en no dejar que sea así. ¿Cómo? Ciérrate la boca con cremallera. Cósete los labios. Chitón. No descubras el pastel. Recuérdalo siempre: la primera regla de la magia es la autocontención. Debes mantener tus intenciones dentro de ti, avivándolas para darles más poder. Solo entonces serás capaz de manifestar lo que desees.

Para alcanzar la velocidad de escape, debemos aprender a reservarnos nuestras opiniones, a movernos en silencio entre quienes dudan, a dar voz a nuestros planes sólo entre nuestros aliados y a ser precisos en la designación de esos aliados.

Haz una lista: esos amigos que me van a apoyar. Haz otra lista: esos amigos que no van a hacerlo. Pon el nombre que corresponde a esos AA. FF.: Aguafiestas. Asegúrate de que nadie te estropee la fiesta. Protégete. No consientas ni toleres a *nadie* que te arroje cubos de agua fría. Olvida las buenas intenciones. Olvida que no lo hicieron a propósito. Acuérdate de celebrar lo bueno pero también de apuntar lo malo. La velocidad de escape necesita la espada de la férrea intención y el escudo de la autodeterminación.

«Intentarán ir a por ti. No lo olvides», advierte Michele. «Establece tus objetivos y marca tus fronteras».

Y yo debería añadir: decide dónde colocar tu mirada y no dejes que el ogro que surge amenazador en el horizonte desvíe tu vuelo.

Tareas

1. Apunta cualquier resistencia, ira o miedo que tengas acerca de avanzar desde este punto. Todos los tenemos.
2. Echa un vistazo a tus actuales aplazamientos. ¿De qué manera te compensa esperar? Localiza esos miedos escondidos. Escribe una lista.
3. Echa una miradita a la Semana 1, creencias negativas básicas (véase página 74). Ríete. Sí, esos bichos asquerosos siguen ahí. Date cuenta de cómo has progresado. Lee las afirmaciones de las páginas 80-81. Escribe algunas afirmaciones sobre tu continuada creatividad según terminas el curso.
4. Zurce lo que tengas por zurcir.
5. Trasplanta a macetas nuevas las plantas que tengas languideciendo o con mal aspecto.
6. Selecciona una buena jarra. ¿Una qué? Una jarra, una caja, un jarrón, un contenedor. Algo donde puedas meter tus miedos, tus resentimientos, tus esperanzas, tus sueños y tus preocupaciones.
7. Usa tu jarra buena. Empieza con tu lista de miedos de la tarea 1 anterior. Cuando estés preocupado, recuerda que está dentro de la jarra («lo tiene Dios»). Luego emprende la siguiente acción.
8. Ahora, con honestidad, ¿qué es lo que más te gustaría crear? Con la mente abierta, ¿por qué caminos raros te atreverías a avanzar? Si tuvieras la voluntad, ¿qué apariencias estarías dispuesto a abandonar para perseguir tu sueño?
9. Haz una lista de cinco personas con las que puedes hablar sobre tus sueños y con las que te sientes apoyado para soñar y hacer planes.

10. Vuelve a leer este libro. Compártelo con un amigo. Recuerda que el milagro es un artista compartiendo con otro. Confía en Dios. Confía en ti mismo.

¡Buena suerte y que Dios te bendiga!

Registro

1. ¿Cuántas veces esta semana has hecho tus páginas matutinas? ¿Las has aceptado ya como práctica espiritual permanente? ¿Qué tal la experiencia?
2. ¿Has tenido tu cita con el artista esta semana? ¿También te las permitirás como algo permanente? ¿Qué has hecho? ¿Cómo te has sentido?
3. ¿Has experimentado sincronía esta semana? ¿Qué ha pasado?
4. ¿Ha habido alguna otra cuestión esta semana que te parezca significativa para tu rehabilitación? Descríbela.

Como creador en rehabilitación has dedicado muchas horas a tu rehabilitación a lo largo de estos tres meses, cambiando con rapidez a medida que crecías. Para que tu rehabilitación continúe necesitas comprometerte con más planes creativos. El contrato que se dellata a continuación te ayudará a conseguirlos.

Contrato de creatividad

Mi nombre es ________________. Soy una persona creativa en rehabilitación. Para proseguir con mi crecimiento y mi alegría me comprometo ahora con los siguientes planes de nutrirme a mí mismo.
Las páginas matutinas han sido una parte importante de mi nutrición y de mi autodescubrimiento. Yo, ______, me comprometo aquí a seguir trabajando con ellas durante los próximos noventa días.

Las citas con el artista han sido fundamentales para desarrollar el amor por mí mismo y profundizar en mi alegría de vivir. Yo, ________________, estoy dispuesto a comprometerme a otros noventa días de citas con el artista para cuidarme a mí mismo.

En el proceso de seguir el camino del artista y de sanar a mi artista interior he descubierto que tengo una gran variedad de intereses creativos. Aunque espero desarrollar muchos de ellos, mi compromiso específico durante los próximos noventa días es permitirme investigar con más detalle ________________.

Mi compromiso concreto con un plan de acción es una parte fundamental del trabajo de nutrir a mi artista. Para los próximos noventa días el plan de acción creativo y autonutritivo que he planificado es ________________.

He escogido a ________________ como colega creativo y a ________________ como apoyo creativo. Me comprometo a una llamada telefónica semanal de evaluación.

He llegado a los compromisos detallados más arriba y comenzaré con mis nuevos compromisos el __________.

(firma)

(fecha)

Epílogo
El camino del artista

Al terminar este libro deseaba incorporar alguna floritura final, un último estímulo de la imaginación que funcionara como rúbrica para la obra. Se trataba, me parecía, de una pequeña e inofensiva vanidad, hasta que recordé las veces que he disfrutado de un cuadro pero me ha distraído la enorme firma de su autor. Así que aquí nada de florituras finales.

La verdad es que este libro probablemente debería terminar con una imagen de otro libro. Tal y como yo lo recuerdo, y puede que esto sea cosa de mi imaginación y no de mi memoria, en la portada de una edición temprana de *La montaña de los siete círculos*, de Thomas Merton, aparecía una montaña (la de los siete círculos, sin duda). Tal vez sí y tal vez no. Leí el libro hace mucho tiempo, siendo una precoz lectora de 12 años. Lo que me viene a la memoria ahora es una montaña de las proporciones del Himalaya, con un camino subiendo en espiral hacia la cima. Ese camino, ese camino en espiral, es la imagen que tengo para *El camino del artista*. Mientras nos dedicamos a subirlo, volvemos sobre las mismas vistas, una y otra vez, pero a alturas

«Al final descubrí la fuente de todo movimiento, la unidad de la que nacen todas las diversidades del movimiento».

ISADORA DUNCAN

«La creación es sólo la proyección en una forma determinada de aquello que ya existe».

SHRIMAD BHAGAVATAM

ligeramente distintas. «He estado aquí antes», pensamos, cuando nos topamos con una temporada de sequía. Y, en cierto sentido, es verdad. La carretera nunca es recta. El crecimiento es un proceso en espiral, que se dobla sobre sí mismo, se reevalúa y se reordena. Como artistas a menudo nuestro progreso se ve dificultado por un terreno abrupto o por tormentas. Puede que la niebla oscurezca la distancia que hemos cubierto o el progreso que hemos hecho hasta nuestro objetivo. Aunque tal vez obtengamos la gracia de disfrutar de una ocasional vista deslumbrante, realmente lo mejor es proceder paso a paso, concentrándonos en el camino que tenemos bajo nuestros pies tanto como en las cimas que aún nos quedan por delante.

El camino del artista es un viaje espiritual, un peregrinaje con destino al hogar de nuestro propio yo. Como todos los grandes viajes, trae consigo los peligros del camino, algunos de los cuales he intentado enumerar en este libro. Como todos los peregrinos, los que transitamos por el camino del artista recibiremos a menudo la bendición de compañeros de viaje y de amigos invisibles. Lo que yo llamo mi imperativo de marcha puede que otros lo sientan como una voz tranquila y sutil dentro de ellos mismos, o incluso, de manera más sencilla, como un presentimiento. Se trata de que, si te paras a escuchar, oirás algo. Mantén el alma alerta, esperando directrices.

«Un cuadro nunca está terminado. Sólo se detiene en lugares interesantes».

Paul Gardner

Cuando Mark Bryan empezó a acorralarme para que escribiera este libro, acababa de ver una película china sobre el Tíbet llamada *El ladrón de caballos*. Para él era una película inolvidable, un clásico de la escuela de Pekín, una cinta que desde entonces hemos buscado en videoclubs chinos y en archivos cinematográficos, sin resultado alguno. Mark me habló de la imagen central de la película: otra montaña, un camino de subida por aquella montaña, lleno de oraciones de rodillas (un paso, postrarse, ponerse en pie y erguirse, otro paso, postrarse...).

En esa película el camino era la indemnización que un ladrón y su mujer tenían que pagar por dañar a su sociedad deshonrándola a través del robo. Desde entonces me he preguntado si la montaña que veo cuando pienso en el camino del artista no será otra montaña que es mejor ascender con ese espíritu de indemnización, pero no a otras personas, sino a nosotros mismos.

Palabras para ello

Desearía tomar el lenguaje
Y doblarlo como trapos frescos y húmedos.
Posaría palabras sobre tu frente.
Envolvería palabras alrededor de tus muñecas.
«Ya está, ya está», dirían mis palabras
O algo mejor.
Les pediría que murmuraran,
«Sssh» y «Ya, ya, no pasa nada».
Les pediría que te abrazaran toda la noche.
Desearía tomar el lenguaje
Y embadurnar y suavizar y enfriar
Donde la fiebre ampolla y quema,
Donde la fiebre te enfrenta a ti mismo.
Desearía tomar el lenguaje
Y sanar las palabras que eran las heridas
Para las que no tenías nombre.

J. C.

El camino del artista
Preguntas y respuestas

Introducción

Aunque una rehabilitación creativa es un proceso individual existen ciertos temas y preguntas recurrentes que nos hemos encontrado una y otra vez en nuestras clases. Con la esperanza de dar respuesta directa al menos a algunas de vuestras preguntas, incluimos aquí algunas de las más habituales.

Preguntas y respuestas

P. *¿La verdadera creatividad está en manos de un porcentaje relativamente pequeño de la población?*

R. No, rotundamente no. Todos somos creativos. La creatividad es una fuerza natural de la vida que todos podemos experimentar de un modo u otro. De la misma manera que la sangre es parte de nuestro cuerpo físico y no algo que tengamos que inventar, la creatividad es parte de nosotros y cada uno puede conectar con las grandes energías creativas del universo y extraer lo que necesite de ese vasto y poderoso manantial espiritual para amplificar su creatividad.

Culturalmente solemos definir la creatividad de forma demasiado estrecha y a pensar en ella en términos elitistas, como algo que perteneciera a una pequeña tribu de elegidos compuesta por «verdaderos artistas». Pero en realidad todo lo que hacemos precisa de elecciones creativas, aunque rara vez lo reconozcamos. Nuestra manera de vestir, de organizar nuestras casas, de hacer nuestros trabajos, las películas que vemos e incluso la gente con la que nos relacionamos: todo ello son expresiones de nuestra creatividad. Son nuestras creencias erróneas sobre la creatividad, nuestra mitología cultural sobre los artistas («todos los artistas están arruinados o locos, son promiscuos, ególatras, solteros, o bien ricos herederos») lo que nos conduce a dejar nuestros sueños sin cumplir. Estos mitos suelen tener que ver con asuntos de dinero, de tiempo y de los planes que otras personas han hecho para nosotros. Al librarnos de estos bloqueos, podemos volvernos más creativos.

P. *¿Puedo esperar resultados espectaculares de inmediato?*

R. La respuesta es tanto sí como no. Habrá cambios espectaculares en el transcurso de las doce semanas del curso, pero los cambios realmente espectaculares suceden cuando las herramientas del camino del artista se convierten en herramientas de vida. El cambio a lo largo de un periodo de dos a tres años puede parecer, directamente, un milagro: cineastas bloqueados que hacen un cortometraje, luego otro y después un largo; escritores bloqueados que empezaron con pequeños ensayos, críticas y artículos pasando a libros enteros y a obras de teatro. Si tienes cuidado y mantienes en su sitio las herramientas básicas de las páginas matutinas y las citas con el artista, puedes contar con experimentar grandes cambios en tu vida.

P. *¿Qué factores mantienen a la gente alejada de su creatividad?*

R. Los condicionantes. La familia, los amigos y los profesores pueden desanimarnos a seguir una carrera artística. Existe la mitología de que los artistas son, de algún modo, «diferentes» y el mito de la diferencia inspira miedo. Si tenemos percepciones negativas sobre lo que es un artista, nos sentiremos menos inclinados a realizar de forma diligente el trabajo necesario para convertirnos en uno.

Socialmente la energía creativa bloqueada se manifiesta como comportamiento autodestructivo. Mucha gente que se deja llevar por conductas derrotistas, como los adictos al alcohol, las drogas, el sexo o el trabajo, están en realidad en manos de ese lado sombrío de la fuerza creativa. A medida que nos volvemos más creativos, estas expresiones negativas de la fuerza creativa se aplacan con frecuencia.

P. *¿Cómo libera este libro a la gente para que sea más creativa?*

R. El objetivo —y el efecto— básico de este libro de *El camino del artista* es que la gente entre en contacto con el poder de su propia creatividad interna. El libro libera a la gente para que sea creativa de muchas maneras diferentes: en primer lugar ayuda a desmantelar mitos negativos sobre los artistas. En segundo lugar ayuda a las personas a descubrir su propia fuerza creativa, acceder a ella y expresarla con más libertad. En tercer lugar proporciona a la gente conciencia sobre sus comportamientos autodestructivos y le permite ver con más claridad cuáles pueden ser los impedimentos de su camino individual. Y por último, el libro ayuda a la gente a identificar y a celebrar sus deseos y sus sueños, y a hacer los planes para llevarlos a cabo. Les enseña a apoyarse y nutrirse, así como a encontrar a otros que les apoyen a la hora de hacer realidad sus sueños.

P. *Uno de los temas centrales de* El camino del artista *es el vínculo entre la creatividad y la espiritualidad. ¿Cómo se conectan?*

R. La creatividad es una fuerza espiritual. La fuerza que por el verde tallo impulsa a la flor, como definió Dylan Thomas su idea de la energía vital, es el mismo impulso que nos conduce hacia la creación. Existe una voluntad central de crear que es parte de nuestra herencia humana y de nuestro potencial. Dado que la creación siempre ha sido un acto de fe, y que la fe es un asunto espiritual, también lo es la creatividad. A medida que luchamos por alcanzar nuestro yo más elevado, nuestro ser espiritual, no podemos evitar ser más conscientes, más activos y más creativos.

P. *Háblame de los dos ejercicios centrales del libro: las páginas matutinas y las citas con el artista.*

R. Las páginas matutinas son tres páginas de escritura de flujo de conciencia, a mano, cada mañana. No hay que pensar en ellas como si fueran una forma de «arte», sino más bien como una forma de meditación para occidentales. En las páginas matutinas declaramos al mundo —y a nosotros mismos— lo que nos gusta, lo que nos disgusta, lo que deseamos, lo que esperamos, lo que lamentamos y lo que planeamos.

Como contraste las citas con el artista son momentos para la receptividad, horas solitarias planificadas, dedicadas a actividades placenteras cuyo objetivo es alimentar la conciencia creativa. Utilizadas en combinación, estas herramientas construyen lo que en realidad es un receptor de radio. Las páginas matutinas notifican y aclaran —envían señales al fértil vacío— y la soledad de las citas con el artista permite que se reciba la respuesta.

Las páginas matutinas y las citas con el artista deben experimentarse para poder ser explicadas, del mismo modo que leer un libro sobre hacer *footing* no es lo mismo que calzarte unas zapatillas y salir a la pista de atletismo. El mapa no equivale al territorio y sin los puntos de referencia de tu propia experiencia, no podrás sacar conclusiones sobre lo que las páginas matutinas y las citas con el artista pueden hacer por ti.

P. El camino del artista *es un programa de doce semanas que precisa de compromisos diarios. ¿Cuánto tiempo necesito dedicarle cada día y qué puedo lograr en estas doce semanas?*

R. Es un compromiso diario de media a una hora. Una de las cosas más importantes que aprendemos durante las doce semanas es a renunciar a nuestras ideas de perfección y a contemplar una nueva perspectiva, a cambiar nuestro enfoque del producto hacia el proceso.

Los participantes entran en el programa con ciertas expectativas no declaradas y con ideas preconcebidas sobre lo que pasará y el provecho que sacarán de ello. Y mucha veces, igual que en un gran relato corto, están profundamente sorprendidos y excitados por haber descubierto algo completamente distinto. Por tanto, predecir lo que alguien aprenderá en este curso minaría el principio mismo sobre el que fue construido. Se trata de experimentarlo, y los resultados son algo que hay que descubrir, no explicar.

P. *¿Qué puedo hacer para superar mis dudas sobre ser un buen artista?*

R. No se trata de superar tus dudas sobre ser artista. Se trata de avanzar a través de tus dudas sobre ti mismo. Muchos de nosotros creemos que los «verdaderos artistas» no experimentan dudas sobre ellos mismos. Lo cierto es que los artistas son personas que han aprendido a vivir con dudas y a hacer el trabajo de todas maneras. Los ejercicios del libro te ayudarán a desmantelar al hipercrítico y perfeccionista Censor interno. Aprenderás que una buena parte de ser completamente creativos significa permitirte un «mal» día. Como el camino del artista se centra en el proceso y no en el producto, aprenderás a valorar tus «errores» como parte de tu aprendizaje.

P. *¿Por qué aplazan los artistas y qué significan en realidad esos aplazamientos?*

R. Los artistas aplazan por miedo o porque esperan que les llegue el «humor» adecuado para trabajar. *El camino del artista* te enseñará cómo separar el estado de ánimo de la productividad. También te enseñará a valorar el entusiasmo del amor por ti mismo por encima de la disciplina mecánica.

P. *¿Cómo puedo ampliar mi capacidad para tener nuevas ideas?*

R. Aprendiendo a miniaturizar a tu crítico, a tu Censor. Aunque tal vez no puedas expulsar del todo a tu crítico, puedes aprender a trabajar alrededor de la voz negativa. Cuando usamos las páginas matutinas y las citas con el artista —diseñadas específicamente para ponernos en contacto con nuestro yo intuitivo y no lineal— ampliamos nuestra capacidad para tener nuevas ideas. A medida que bajamos el volumen del ruido blanco, de las interferencias creadas por viejos hábitos y bloqueos, nos sentimos más lúcidos y más capaces de escuchar, más receptivos a la creatividad y a su, a veces sutil, llegada a nuestra conciencia.

P. *¿Cuál es la idea errónea más común sobre la creatividad?*

R. La idea errónea más común es que tendríamos que abandonar nuestras vidas actuales para poder perseguir nuestros sueños. Nos resulta más fácil utilizar nuestros empleos, familias, situaciones financieras, obligaciones horarias, etcétera, como una forma (o formas) de mantenernos «a salvo» de la ansiedad que causa salir de nuestras zonas de confort y adentrarnos en el proceso creativo. Cuando nos permitimos ser cercenados así, nos estamos negando una gran alegría. La manera más eficaz de enfrentarnos a los bloqueos es formar grupos de racimos creativos en las vidas que ya llevamos. Lo siguiente es una guía de esos racimos creativos.

Guía de racimos creativos

Cuando *El camino del artista* se publicó por primera vez, expresé mi deseo de que surgieran grupos de camino del artista. Tuve la visión de que serían círculos dirigidos por los propios compañeros —«racimos creativos»— en los que las personas se servirían unas de otras como espejos de fe, unidas con el objetivo común de desbloquearse creativamente. Mi visión era que esos círculos serían gratuitos, que cualquiera podría formar uno, utilizando el libro como texto y guía. Tales círculos, en efecto se formaron y muchos siguen formándose. Esta ayuda y apoyo de artista a artista, de corazón a corazón, son el alma de *El camino del artista* y de *La veta de oro*.

No es sorprendente que muchos terapeutas, instituciones educativas, centros de salud, universidades y profesores pronto empezaran a organizar grupos de Camino del artista por los que cobraban. Los grupos de Camino del artista eran dirigidos, en lugar de convocarse sin más. En la medida en la que se mantenían fieles a los principios espirituales de la rehabilitación creativa e introducían a la gente en el uso de las herramientas, fueron —y son— valiosos. Cualquier grupo que empieza con un liderazgo así debería, sin embargo, convertirse rápidamente en un grupo autónomo, que, al «graduarse», pasa a un estatus de liderazgo entre iguales y sin ánimo de lucro.

No existen profesores «acreditados» del Camino del artista. Escogí no hacer franquicias del Camino del artista, sino ofrecerlo como un regalo, libre de costes. Yo creo que la rehabilitación creativa, en su mejor versión, es un proceso colectivo, no jerárquico, de liderazgo entre iguales. En esto difiere del modelo académico y del terapéutico. Cualquier profesional que utilice *El camino del artista* debería darse cuenta de que el objetivo final tendrían que ser racimos creativos autónomos y dirigidos por sus propios miembros, aunque los grupos organizados de forma jerárquica tal vez puedan funcionar como medios para tal fin.

En mis años de enseñanza y de viajes he encontrado con frecuencia resultados excelentes en grupos de iguales. Alguna vez me he topado con situaciones en las que *El camino del artista* ha sido modificado sin justificación, y cada vez que se subraya el «análisis» intelectual o los «procesamientos» terapéuticos sin que venga al caso, se corre el riesgo de minar el desarrollo creativo. Muchas veces lo que podría interpretarse como «neurosis» o un problema de base muy profunda es simplemente una resistencia creativa.

El camino del artista, *La veta de oro* y todos los demás textos «de enseñanza» son libros de experiencia. Su intención es enseñar a la gente a procesar las acciones de la creatividad y a transformar sus vidas a través de ellas. Ambos libros y todos los grupos creativos deberían ponerse en práctica a través de la acción creativa, no a través de la teoría. Como artista, esto lo sé. *El camino del artista* y otros libros son la destilación de treinta años de práctica artística.

Mi creencia, y también mi experiencia como profesora, es que todos nosotros somos lo bastante sanos como para practicar la creatividad. No es una empresa peligrosa que exija facilitadores entrenados. Es nuestro derecho propio como seres humanos y algo que podemos hacer con suavidad y de manera colectiva. La creatividad es como respirar: puede que nos ayuden ciertas directrices, pero el proceso lo hacemos nosotros mismos. Los grupos creativos, en los que nos reunimos como compañeros para desarrollar nuestras fuerzas, han de ser contemplados como reuniones tribales, en las que los seres creativos elevan, celebran y actualizan el poder creativo que nos recorre a todos.

Directrices

1. *Utiliza un proceso de doce semanas con una reunión semanal de dos a tres horas.* Las páginas matutinas y las citas con el artista son imprescindibles para todos los miembros del grupo, incluidos los facilitadores. Los ejercicios se hacen en orden en el grupo, con todos, incluido el facilitador, respondiendo a las preguntas y luego compartiendo las respuestas en grupos de cuatro, un capítulo a la semana. No compartas tus páginas matutinas ni con el grupo ni con nadie. No releas tus páginas matutinas hasta bien adelantado el curso, en caso de que te lo pida tu facilitador o tu propio guía interior.
2. *Evita los gurús autoelegidos.* Si hay algún emisario, es el propio trabajo, como colectivo compuesto por todos los que hacen el curso, ya sea en casa o fuera. Cada persona es miembro del colectivo en el mismo grado, ninguno es más que otro. Mientras que puede haber «profesores», facilitadores en los que se confía a lo largo de esas doce semanas para guiar a los demás por el camino, tales facilitadores han de estar dispuestos a compartir su propio material y a correr sus propios riesgos creativos. Se trata de una dialéctica más que de un mo-

nólogo, un proceso igualitario en grupo, más que un proceso jerárquico.

3. *Escucha.* Cada uno obtiene lo que necesita del grupo compartiendo el material y escuchando a los demás. No necesitamos comentar lo que comparte otra persona para ayudarla. Debemos abstenernos de intentar «arreglar» a alguien. Cada grupo diseña una «canción» cooperativa y creativa de la rehabilitación creativa. La canción de cada grupo es única para ese grupo (igual que una familia de ballenas se inicia y se construye a base de ecos para establecer su posición). Cuando estés escuchando, recorre el círculo sin hacer comentarios excesivos sobre lo que oigas. El círculo, en tanto que forma, es muy importante. Se supone que debemos ser testigos los unos de los otros, no tenemos que controlarnos. A la hora de compartir ejercicios, los grupos de cuatro dentro de los grupos más numerosos también son importantes: con cinco se tiende a la desorganización en cuanto a las restricciones de tiempo; con tres no hay suficiente experiencia de contraste. Evidentemente no todos los grupos son divisibles entre cuatro. Sólo inténtalo cada vez que puedas.
4. *Respetaos los unos a los otros.* Asegúrate de que cada miembro recibe en igualdad de condiciones respeto y compasión. Cada persona debe tener derecho a dar voz a sus propias heridas y sueños. Nadie tiene que ser «arreglado» por otro miembro del grupo. Éste es un proceso interno profundo y potente. No existe una forma correcta de hacerlo. El amor es importante. Sé amable contigo mismo. Sed amables los unos con los otros.
5. *Espera cambios en la composición del grupo.* Muchas personas terminarán el proceso de las doce semanas y otras no lo harán. Muchas veces se produce un periodo de rebelión o de barbecho después de las doce semanas, con la gente regresando después a las disciplinas. Cuando lo hacen, siguen encontrando que el proceso se de-

sarrolla dentro de ellos durante un año, unos cuantos años o muchos años después. Muchos grupos tienen tendencia a separarse entre las semanas ocho a diez (giros creativos de 180 grados) por los sentimientos de pérdida asociados al final del grupo. Enfréntate a esa realidad como grupo; tal vez os ayude a seguir juntos.

6. *Sé autónomo.* No puedes controlar tu propio proceso, y mucho menos el de los demás. Has de saber que en ocasiones te sentirás rebelde —habrá veces que no querrás hacer todas tus páginas matutinas ni tus ejercicios en las doce semanas. No pasa nada por tener una recaída. No puedes hacer este proceso a la perfección, así que relájate, sé amable contigo mismo y sujétate el sombrero. Incluso cuando sientas que no está ocurriendo nada, estarás cambiando a gran velocidad. Este cambio es una profundización en tu propia intuición, en tu propio yo creador. La estructura del curso consiste en cruzar sin peligro el puente que conduce a un nuevo reino de conciencia espiritual creativa.
7. *Quiérete a ti mismo.* Si el facilitador te resulta de algún modo «equivocado», cámbiate de grupo o funda uno tú mismo. Busca constantemente tu propio guía interior, más que un guía exterior. Lo que buscas es formar una relación de artista a artista con el Gran Creador. Mantén a raya a los gurús. Dentro de ti mismo tienes tus propias respuestas.

Unas palabras para terapeutas, profesores, instructores de escritura y otros líderes del Camino del artista. Gracias por el maravilloso trabajo que hacéis. Aunque sé que muchos de vosotros utilizáis *El camino del artista* para dirigir a grupos, espero y deseo que sigáis explorando vuestros intereses usando *El camino del artista* para vuestro propio proceso. Os animo a seguir vuestra propia visión creativa, a pelear por vuestro propio Norte Verdadero. Encontraréis que el proceso de facilitar es una continuación de vuestra propia experiencia de crecimiento.

No puedo afirmar con suficiente énfasis quc la fama y el recorrido de *El camino del artista* no deban utilizarse de maneras que difieran de forma sustancial de las técnicas del Camino del artista que se describen en el libro. He probado las herramientas durante una década y media, para asegurarme de que aguantan la travesía. Os pido que os abstengáis de presentaros como «expertos» del *Camino del artista*, aunque utilicéis el libro en vuestras consultas. Os pido que recordéis que la sabiduría del *Camino del artista* es una experiencia colectiva, no jerárquica. He oído hablar de abusos de este principio, como por ejemplo la exigencia de un líder de grupo de que se leyeran las páginas matutinas en el grupo. Eso no está en el espíritu del libro. Los grupos con facilitador deberían llegar a una «graduación», para convertirse en grupos libres dirigidos por iguales.

Unas palabras para los clientes de los terapeutas. Recordad, por favor, que el propio libro sigue siendo la fuente primaria de las enseñanzas de *El camino del artista* y que tu interpretación, y tu trabajo con el libro y con sus herramientas, son los elementos centrales en tu rehabilitación. Te recuerdo que el trabajo es tuyo, no es algo que se haga bajo la influencia de un maestro mágico. Por favor, sé «dueño» de tu rehabilitación, porque te pertenece a ti.

Gracias. Estoy encantada de que *El camino del artista* se use en tantos contextos (en institutos y universidades, por terapeutas y por grupos de compañeros). Ofrezco de nuevo el recordatorio de que *El camino del artista* se use según el espíritu del libro, tal y como está escrito. Siempre se puede consultar el texto. Éste es un camino individual que puede verse facilitado por el proceso de grupo. Si no puedes encontrar o empezar un grupo, ¡considera que tú y el libro formáis uno!

Pásalo. Para aquellos que formen un grupo de compañeros: no hace falta que conviertas *El camino del artista* en una empresa de hacer dinero, ni para mí ni para ti. Recomiendo que sigas la práctica espiritual del diezmo, es decir, que compres el libro y que después lo pases.

Apéndice
Mezcla de rastros

La formación de un círculo sagrado

Cuando yo era niña uno de mis héroes favoritos era Johnny Appleseed. Me encantaba la idea de un vagabundo errante que viajaba por América y dejaba un rastro de flores de manzana. Mi esperanza es que este libro también haga que la tierra florezca, que surjan artistas y círculos de artistas. Confiando en que esto sea así, la intención del siguiente ensayo es utilizarlo para establecer tu propio círculo de artista. Mi experiencia como profesora es que una atmósfera de seguridad y confianza es esencial para el crecimiento creativo. He encontrado que las siguientes directrices ayudan a la hora de establecer esa atmósfera.

El círculo sagrado

El arte es un acto del alma, no del intelecto. Cuando nos enfrentamos a los sueños de la gente —a sus visiones, en realidad— estamos en el mundo de lo sagrado. Nos relacionamos con fuerzas y energías mayores que nosotros mismos. Nos implicamos en una transacción sagrada de la que sólo conocemos un poco: su sombra, no su forma.

Por estas razones, es obligación que cualquier reunión de artistas se forme con el espíritu de una confianza sagrada. Invocamos al Gran Creador cuando invocamos nuestra propia creatividad, y esa fuerza creativa tiene el poder de cambiar vidas, cumplir destinos, responder a nuestros sueños.

En nuestras vidas humanas muchas veces tenemos impaciencia, mal humor, nos comportamos de forma inadecuada. Comprobamos que es difícil tratar a nuestros íntimos con el amor que realmente sentimos por ellos. A pesar de esto se mantienen a nuestro lado porque están honrando un grado de familia mayor y más elevado incluso en nuestros arranques de ira. Ése es su compromiso.

Como artistas formamos parte de una tribu antigua y sagrada. Somos los portadores de la verdad de que el espíritu nos atraviesa a todos. Cuando tratamos los unos con los otros, estamos tratando no sólo con nuestras personalidades humanas, sino también con el tropel de ideas, visiones, relatos, poemas, canciones, esculturas, *artefactos* invisibles pero siempre presentes que abarrotan el templo de la conciencia, esperando su momento de nacer.

Tenemos que ser matronas de sueños, los unos para los otros. No podemos dar a luz los unos por los otros, pero podemos apoyar el parto por el que cada uno de nosotros debe pasar para dar a luz a su arte y conducirlo a la madurez.

Por todas estas razones el círculo sagrado debe existir en cualquier lugar donde se dé la creación. Es este anillo protector, esta frontera del alma, lo que nos da vida al más alto nivel. Dibujando y reconociendo el círculo sagrado, declaramos que los principios están por encima de las personalidades. En el seno de nuestros compañeros convocamos al espíritu al servicio de un bien más alto y de una fe en el logro de nuestro propio bien. En ese seno no hay lugar para la envidia, la maledicencia o la crítica, ni para el mal humor, la hostilidad, el sarcasmo, el andar a codazos por conseguir una posición. Tal vez estas actitudes tengan su lugar en el mundo, pero no nos son propias como artistas.

El éxito se produce en grupos. Dibujar un círculo sagrado crea una esfera de seguridad y un centro de atracción de nuestro propio bien. Al rellenar con fidelidad esa instancia, atraemos lo mejor hacia nosotros. Atraemos a las personas que necesitamos. Atraemos los dones a los que mejor uso podemos dar.

El círculo sagrado se construye sobre el respeto y la confianza. La imagen es la del jardín. Cada planta tiene su nombre y su lugar. No hay flor que cancele la necesidad de otra flor. Cada capullo tiene su propia e irreemplazable belleza.

Que nuestras manos de jardinero sean delicadas. No arranquemos de raíz las ideas de nadie antes de que tengan tiempo de florecer. Atendamos el proceso de crecimiento, de latencia, los ciclos, la fructificación, la siembra. No nos precipitemos nunca a la hora de juzgar ni seamos temerarios por nuestra urgencia en forzar un crecimiento antinatural. Que haya, siempre, un lugar para que el bebé artista lo intente, vacile, fracase, lo intente de nuevo. Recordemos que en el mundo de la naturaleza toda pérdida tiene significado. Lo mismo es cierto para nosotros. Bien utilizado, un fracaso creativo puede ser el abono que alimenta el éxito creativo de la siguiente temporada. Recuerda, nos hemos metido en esto a largo plazo, para la maduración y para la cosecha, no para el chute rápido.

El arte es un acto del alma: la nuestra es una comunidad espiritual.

Llevo veinticinco años trabajando como artista, y durante los últimos quince he dado clases de rehabilitación creativa. En ese tiempo he tenido numerosas oportunidades de experimentar de primera mano lo que significa carecer de apoyo creativo y lo que supone encontrarlo. Muchas veces marca la diferencia entre el éxito y el fracaso, entre la esperanza y la desesperación.

De lo que estamos hablando aquí es del poder de romper con el aislamiento. Como en cualquier otro proceso de rehabilitación, este acto es un potente primer paso. La rehabilitación creativa, como cualquier otra rehabilitación, puede verse apoyada por la compañía de personas afines. Para una rehabilitación, los grupos de doce pasos parecen funcionar especialmente bien. Para rehabilitarse hacia algo, los grupos creativos tienen resultados notables.

Cuando la gente me pregunta cuál creo que es el factor individual más importante para que un artista mantenga su productividad, sé que se supone que debo decir algo tipo «soledad» o «ingresos independientes» o «alguien que se ocupe de los niños». Todas estas cosas son positivas y mucha gente lo ha dicho, pero lo que yo creo que es mejor y más importante que cualquiera de estas cosas es lo que llamo «un espejo creyente».

Dicho con palabras sencillas, un espejo creyente es un amigo de tu creatividad, alguien que cree en ti y en tu creatividad. Como artistas podemos construir lo que yo llamo grupos creativos —un círculo sagrado de espejos creyentes para potenciar el crecimiento de cada cual, para ser un espejo del «sí» de la creatividad de cada uno.

Por mi experiencia, podemos beneficiarnos mucho del apoyo de otros que comparten nuestros sueños de vivir vidas más completas. Sugiero formar un grupo semanal y hacer juntos los ejercicios del libro, compartiendo y comparando cada respuesta. Muchas veces el hallazgo de otra persona puede disparar un hallazgo propio.

Recuerda: vivimos en una cultura que es tóxica para el arte. Florecen por doquier un número notable de mitos tóxicos sobre los artistas. Además de la fama de andar siempre en la ruina, de ser irresponsables, drogadictos y locos, los artistas son tildados también de egoístas, alejados de la realidad, megalómanos, tiranos, depresivos y sobre todo gente que quiere «que la dejen en paz». Por lo menos estamos seguros de que nos convertiremos en eso. Pregunta a un artista en ciernes por qué tiene miedo de profundizar en su creatividad y te dirá: «No estoy seguro de querer pasar solo el resto de mi vida».

En América tendemos a confundir a los artistas con los *cowboys*. Vemos a los artistas como solitarios autosuficientes y muy tenaces, siempre cabalgando hacia el horizonte para hacer nuestras cosas a solas. Con perdón del chiste, la analogía del vaquero es caca de la vaca. La mayoría de nosotros disfrutamos de un poco de compañía. Uno de los grandes secretos culturales es el hecho de que a los artistas les gustan los otros artistas.

Pensemos en ello un momento: ¿qué pintaban los impresionistas? El almuerzo... de unos con otros. ¿Sobre qué escribía el Grupo de Bloomsbury? Sobre cenar —y cotillear— los unos con los otros. ¿Con quién hacía películas John Cassavetes? Con sus amigos. ¿Por qué? Porque creían los unos en los otros y disfrutaban ayudándose a hacer realidad sus sueños.

A los artistas les gustan los otros artistas. Esto se supone que no hemos de saberlo. Se nos anima a creer que «en la cumbre no hay sitio para todos». Chorradas. El agua busca su propio nivel, y el agua sube colectivamente.

Los artistas se ayudan los unos a los otros con frecuencia. Siempre lo hemos hecho, aunque la mitología diga lo contrario. La verdad es que cuando lo hacemos, pasan cosas muy poderosas. Daré un ejemplo. El director de cine Martin Scorsese desarrolló, dio forma y afinó el guión de *La lista de Schindler* y luego le pasó el proyecto a su amigo Steven Spielberg porque tenía la sensación de que ese material debía ser suyo. Este acto de generosidad creativa tan poco cacareado dio finalmente a Spielberg su mejor oportunidad de ganar un Oscar como «un verdadero director» (aunque Scorsese sabía que al menos ese año aquello le costaría el Oscar a él). Y, sin embargo, en lo que leemos sobre ellos en la prensa, estos hombres están enfrentados el uno al otro, artista contra artista, como atletas de naciones enemigas en nuestras miniguerras, las Olimpiadas. Chorradas, nuevamente.

El éxito sucede en grupo.

Como artistas debemos encontrar a quienes creen en nosotros y a aquellos en quienes nosotros creemos, y unirnos en busca de apoyo, ánimo y protección. Recuerdo estar sentada en una habitación de hotel hace veinte años con dos directores de cine muy poco conocidos entonces, Brian de Palma y Steven Spielberg. Scorsese, que entonces era mi prometido, se encontraba en Francia y a mí me estaban consolando sus dos amigos en torno a una pizza a domicilio.

Spielberg hablaba de una película que deseaba hacer sobre el fenómeno ovni. Había poco apoyo por el proyecto y Spielberg estaba desanimado, aunque el proyecto en sí le emocionaba. ¿Qué hacer? De Palma le animó a seguir el dictado de su corazón y hacer esa obra de arte. Esa película se convirtió en *Encuentros en la tercera fase*.

Cuento esta historia no por soltar nombres conocidos, sino para trasladar la idea de que hasta los más ilustres de entre nosotros no siempre fueron tan ilustres como artistas y no estarán nunca al otro lado de los miedos y las dudas que son parte del territorio creativo. Estos miedos y dudas siempre serán, para todos nosotros, algo por lo que pasar con ayuda de nuestros amigos.

Todos empezamos de la misma manera, ricos en sueños y en nada más. Si tenemos suerte, encontraremos amigos que crean en nuestros sueños con nosotros. Cuando sucede, ese grupo creativo se convierte en un imán para atraer nuestro bien.

Llevo mucho tiempo enseñando *El camino del artista*. He descubierto que, si bien no creo en un chute rápido, pueden lograrse beneficios, deprisa y de forma sostenida, especialmente si la gente está dispuesta a agruparse en racimos. Cuando viajo para dar clase es con el objetivo de dejar tras de mí racimos creativos en cada lugar, para que las personas puedan trabajar unidas en su nutrición y se apoyen las unas a las otras a largo plazo. En Chicago hay un grupo que lleva años reuniéndose. Empezó con preguntas como «¿Seré capaz de volver a escribir?» o «Me gustaría mejorar, pero me da miedo», y «Realmente quiero ser productivo» y «Me gustaría escribir una obra de teatro».

Años después, el grupo es el mismo pero las preguntas son muy distintas: «¿Quién organiza la fiesta por la nominación al Emmy de Ginny?» y «¿Es bueno que Pam haga su tercera obra con el mismo grupo de teatro?».

Como personas creativas, nuestro fin es animarnos las unas a las otras. Ése fue mi objetivo cuando escribí *El camino del artista* y también lo es a la hora de enseñarlo. Mi esperanza es que vuestro objetivo sea animar los sueños de los otros, así como los vuestros. Las ideas creativas son criaturas del cerebro. Como a todas las criaturas hay que darles nacimiento, y este nacimiento es una experiencia tanto personal como colectiva.

Hace poco tuve el privilegio de actuar como matrona de un libro en mi propio racimo creativo. Mi amiga Sonia Choquette, una dotada vidente y profesora, pudo dar forma a sus largos años de experiencia en un conjunto de herramientas de incalculable valor, *The Psychic Pathway*. Como amiga suya cada noche recibí su libro por entregas en mi fax. Yo le respondía también por fax, creyendo en ella cuando ella, como todos los artistas, tenía problemas para creer en sí misma.

Criada como tantos de nosotros para esconder su luz creativa bajo un celemín, no fuera a ser que su resplandor matizara la luz de los demás, Sonia experimentó dudas, miedo y una fe cada vez más profunda a medida que atravesaba esas barreras creativas que se encuentran en el camino hacia el nacimiento creativo.

Sé que entre vosotros hay algunos que temen asumir proyectos que parecen exigir muchas noches oscuras del alma. Dejadme que os sugiera que esas noches también pueden ser *noches estrelladas**, como dicen las hermosas palabras españolas.

> «Damos gloria a Dios a través de los frutos de nuestras vidas».
>
> Joel S. Goldsmith

* En español en el original. *(N. de las T.)*

Como constelaciones vecinas podemos servirnos los unos a los otros tanto de guías como de compañeros. Al hacer tu camino de artista, mi deseo más profundo para ti es la compañía de luces amigas y la generosidad de alumbrar los caminos de los demás mientras pasamos temporalmente por la oscuridad.

Sabed bien esto: el éxito ocurre en racimos y nace de la generosidad. Formemos constelaciones de espejos creyentes y hagámonos con nuestros poderes.

Reglas del círculo sagrado

1. La creatividad florece en los lugares de seguridad y aceptación.
2. La creatividad crece entre amigos y se marchita entre enemigos.
3. Todas las ideas creativas son niños que merecen nuestra protección.
4. Todo éxito creativo precisa de fracasos creativos.
5. Desarrollar nuestra creatividad es una confianza sagrada.
6. Violar la creatividad de otro es violar una confianza sagrada.
7. La retroalimentación creativa debe apoyar al niño creativo, nunca avergonzarle.
8. La retroalimentación creativa debe construirse sobre las fortalezas, nunca centrarse en las debilidades.
9. El éxito ocurre en racimos y nace de la generosidad.
10. El bien de otro nunca puede ser un bloqueo para nosotros.

Y sobre todo: Dios es la fuente. Ningún poder humano puede desviar nuestro bien para crear. Todos somos conductos para un bien superior que trabaja a través de nosotros. Estamos conectados de igual modo a una fuente espiritual. No siempre sabemos quién de entre nosotros nos enseñará mejor. Todos debemos valorarnos y servirnos los unos a los otros. *El camino del artista* es tribal. El espíritu de servicio nos proporciona nuestro dharma: ese camino correcto que soñamos con seguir en nuestros momentos de fe más plena.

Una oración de artista

«Hasta que no aceptemos el hecho de que la vida misma se funda en el misterio, no aprenderemos nada».

Henry Miller

«Como aprendo es yendo a donde tengo que ir».

Theodore Roethke

Oh, Gran Creador,
estamos reunidos en tu nombre
para servirte mejor a ti
y a nuestros compañeros.
Nos ofrecemos a ti como instrumentos.
Nos abrimos a tu creatividad en nuestras vidas.
Rendimos ante ti nuestras viejas ideas.
Damos la bienvenida a tus nuevas y más expansivas [ideas.
Confiamos en que nos guíes.
Confiamos en que seguirte es seguro.
Sabemos que nos creaste y que la creatividad
es tu naturaleza, y también la nuestra.
Te pedimos que desarrolles nuestras vidas
según tus planes, no según nuestra baja autoestima.
Ayúdanos a creer que no es demasiado tarde
y que no somos demasiado pequeños ni demasiado [fallidos
como para ser sanados
—por ti y los unos por los otros— y hechos plenos.
Ayúdanos a amarnos los unos a los otros,
a nutrir el florecimiento los unos de los otros,
a animar el crecimiento los unos de los otros,
y comprender nuestros miedos.
Ayúdanos a saber que no estamos solos,
que somos amados y dignos de ser amados.
Ayúdanos a crear como acto de veneración a ti.

Lecturas recomendadas

Mi experiencia como profesora me dice que lo mejor es que quienes lean este libro hagan algo con su creatividad en lugar de leer otros libros, pero aquí he incluido muchos de mis favoritos por si acaso sienten la necesidad de investigar más a fondo. Estos libros representan lo mejor de cada uno de los campos a los que pertenecen. Para que la tarea sea más sencilla intenta terminar *El camino del artista* antes de ponerte con ellos.

Aftel, Mandy: *The Story of Your Life. Becoming the Author of Your Experience.* Nueva York: Simon & Schuster, 1996. Convincente y útil.

Berendt, Joachim-Ernst: *The World is Sound: Nada Brahma.* Rochester, Vt.: Destiny Books, 1991. Un libro elocuente y persuasivo sobre teoría del sonido.

Bolles, Richard Nelson: *¿De qué color es su paracaídas? Manual práctico para los que buscan trabajo o un cambio en su carrera.* Barcelona: Ediciones Gestión 2000, 2004. Una guía imaginativa y práctica que te enseñará cómo marcarte objetivos.

Bonny, Helen: *La música y su mente.* Madrid: Editorial Edaf, 1994. Una guía clara sobre el uso de la música como antídoto para el dolor mental y emocional.

Bradley, Marion Zimmer: *Las nieblas de Avalón.* Barcelona: Publicaciones y Ediciones Salamandra, 2000. Una potente y evocadora novela sobre la espiritualidad femenina en la Inglaterra precristiana. Una novela fascinante sobre la adoración a las diosas en tiempos artúricos.

Brande, Dorothea: *Becoming a Writer.* 1934. Los Ángeles: Jeremy P. Tarcher, reimpresión 1981 (1ª ed., 1934). El mejor libro sobre escritura con el que me haya encontrado.

Burnham, Sophy: *El libro de los ángeles. Los ángeles de ayer y hoy: su intervención en nuestra vida.* Barcelona: Círculo de Lectores, 1996. Una exploración elegante y muy sentida de los poderes y fuerzas espirituales que desempeñan un papel en nuestras vidas.

Bush, Carol A.: *Healing Imagery and Music.* Portland, Oregón: Rudra Press, 1995. Una guía profundamente útil sobre cómo escuchar para sanar.

Came to Believe: New York: Alcoholics Anonymous World Services, 1973. Un libro eficaz y emotivo sobre el origen de la fe.

Campbell, Don G.: *The Roar of Silence.* Wheaton, Illinois: The Theosophical Publishing House, 1994. Libro fundamental sobre la sanación a través del sonido. Claro, apasionado y práctico. Todos los libros de Campbell son importantes y persuasivos, pero éste sigue siendo uno de los primeros.

Cassou, Michell, y Stewart Cubley: *Life, Paint, and Passion: Reclaiming the Magic of Spontaneous Expression.* Nueva York: Jeremy P. Tarcher/Putnam, 1996. Un libro entusiasta, lleno de experiencias prácticas para artistas visuales.

Chatwin, Bruce: *Los trazos de la canción.* Barcelona: Ediciones Península, 2007. Un libro exquisito, misterioso y poderoso.

Choquette, Sonia: *Your Heart's Desire.* Nueva York: Random House, Crown Trade Paperbacks, 1997. Una guía extraordinariamente clara, en la que se describe paso a paso cómo hacer que tus sueños se manifiesten en la realidad.

—: *The Psychic Pathway.* Nueva York: Random House. Crown Trade Paperbacks, 1994, 1995. Una guía segura y fundamentada sobre cómo abrir los regalos espirituales.

Eisler, Riane: *El cáliz y la espada: la alternativa femenina.* Madrid: H. F. Martínez Murguía, 1996. Un clásico sobre las diferencias de enfoque entre hombres y mujeres.

Fassel, Diane: *Working Ourselves to Death.* San Francisco: Harper Collins, 1990. Una intervención resuelta para las personalidades adictas al trabajo.

Fox, Matthew: *La bendición original: una nueva espiritualidad para el hombre del siglo XXI.* Barcelona: Ediciones Obelisco, 2002. Un importante libro correctivo sobre la tradición cristiana: brillante, apasionado, compasivo.

Franck, Frederick: *Zen Seeing, Zen Drawing.* Nueva York: Bantam Books, 1993. Un buen tratado sobre el valor de la «atención» para la vida creativa.

Gawain, Shakti: *Visualización creativa.* Málaga: Editorial Sirio, 2010. Útil para aprender a crear y sostener una visión.

Goldberg, Bonni: *Room to Write: Daily Invitations to a Writer's Life.* Nueva York: Jeremy P. Tarcher/Putnam, 1996. Una herramienta sabia, de provocadora maestría, para escritores.

Goldberg, Natalie: *El gozo de escribir.* Barcelona: La Liebre de Marzo, 1993. El mejor libro sobre la escritura como ejercicio de poner el bolígrafo sobre el papel que se haya escrito jamás.

Goldman, Jonathan: *Sonidos sanadores: el poder de los armónicos.* Madrid: Gaia Ediciones, 2011. Un libro de texto poderoso y amable sobre técnicas de sanación con sonido.

Grof, Christina, y Stanislav Grof: *La tormentosa búsqueda del ser.* Barcelona: La Liebre de Marzo, 1998. Un libro valioso e instructivo sobre la creatividad de famosos escritores, algunos de primera fila.

Hart, Mickey: *Drumming at the Edge of Magic.* San Francisco: Harper Collins, 1990. Un gran libro sobre la música como experiencia espiritual.

Heywood, Rosalind: *ESP: A Personal Memoir.* Nueva York: E. P. Dutton & Co. Inc., 1964. Un libro delicioso sobre encuentros personales con fuerzas superiores.

Holmes, Ernest: *Creative Ideas.* Los Ángeles: Science of Mind Communications, 1973. Un libro diminuto, poderoso e importante sobre la ley espiritual aplicada a las manifestaciones creativas.

James, William: *Las variedades de la experiencia religiosa: estudio de la naturaleza humana.* Barcelona: Ediciones Península, 2002. Un libro de referencia que describe diferentes formas de despertar espiritual, muy perspicaz en lo que se refiere a la creatividad como un asunto espiritual.

Jeffers, Susan: *Aunque tenga miedo, hágalo igual.* Barcelona: Swing, 2007. Un libro muy práctico sobre cómo sobreponerse al miedo.

Leonard, Jim: *Cómo utilizar la creatividad y alcanzar tu sueño dorado.* Barcelona: Ediciones Obelisco, 1993. Otro libro práctico, muchas técnicas de tormenta de ideas.

Lewis, C. S.: *Los milagros.* Madrid: Encuentro Ediciones, 1996. Un libro que inspira, espinoso y provocador. Un reto para tu apertura de miras.

Lingerman, Hal A.: *Musicoterapia: el poder creativo de la música.* Barcelona: Océano Ámbar, 2009. Un libro excelente sobre la música como medicina, erudito pero entretenido.

London, Peter: *No More Secondhand Art: Awakening the Artist Within.* Boston: Shambhala Publications, Inc., 1989. Un manifiesto a favor del arte como proceso, no como producto.

McClellan, Randall, Ph.D.: *The Healing Forces of Music.* Rockport, Massachussetts: Element Books, Inc., 1994. Un libro de referencia fácil de leer pero muy completo.

Maclean, Dorothy: *To Hear the Angels Sing.* Hudson, Nueva York: Lindisfarne Press, 1990. Un libro encantador, la fascinante autobiografía espiritual de uno de los fundadores de Findhorn.

Mathieu, W. A.: *The Listening Book: Discovering Your Own Music.* Boston: Shambhala Publications, Inc., 1991. Un libro amable que desmitifica la música como camino vital.

Matthews, Caitlin: *Singing the Soul Back Home: Shamanism in Daily Life.* Rockport, Massachussetts: Element Books, Inc., 1995. Un libro de maravillosa riqueza sobre una práctica espiritual realista.

Miller, Alice: *El drama del niño dotado y la búsqueda del verdadero yo.* Barcelona: Tusquets Editores, 2009. Libro fundamental sobre cómo las dinámicas familiares tóxicas empañan la creatividad.

Nachmanovitch, Stephen: *Free Play.* Los Ángeles: Jeremy P. Tarcher, 1991. Un libro maravilloso sobre la libertad creativa.

Noble, Vicki: *Motherpeace. A Way to the Goddess Through Myth, Art and Tarot.* San Francisco: Harper & Row Publishers, 1983. La creatividad a través de la óptica de una religión de diosas.

Norwood, Robin: *Las mujeres que aman demasiado.* Barcelona: Ediciones B, 2010. Libro fundamental sobre las relaciones de dependencia.

Peck, M. Scott: *Nueva psicología del amor.* Barcelona: Publicaciones y Ediciones Salamandra, 1997. Un libro para escépticos espirituales.

Shaughnessy, Susan: *Walking on Alligators.* Nueva York: HarperCollins, 1993. Una guía amable y bien informada para cualquiera que esté trabajando en apreciar el valor del proceso y no sólo del producto.

Sher, Barbara, con Annie Gottlieb: *Wishcraft: How To Get What Your Really Want.* Nueva York: Ballantine Books, 1979. Un libro potente, un catalizador para vivir de manera creativa, similar a mi obra y a mi pensamiento actual.

Starhawk: *The Fifth Sacred Thing.* Nueva York: Bantam Books, 1994. Una fascinante novela sobre la ecología espiritual.

—: *La danza en espiral: un amor infinito.* Barcelona: Ediciones Obelisco, 2002. Excelente, sobre la creatividad y el dios/la diosa interior.

Tame, David: *The Secret Power of Music.* Nueva York: Destiny Books, 1984. Un lúcido repaso introductorio a los poderes sanadores de la música.

Ueland, Brenda: *Si quieres escribir.* Barcelona: Ediciones Obelisco, 2000. El cuidado y mantenimiento del escritor como artista creativo. Agudo, personal y pragmático.

W., Bill: *Alcoholics Anonymous: The Story of How More Than One Hundred Men Have Recovered from Alcoholism.* Akron, Ohio: Carry the Message, 1985.

Wegscheider-Cruse, Sharon: *Choicemaking: For Co-dependents, Adult Children and Spirituality Seekers.* Pompano Beach, Florida: Health Communications, 1985. Recomendado para desmantelar la adicción al trabajo y a las relaciones.

Woititz, Janet: *Home Away From Home: The Art of Self-Sabotage.* Pompano Beach, Florida: Health Communications, 1987. Importante para frenar el mecanismo de abortar los éxitos.

Wright, Machaelle Small: *Behaving As If the God in All Life Mattered.* Jeffersonton, Virginia: Perelandra, Ltd., 1987. Una autobiografía espiritual sobre el trabajo con «la tierra» y otras formas de energía.

Interés especial

La intención de esta lista de libros es ofrecer ayuda especial con temas que a menudo bloquean la creatividad.

Alcoholics Anonymous: *The Big Book*. Nueva York: Alcoholic Anonymous World Services. Cuidado y mantenimiento de un estilo de vida cuerdo y sobrio, tanto para los alcohólicos como para los no alcohólicos. Ofrece guía e inspiración.

—: *Came to Believe*. Nueva York: Alcoholics Anonymous World Services, 1973. Un libro útil y emotivo sobre la fe embrionaria.

Beattie, Melody: *Libérate de la codependencia*. Málaga: Editorial Sirio, 2009. Excelente a la hora de romper la trampa de la virtud.

Cameron, Julia y Mark Bryan: *Money Drunk, Money Sober*. Nueva York: Ballantine Books, 1992. Una caja de herramientas prácticas para la libertad económica. Este libro crea un lenguaje y un enfoque nuevo para el manejo del dinero. Nació a partir de *El camino del artista* porque el dinero es el bloqueo más citado.

Hallowell, Edward M. y John J. Ratey: *TDA: controlando la hiperactividad. Cómo superar el déficit de atención con hiperactividad (ADHD) desde la infancia hasta la edad adulta*. Barcelona: Ediciones Paidós Ibérica, 2009. Libro de incalculable valor sobre el desorden por déficit de atención.

Louden, Jennifer: *The Women's Comfort Book (A Self-Nurturing Guide for Restoring Balance in Your Life)*. San Francisco: HarperSanFrancisco, 1992. Aplicable a ambos sexos como guía práctica para la autoalimentación.

Osborn, Carol: *Enough is Enough: Exploring the Myth of Having It All*. Nueva York: G. P. Putnam's Sons, 1986. Excelente a la hora de desmantelar la personalidad adicta al trabajo.

The Augustine Fellowship: *Sex and Love Addicts Anonymous.* Boston: The Augustine Fellowship and Sex and Love Addicts Anonymous Fellowship-Wide Services, 1986. Uno de los mejores libros que existen sobre la adicción. Los capítulos sobre la abstinencia y la construcción de una asociación deberían ser lecturas obligadas.

Julia Cameron lleva más de una década enseñando y perfeccionando los métodos sobre los que se articula *El camino del artista*. Ha estado dedicada al mundo de las artes durante veinte años como guionista de cine y televisión en Hollywood, como directora y como productora de largometrajes independientes y documentales. También ha sido una reputada periodista de *The Washington Post*, *The New York Times* y las revistas *Rolling Stone* y *Vogue*. Ha colaborado en un proyecto de la universidad de Northwestern donde ha aplicado sus técnicas para eliminar el bloqueo creativo. Además trabaja como profesora de técnicas narrativas y guion en su taller The Vien of Gold.

Esta autora superventas de más de cuarenta libros es conocida popularmente como «la madrina» de la creatividad. Sus herramientas se fundamentan en la práctica, no en la teoría. Hasta la fecha se han vendido más de cinco millones de ejemplares de *El camino del artista*, y ha sido traducido a cuarenta idiomas.

JuliaCameronLive.com

Este libro se terminó
de imprimir en España
en el mes de noviembre de 2025